2019

TERMINE MIT GOTT

365 Tage mit der Bibel

BRUNNEN
NEUKIRCHENER VERLAG

Herausgeber:
Matthias Büchle, Generalsekretär CVJM-Westbund e. V.
Cornelius Kuttler, Leiter des Evangelischen Jugendwerks in Württemberg
Dr. Michael Diener, Präses Evangelischer Gnadauer Gemeinschaftsverband e. V.
Karsten Hüttmann, 1. Vorsitzender Christival e. V.
Hansjörg Kopp, Generalsekretär CVJM Deutschland e. V.
Wieland Müller, 1. Vorsitzender Chrischona Gemeinschaftswerk Deutschland
Dr. Christoph Rösel, Generalsekretär Deutsche Bibelgesellschaft

Redaktion
Frank Grundmüller (1. Januar bis 30. Juni)
Friedhardt Gutsche (1. Juli bis 31. Dezember)

Erstellung des Bibelleseplans
Ökumenische Arbeitsgemeinschaft für Bibellesen
Caroline-Michaelis-Str. 1, 10115 Berlin

Umschlagfoto: La Mia Fotografia/shutterstock.com (kart. Ausgabe)
Olha 1981/shutterstock.com (gebundene Ausgabe)
Fotos (innen): shutterstock
Umschlaggestaltung: Jonathan Maul
Gestaltung der Monatssprüche: Erya Kuhn
Satz: Uhl + Massopust, Aalen
Herstellung: CPI – Ebner & Spiegel, Ulm
Kartonierte Ausgabe
ISBN 978-3-7655-3079-1 (Brunnen)
ISBN 978-3-7615-6492-9 (Neukirchener)
Gebundene Ausgabe
ISBN 978-3-7655-0639-0 (Brunnen)
ISBN 978-3-7615-6491-2 (Neukirchener)

Elektronische Ausgaben:
ISBN 978-3-7655-7519-8 (e-Book)
ISBN 978-3-7655-7521-1 (iOS-App)
ISBN 978-3-7655-7520-4 (Android-App)

Jahreslosung 2019

Suche Frieden und jage ihm nach!

Psalm 34,15

Inhalt

Vorwort:

Tiefgang entwickelt sich im Verborgenen

Die Welt, in der wir leben, ist meist schnell und laut. Um noch schneller zu sein, essen und trinken wir vielfach nur noch unterwegs und schnappen Informationen im Vorbeigehen auf. Das scheint uns kurzatmiger zu machen – auch geistlich. Ich bin davon überzeugt, dass wir gefährdet sind, Grundsätzliches aus dem Blick zu verlieren, weil dafür keine Zeit bleibt. Von „uns“ schreibe ich, weil es mir nicht zusteht, nur über „die anderen“ zu schreiben.
Vor einiger Zeit waren wir zu einer Team-Besprechung in einem kleinen Tagungshaus. Zwei Nonnen lebten noch vor Ort und kümmerten sich ums Haus. Die sorgten füreinander und sie achteten liebevoll nicht nur auf uns Gäste, sondern vor allem auf den Geist des Hauses. Tiefer Friede ruhte über allem. Das Haus war durchdrungen von Gottes Geist, von geistlichem Leben. Wir wussten: Hier wird nicht nur für uns gesorgt, hier wird auch für uns gebetet. Immer wieder mache ich diese Erfahrung besonders in Klöstern und Kommunitäten. Das Wesentliche geschieht an solchen Orten mehr im Verborgenen – in der Stille, im Gebet, im Lesen der Bibel und dem Hören auf Gottes Wort.

So, wie Jesus seine eigenen Jünger immer wieder neu aus aller Geschäftigkeit in die Stille rief, obwohl es so viel Gutes zu tun gab, gibt es auch an geistlichen Orten heilsame Unterbrechungen des geschäftigen Alltags. Das funktioniert eben nicht nur beiläufig, wie Ernährung nebenbei auf lange Sicht ja auch nur schlecht gelingt – hier noch ein Brötchen beim Bäcker auf die Hand, dort kurz noch im Fast-Food-Restaurant etwas gegessen. Es geht vielmehr um „Slow Food“ – bewusst essen, verlangsamen. Das ist nachhaltiger und gesünder. Aber es braucht Zeit und erfordert vermutlich die eine oder andere Kaubewegung mehr.

Gutes Schwarzbrot kann man nicht einfach hinunterschlingen. Es will gekaut werden. Das ist für mich ein wichtiges Bild im Blick auf unser geistliches Leben – Spiritualität mit Tiefgang. Ein in Chris-

tus gegründeter Glaube setzt voraus, dass wir uns immer wieder unmittelbar dem Gott aussetzen, der uns in Jesus so unfassbar nahe kommt, auf du und du. Dazu gehört das immer wieder neue intensive Lesen in der Bibel. Schließlich lebt der Mensch nicht vom Brot allein, sondern von jedem Wort, das aus dem Munde Gottes kommt (Mt 4,5).
Die Termine mit Gott wollen hierzu eine Hilfestellung geben. Sie helfen, Gottes Wort noch besser zu verstehen. Der tägliche Textabschnitt und die Auslegung machen es möglich, gut zu „kauen", damit Gott durch sein Wort mithilfe des Heiligen Geistes seine Wirkung entfalten kann, die unser Leben in ihm gründet, verwurzelt und durchdringt.
Nicht alle von uns können oder wollen in Klöstern oder Kommunitäten leben. Heilige Orte, die alltagstauglich sind, können wir uns dennoch alle schaffen – zu Hause, auf dem Weg zur Arbeit mit der Bahn oder wo auch immer. Mehr als eine Bibel und meinen persönlichen „Termin mit Gott" braucht es nicht.
Gottes Segen beim Bibellesen in diesem Jahr!

Ein herzliches, öffentliches Dankeschön allen, die zum Gelingen des Buches beigetragen haben, als Autorinnen, Redakteure, Mitarbeiter im Verlag, vor und hinter den Kulissen.

Hansjörg Kopp
Generalsekretär des CVJM Deutschland

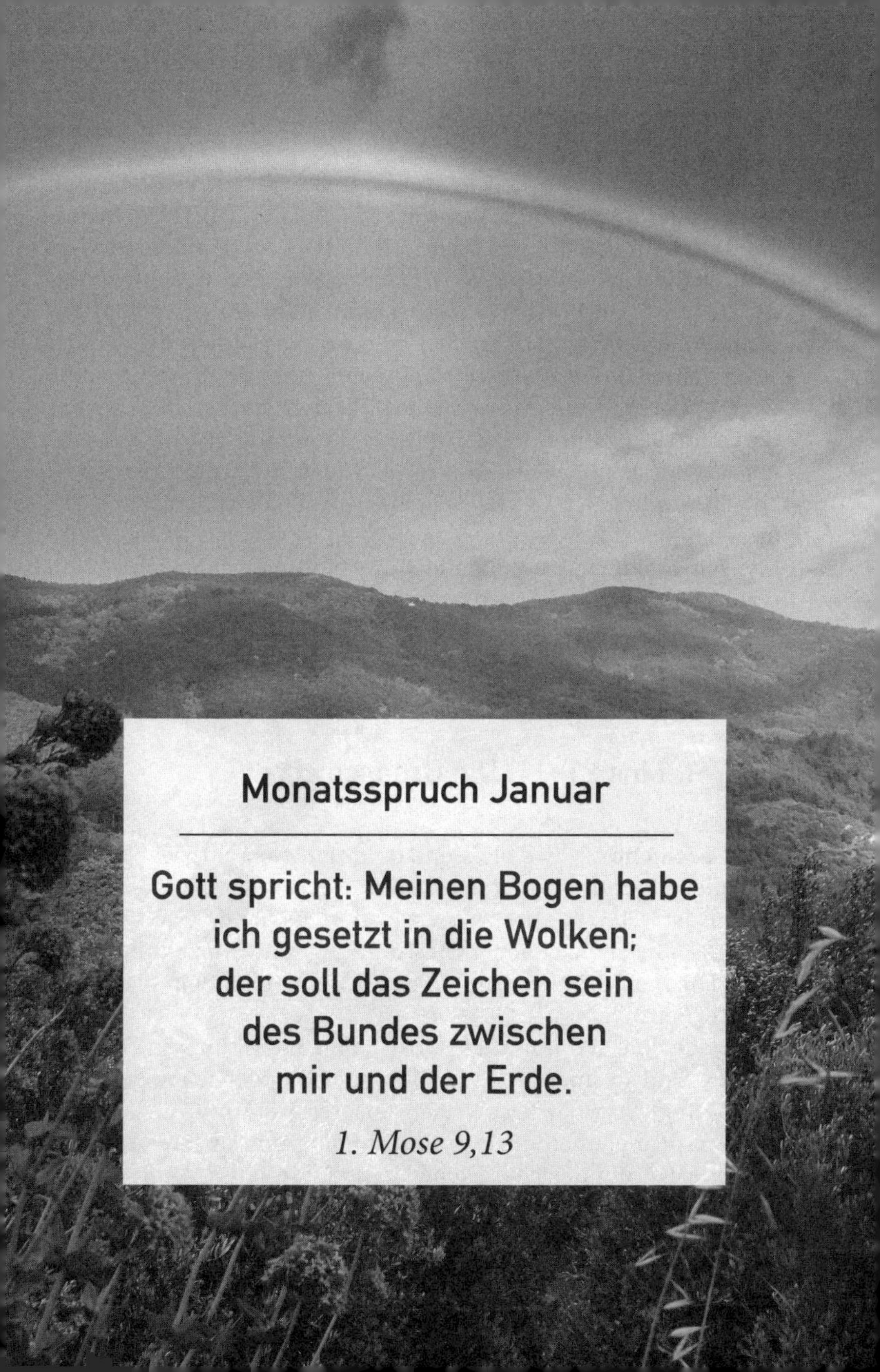

Monatsspruch Januar

Gott spricht: Meinen Bogen habe ich gesetzt in die Wolken; der soll das Zeichen sein des Bundes zwischen mir und der Erde.

1. Mose 9,13

Was ist der Mensch, …

Psalm 8 **Neujahr, 1.**

… dass du seiner gedenkst? David denkt über ein unheimlich spannendes Thema nach. Wer bin ich? Welchen Wert, welche Bedeutung habe ich? David stellt sich diese Fragen, indem er über Gott nachdenkt. Er sieht die wunderbare Schöpfung, bewundert den Himmel und die Sterne. Er staunt über Gottes mächtiges Handeln in der Weltgeschichte. Dabei kommt er ins Nachdenken über sich als Mensch. David sieht seine eigene Schwäche, seine Vergänglichkeit, die große Distanz, die zwischen dem Schöpfer und dem Geschöpf besteht. Und wieder kommt David ins Staunen, als er erkennt, welchen Wert der Mensch von Gott zugesprochen bekommt. V. 6 ist vielleicht einer der eindrücklichsten Verse in der Bibel. Der Mensch ist nur wenig geringer als Gott. Jeder Mensch, auch wir, sind unendlich wertvoll; jeder Mensch ist von Gott mit Ehre und Herrlichkeit gekrönt.

„Herr, unser Herrscher, wie herrlich ist dein Name!“ *Psalm 8,10*

1. Mose 1–11: Die Urgeschichte

„Ur-Geschichte“ – wie alles entstand und sich entwickelte, und vor allem: wer der Initiator und Bewahrer dieser Welt und allen Lebens ist. „He’s got the whole world in his hand.“ „Ur-menschlich“ – von menschlicher Bestimmung und Verfehlung, von menschlichem Können und Versagen. Davon handeln die ersten Kapitel der Bibel.
Wer nach dem „Wohin“ und „Wozu“ fragt, muss um sein „Woher“ wissen. Und so sind – wie wir alle – auch die Menschen der Bibel tief bewegt von der Frage nach unserer Herkunft, nach unserem Ursprung, nach unserer Bestimmung und unserer Lebensaufgabe. Darum der hebräische Name „Bereschith“ (Am Anfang) bzw. die griechische Bezeichnung „Genesis“ (Entstehung) für dieses erste Bibel-Buch.

Gott, der Schöpfer, ordnet das Chaos, schafft Leben, sorgt für seine Geschöpfe und beruft den Menschen zu seinem Ebenbild sowie zum Gestalter und Bewahrer der Schöpfung (1+2). Doch das Misstrauen gegen Gottes Güte (3), der Neid andern gegenüber (4), eine abgründige Bosheit (6) und die „Großmannssucht" der Menschen (11) führen auf eine schiefe, lebensgefährliche Bahn. Ohne Gottes Eingreifen würde alles Geschaffene wieder ins Chaos zurückfallen.

Wenn auch nicht gleich alles zu Ende ist, so hat doch alle menschliche Verfehlung Folgen: Ausweisung aus dem Paradies (3,14ff.), ein ruheloses Leben (4,11-16), die Lebensgefährdung durch die Sintflut (7-8), die Sprachverwirrung und Auflösung der Menschengemeinschaft (11,7-9). Dennoch zeigt sich Gottes Gnade gerade auch mitten in all seinen Gerichten, seine bleibende Liebe zu den Menschen in allem Unheil (3,21; 4,15; 8,21-22; 9,1-17), ein fortwährendes segnendes Handeln an der ganzen Schöpfung (8,22; 9,1-17). Die vielen Geschlechtsregister zeigen diesen Segen Gottes in immer neuen Geburten. Gott will das Leben. Und so schenkt und bewahrt er Leben inmitten all unserer Verfehlungen und Lieblosigkeiten. Genau das gibt Vertrauen in diese Welt und Hoffnung auf Gottes Neu-Schöpfung.

Gott macht, was er will

1. Mose 1,1-13 **Mittwoch, 2.**

Am Anfang von allem steht Gott als Schöpfer und Ursprung. Jede Frage nach der Entstehung der Welt führt irgendwann zur Frage: „Warum ist das alles geschehen?" Was war der Auslöser für die Entstehung der Welt? Antwort darauf geben diese Verse. Die Welt mit Licht und Dunkelheit, Landmassen und Meeren, Pflanzen und Tieren ist entstanden, weil Gott das wollte. Was er will, geschieht auch. Gott will, dass aus Chaos (hebräisch: Tohuwabohu) Leben entsteht.

Das gilt auch für unser Leben. Vielleicht sehen wir gerade in unserem Leben nur großes Tohuwabohu. Da macht der Blick auf das neue Jahr und die Herausforderungen, die es mit sich bringen könnte, vielleicht Angst. Gott will auch in unserem Tohuwabohu neues Leben möglich machen. Gott will das Gute schaffen, auch in unserem Leben. Er ist es, ...

„... welcher will, dass alle Menschen gerettet werden und sie zur Erkenntnis der Wahrheit kommen." *1. Timotheus 2,4*

Nichts steht über Gott

1. Mose 1,14-25 **Donnerstag, 3.**

Nachdem Gott die Grundlagen geschaffen hat (Trennung von Land und Wasser, Licht und Dunkelheit), geht es an die Details. Gott macht Sonne, Mond und Sterne und gibt ihnen ihren Platz. Das ist ein faszinierender Gedanke, wenn man in den dunklen Sternenhimmel schaut und sich vorstellt, wie Gott kunstvoll einen Stern neben den anderen hängt und so allen Dingen ihren Platz zuweist.
In der Antike wurden Sonne, Mond und Sterne oft als Götter verehrt. Unser Text heute macht sehr deutlich: Auch diese gigantischen Himmelskörper sind nur von Gott gemacht; sie sind seine Geschöpfe. Sonne, Mond und Sterne sind nur dazu da, um den Schöpfer groß zu machen, um zu zeigen, wie unglaublich groß die Macht Gottes ist.
Ich wünsche uns, dass wir immer wieder aufs Neue ins Staunen kommen über diesen wunderbaren Gott, der Himmel und Erde geschaffen hat.

„Und Gott sprach ..." *1. Mose 1,14*

Note 1 mit Sternchen

1. Mose 1,26-2,4a **Freitag, 4.**

Gott schaut sich seine Schöpfung an und ist zufrieden. Mehr als das. Sie war „sehr gut". Das ist das Urteil des Schöpfers über seine Schöpfung. Nachdem er das Chaos geordnet, die Welt geformt und das Leben in seiner ganzen Vielfalt geschaffen hat, ist der

Mensch das I-Tüpfelchen. Da ist Gott zufrieden. Er lehnt sich zurück und ruht aus.
Können wir uns auch zufrieden zurücklehnen? Das anzunehmen, was wir haben und wie wir sind – einfach ausruhen? Oder hetzen wir immer weiter auf der Suche nach etwas noch Besserem oder noch Schönerem? Vom Schöpfer zu lernen heißt hier, Ausruhen lernen, zufrieden und dankbar zu sein. Dankbar sein? Ja, weil alles, was wir haben, aus der Hand des Schöpfers kommt. Weil er der ist, der alles schafft.

„Herr, wie sind deine Werke so groß und viel! Du hast sie alle weise geordnet, und die Erde ist voll deiner Güter." *Psalm 104,24*

Mittelerde

1. Mose 2,4b-17 **Samstag, 5.**

Als ich vor Jahren Tolkiens „Der Herr der Ringe" las, entstand nach und nach eine ganze Welt in meinem Kopf: Mittelerde mit Flüssen und Bergen zwischen Mordor und Auenland. Ähnliches passiert in der Schöpfungserzählung ab Vers 4b, die mit meiner Fantasie spielt und im wahrsten Sinne eine Welt erschafft. Im Zentrum dieser Welt entsteht ein fantastischer Garten mit einer zweideutigen Mitte: zwei Bäume, um die herum sich das Leben abspielt – mein Leben. Denn so zweideutig wie die Mitte des Gartens empfinde ich oft mein Leben. Hin- und hergerissen zwischen Dingen, die mich aufbauen oder zerstören, fördern oder überfordern. Das gehört zu meinem Leben. Ich finde es beruhigend zu wissen, dass mir Gott nicht nur auf einer Seite des Lebens begegnet, sondern auf allen. Auf welcher Seite begegnet er uns wohl heute?

„... und den Baum des Lebens mitten im Garten und den Baum der Erkenntnis des Guten und Bösen." *1. Mose 2,9*

Wochenspruch
Und das Wort ward Fleisch und wohnte unter uns, und wir sahen seine Herrlichkeit. *Johannes 1,14*

Gerechtigkeit

Psalm 72 **Sonntag, 6.**

Als Bürger/-innen in einer parlamentarischen Demokratie müsste uns die Rede von einem göttlichen König eigentlich fremd sein. Selbst die Aufgabenbeschreibung aus Psalm 72 klingt wohl ehrlicherweise weniger nach herrschender Politik als vielmehr nach dienendem Ehrenamt. Dabei liegt beides eigentlich so nah beieinander, wenn wir etwa von Ministern (von lat. ministrare, „dienen“) sprechen. Solch ein Minister soll der König des Psalms sein, er soll dienen, göttliche Gerechtigkeit („dein Recht“) walten lassen. Das bedeutet, den Menschen nicht das geben, was sie vermeintlich verdient haben, sondern das, was sie brauchen. Denn so handelt Gott selbst mit den Menschen; so erlebe und ersehne ich das Wirken Gottes in meinem Leben. Das fordert mich zugleich heraus: Wo ist es an mir, Menschen zu geben, was sie brauchen?

„Er wird gnädig sein den Geringen und Armen, und den Armen wird er helfen.“ *Psalm 72,13*

Menschenfreunde

1. Mose 2,18-25 **Montag, 7.**

Ich gehöre zu den Menschen, die mit Tieren nicht allzu viel anfangen können. Daher muss ich schon ein wenig schmunzeln, wenn Gott zuerst versucht, den Menschen durch ein Tier zu ergänzen. Gelegentlich vergleicht man Mitmenschen zwar mit Tieren, aber ein bisschen anders ist der Mensch ja doch. Und wir brauchen unseresgleichen. Wir suchen das Gleiche im anderen. Die andere Person lässt mich etwas über mich selbst erkennen, weil sie auch Mensch ist, aber eben anders. Sie ergänzt etwas, das mir fehlt. Sie stellt etwas dar, was ich nicht könnte. Was für eine göttliche Perspektive auf die Vielfalt der Menschheit, den anderen nicht als Gefahr wahrzunehmen, sondern als Gewinn – für mich, für uns, für alle. Wo will ich heute den anderen als Gewinn erleben?

„Es ist nicht gut, dass der Mensch allein sei." *1. Mose 3,18*

Schlangenlist

1. Mose 3,1-13 **Dienstag, 8.**

Womöglich schon immer fragen wir uns als Menschen, woher eigentlich das Böse kommt, wo doch alles „sehr gut" war (1Mo 1,31). Die Geschichte vom Sündenfall macht uns die Antwort ganz schön kompliziert, denn das Böse findet sich hier mitten in der Schöpfung: Es ist die Schlange. Später hat man sie aufgrund von Offb 12,9 für den Teufel gehalten – davon ist aber hier nicht die Rede. Im Gegenteil wird betont: Sie ist ein Tier, geschaffen wie jedes andere. Und wieder (vgl. 5. Januar) begegnet uns die Zweideutigkeit der Welt: Die „sehr gute" Schöpfung trägt in sich die Möglichkeit ihrer eigenen Zerstörung. Wie oft bewirkt mein gut Gemeintes nicht das, was es meinte!? Wie häufig zerrinnen mir gute Erfahrungen zwischen den Händen!? Und doch bleibt mein Leben „sehr gute" Schöpfung Gottes, in aller Zweideutigkeit – daran will ich heute denken.

„Und die Schlange war listiger als alle Tiere auf dem Felde, die Gott der Herr gemacht hatte ..." *1. Mose 3,1*

Die erste Feindschaft

1. Mose 3,14-24 **Mittwoch, 9.**

Gefährlich sehen Schlangen, diese großen Würmer ohne Stacheln und Klauen, ja nicht wirklich aus. Sie kriechen im Staub: Genau dorthin hat Gott sie verbannt. Der „Same des Weibes" (ein Nachkomme Evas) wird die „Schlange" (das Böse) vernichten und sie wird ihn stechen. Ein spannender Satz, der viele Jahrhunderte in die Zukunft weist. Schöpfungsordnung und tiefste Identität des Menschen sind zerbrochen. Adam, Eva und letztendlich Jesus werden Leiden ertragen. Ein Opfer steht aus, das es in sich hat. Die hier entstandene Feindschaft weist hin auf den Tod am Kreuz, den Stich, der lähmt, verwundet und schmerzt. Auch wenn wir noch nicht ganz angekommen sind beim finalen „Happy End": Jesus wird dem Bösen auch sichtbar den Kopf zertreten, wird siegen über Satan, dessen Bildnis die Schlange ist. Das ist eine Aussicht, auf die es zu hoffen lohnt.

„Da wies ihn Gott der Herr aus dem Garten Eden." *1. Mose 3,23*

Kain und Abel

1. Mose 4,1-16 **Donnerstag, 10.**

Das zweite große Durcheinander nach dem Einzug der Sünde in der Welt. Gott geht mit der Freiheit seiner Geschöpfe ein Risiko ein – Marionetten, die ihn zwanghaft zurücklieben, wollte er offenbar nicht. Über die Herzenshaltung der Brüder bei ihren Opfern erfahren wir nichts – dort lag aber wohl das Problem: Als Gott Kains Opfer nicht gnädig annimmt, senkt dieser den Blick. Er bricht verärgert die Verbindung ab, die Möglichkeit, aus dieser Situation herauszuwachsen, zu einem tieferen Verständnis der Liebe Gottes zu gelangen, Vergebung zu erfahren. Die Lage eskaliert: Abel muss dran glauben. Ich lerne daraus, dass Gott nicht automatisch gut heißt, was Menschen „für ihn" tun, nur um sie nicht zu kränken. Mehr als alles andere wünscht er sich aufrichtige Herzen, Bereitschaft zur Buße und den Wunsch nach einer lebendigen Beziehung zu ihm.

„Da sprach der Herr zu Kain: Warum ergrimmst du? Und warum senkst du deinen Blick?" *1. Mose 4,6*

Noahs Abenteuer

1. Mose 6,5-22 **Freitag, 11.**

Die Geschichte kennen wir seit Kindertagen: der alte Mann, Boot, Flut, Regenbogen. Alles fängt dramatisch an mit Gottes ernüchternder Erkenntnis, dass die Menschen böse sind. Ihre Herzen sind verdorben. Gott bereut ihre Erschaffung! Bei diesem Satz (V. 6 und 7b) wird mir ganz komisch. Er macht mir deutlich: Gott muss sich nicht alles gefallen lassen. Er muss nicht ein Auge zudrücken, fünfe grade sein lassen. Gott hat die Nase voll. Er plant die vollkommene Vernichtung. Zum Glück wird sie eher ein Neustart! Denn immerhin: Noah ist kein übler Bursche. Ihm gibt er noch mal eine Chance, liefert ihm einen detaillierten Bauplan für das Schiff, das die Flut überstehen wird. Drei Stockwerke, eine Tür, ein Fenster. Und Noah tut, was Gott von ihm verlangt, denn er vertraut Gott – voll und ganz. Wo will Gott heute mein Vertrauen, damit es weitergeht mit seiner Geschichte mit uns?

„Und Noah tat alles, was ihm Gott gebot.“ *1. Mose 6,22*

In Zweierreihen aufstellen, bitte

1. Mose 7,1-16 **Samstag, 12.**

Gott macht ernst. Eine Woche Zeit bleibt nun noch, bis es 40 Tage am Stück schütten und die gesamte Erde überflutet werden wird. Tiere aufladen, die restlichen Lebensmittel besorgen, sich mit der Familie an Bord einrichten. Die Schöpfung selbst ist nicht das Problem. Die Tiere kommen willig. Einzig der Mensch rebellierte und blickt nun seiner Vernichtung entgegen. Gott bewahrt alle Arten von Tieren, jeweils ein Männlein und ein Weiblein – von den reinen Tieren, die vermutlich Opfertiere waren, sogar je sieben Paare. Gott ist ein Gott der zweiten Chancen, lässt sich hier vermuten. Er zieht Konsequenzen und lässt dennoch seine göttliche Gnade walten. Schließlich stellt er sicher, dass alle sicher verstaut sind:

„Und sie gingen hinein, wie denn Gott ihm geboten hatte. Und der Herr schloss hinter ihm zu.“ *1. Mose 7,16*

Wochenspruch
Denn welche der Geist Gottes treibt, die sind Gottes Kinder.
Römer 8,14

Gott ist mein fester Fels (V. 3)

Psalm 71 **Sonntag, 13.**

Genau an der Grenze zwischen der Normandie und der Bretagne liegt in Frankreich die Insel Mont-Saint-Michel: Auf diesem Felsen wurde ein gotisches Benediktinerkloster errichtet. Täglich strömen tausende Besucher dorthin. Seine Lage macht ihn so besonders: Mehrmals im Jahr umschließen die Gezeiten die Insel vollständig. Das Kloster auf dem Felsen ist dann innerhalb von wenigen Stunden vom Meer umschlossen. Ich sehe dieses Bild vor meinem inneren Auge, wenn ich unseren Psalm lese: Gott ist wie dieser uralte Fels. Er bleibt auch in den Situationen derselbe, in denen ich die Kontrolle verliere. Er hält allen Gezeiten und Einflüssen stand. Er ist uns Menschen treu. Und das nicht nur heute, sondern auch in den nächsten Jahren, Jahrzehnten und Jahrhunderten.

„Jesus Christus gestern und heute und derselbe auch in Ewigkeit."
Hebräer 13,8

Gott fängt neu an (V. 23)

1. Mose 7,17-24 **Montag, 14.**

„Jetzt reicht's aber! Nicht mit mir!" – Ich brauche mich nur von jemandem ungerecht behandelt zu fühlen, und schon ärgere ich mich. Am liebsten wäre ich konsequent und würde einen Schlussstrich unter die Sache ziehen. Doch oft traue ich mich diesen Schritt dann doch nicht. Gott bleibt nicht nur bei diesem Gedanken. Er setzt ihn in die Tat um: Der Regen kommt. Er überschwemmt alles. Und niemand überlebt – außer den Passagieren der Arche Noah. Gott klingt hier sehr menschlich, kaltherzig und hart. Doch warum reagiert er so? Schließlich ist er doch der Gott, der liebt! Er hat das Ziel schon vor Augen. Das macht den Unterschied: Er sieht in unserem Leben die Sonne schon dort wieder aufgehen, wo zunächst noch heftiger Regen fällt.

„Meinen Bogen habe ich gesetzt in die Wolken, der soll das Zeichen sein des Bundes zwischen mir und der Erde.“ *1. Mose 9,13*

Der Friede wird sichtbar (V. 11)

1. Mose 8,1-12 **Dienstag, 15.**

Eines Tages kommt die Taube mit einem Ölzweig im Schnabel zu Noah zurück. Jetzt weiß er, dass Gott sein Versprechen gehalten hat. Gott hat Noah und seine Familie verschont. Der Friede ist da. Und der Ölzweig ist das Symbol dafür. Im hebräischen Verständnis beschreibt der Friede (Schalom) nicht nur die Beziehung zwischen Gott und dem Menschen. Er ist umfassender, ganzheitlicher Friede, den wir im Inneren tragen. Wie kann dieser Friede heute bei uns sichtbar werden? Vielleicht können wir eine SMS an einen Freund bewusst mit der Grußformel „Schalom“ beenden. Oder Gott um Frieden in der Welt, in der Politik und im persönlichen Leben bitten. Oder Geschichten von Jesus als Friedensgeschichten zwischen uns und Gott lesen.

„Frieden lasse ich euch, meinen Frieden gebe ich euch. Nicht gebe ich ihn euch, wie die Welt gibt. Euer Herz erschrecke nicht und fürchte sich nicht.“ *Johannes 14,27*

Der Tag der Null (V. 21)

1. Mose 8,13-22 **Mittwoch, 16.**

Wer kennt das nicht: Plötzlich hängt sich das Handy auf. Es bleibt nur die Möglichkeit, lange auf den Ausschaltknopf zu drücken, um das Gerät auf „Null“ zurückzusetzen. Heute ist in Amerika der Tag der Zahl „Null“. Das passt auch für die Beziehung zwischen Gott und Noah. Gott stellt fest, dass der Mensch nicht anders kann, als immer wieder das Ziel zu verfehlen. Doch Gott hängt an dem Menschen. Er möchte die Beziehung wieder auf den „Tag Null“ zurücksetzen und neu anfangen. Das ist die Idee, die hinter jedem Bund im Alten Testament steckt. Ich bin dankbar, dass mir diese Zusage auch gilt. Wann habe ich schon einmal einen „Tag Null“ erlebt? In welchen Situationen konnte ich meine Last vor Gott loswerden? Ist heute so ein Tag?

„So ist Jesus Bürge eines viel besseren Bundes geworden.“

Hebräer 7,22

Ein Bogen – Versprechen an alle Menschen

1. Mose 9,1-17 **Donnerstag, 17.**

Ein Bogen – nicht schussbereit in der Hand eines Kriegers. Nein, er steht als Zeichen des Friedens zwischen Gott und den Menschen in der Ecke. Er erinnert uns an Gottes Selbstverpflichtung und Zusicherung, die Lebewesen der Erde nie wieder zu vernichten. Er ist ein sicheres Zeichen der Gnade und Treue. Der Schöpfer bietet uns ein unumstößliches Bundesversprechen an. Wir können uns darauf einlassen. Nicht nur dann, wenn wir einen Regenbogen sehen. Gott streckt uns liebevoll seine Hand entgegen. Ergreifen wir sie? In Gottes Augen sind wir wertvoll. Mehr sogar – wir sind sein Ebenbild, ihm ähnlich. Sein Angebot bleibt bestehen – für jeden! Auch wenn sich ein Mensch dagegen entscheidet.

„Und Gott sprach: Das ist das Zeichen des Bundes, den ich geschlossen habe zwischen mir und euch und allem lebendigen Getier bei euch auf ewig.“ *1. Mose 9,12*

Wir haben die Wahl

1. Mose 9,18-29 **Freitag, 18.**

Unser Handeln ist ausschlaggebend. Unsere Wahl bei wichtigen Entscheidungen bestimmt den weiteren Verlauf unseres Lebens. Ham wählt die Entwürdigung seines Vaters. Mehr noch, er zieht auch los und tratscht über ihn. Dadurch erntet er den Fluch seines entehrten Vaters. Seine Brüder hingegen schützen die menschliche und soziale Würde ihres Vaters und werden gesegnet. Segen oder Fluch – dazwischen gibt es aus Gottes Sicht nichts. Wir können uns gegen Gottes Segen entscheiden, sündigen und uns von ihm entfernen. Dann sind wir auf der Seite des Fluchs. Gott möchte uns aber vor dem Fluch retten und uns segnen. Was wählen wir? Darf Gott unser Leben segnen? Wir sollten bei den nächsten Entscheidungen gut überlegen, wie wir handeln möchten.

„Ich nehme Himmel und Erde heute über euch zu Zeugen: Ich habe euch Leben und Tod, Segen und Fluch vorgelegt, dass du das Leben erwählst und am Leben bleibst, du und deine Nachkommen."

5. Mose 30,19

Grenzen als Bewahrung

1. Mose 11,1-9 **Samstag, 19.**

Nicht nur aus der Kindererziehung wissen wir, dass Grenzen etwas sehr Wichtiges sind. Gezielt gesetzt helfen sie dem eingegrenzten Menschen, unbewusst sein Leben zu verbessern. Gott begrenzt die Verständigungsmöglichkeit, die Selbstsucht und das Allmachtstreben seiner Geschöpfe. Er weiß, dass sie gemeinsam viel erreichen können. Doch mit dem falschen Ziel hat dies negative und zerstörerische Folgen. Er möchte uns bewahren. Waren wir nicht alle schon egoistisch, stolz oder überheblich? Gab es Situationen, in denen wir so sein wollten wie Gott oder gegen Gott rebellierten und handelten, als ob es ihn nicht gäbe? Wäre es nicht besser, die Grenzen zu akzeptieren und uns über Gottes Bewahrung zu freuen?!

„Es dient zu eurer Erziehung, wenn ihr dulden müsst. Wie mit Kindern geht Gott mit euch um. Denn wo ist ein Sohn, den der Vater nicht züchtigt?" *Hebräer 12,7*

Wochenspruch
Denn das Gesetz ist durch Mose gegeben; die Gnade und Wahrheit ist durch Jesus Christus geworden. *Johannes 1,17*

Aus Not gerettet … und dann?

Psalm 107,1-22 **Sonntag, 20.**

Der Psalmbeter schildert drei Notsituationen, aus denen Gott gerettet hat: verlaufen, gefangen und todkrank. Passt eine dieser Situationen heute zu mir? Im übertragenen Sinn kann ich mich vielleicht ein wenig in die Beispiele einfühlen. – Verlaufen scheint heute im Zeitalter von Navi-Geräten und GPS überholt. Und doch kenne ich manchmal vor lauter Möglichkeiten den richtigen Weg nicht. – Körperliche Gefangenschaft aufgrund einer anderen Meinung erleben wir heute in unserem Land nicht mehr. Und doch bin ich manchmal an Dinge, Menschen oder Situationen gefesselt, die meinem Leben nicht guttun. – Woran leide ich in meiner aktuellen Situation und wo will ich „zu Gott rufen, dass er mich errettet aus meinen Ängsten“? Aus welcher Angst wurde ich schon mal von Gott gerettet und welche Empfindungen löst das bei mir aus?

„Lobe den Herrn meine Seele, und vergiss nicht, was er dir Gutes getan hat.“ *Psalm 103,2*

Der Brief des Paulus an die Römer

Ca. 56 n. Chr. schreibt Paulus den Römerbrief von Korinth aus (16,23, vgl. 1Kor 1,14). Er sieht seine Missionstätigkeit in Kleinasien und Griechenland als beendet an (15,23) und plant eine neue Missionstätigkeit in Spanien (15,24-28). Paulus ist der Gemeinde in Rom nur vom Hörensagen bekannt. So dient dieser Brief neben der Vorbereitung und Unterstützung seiner Missionspläne durch die römische Gemeinde (15,24) zugleich der Vorstellung seiner

Person und Botschaft. Deshalb gibt Paulus im Römerbrief eine Art theologische Zusammenfassung seiner gesamten christlichen Botschaft. Man kann nur staunen, welch eine gedanklich-theologische Tiefe Paulus seinen oft einfachen Gemeindemitgliedern zumutet! Er ist nicht nur Missionar, der zum Glauben an Jesus ruft, sondern auch geistlicher Lehrer, der bei den Gläubigen ein gutes Fundament legen und zu klarem geistlichem Verstehen helfen will, damit sie sich nicht „von jedem Wind einer Lehre bewegen und umhertreiben lassen durch das trügerische Spiel der Menschen“ (Eph 4,14).

Das zentrale Wort seiner theologischen Überlegungen heißt: „Gerechtigkeit Gottes“, die der Mensch von sich aus weder erkennen noch erlangen kann, sondern die ihm im Evangelium offenbart wird (1,17, vgl. 3,21-26). Ein Blick in die Konkordanz zeigt, wie oft dieses Wort und das dazugehörige „gerecht“ im Römerbrief vorkommen.

Nach einer recht ausführlichen Vorstellung seiner Person (1,1-7) und seiner inneren Verbundenheit mit der römischen Gemeinde (1,8-15) nennt Paulus sein Zentralthema (1,16+17).

Im ersten Hauptteil wird zunächst die Ungerechtigkeit der Menschen aufgezeigt, sowohl bei den Heiden (1,18-32) als auch bei den Juden (2,1–3,20). Das Problem der Erwählung Israels wird zwar später (Kap. 9–11) ausführlich behandelt, doch bereits hier mit einer merkwürdig doppelten Antwort aufgegriffen (siehe 3,1f. und 3,9).

Im zweiten Hauptteil (3,21–4,25) zeigt Paulus, wie durch das Sterben Jesu Gottes heilsschaffende Gerechtigkeit offenbar wird, und dass diese auch der entscheidende Tenor des Alten Testaments war und ist (4,1-25).

Im dritten Hauptteil (5–8) beschreibt Paulus, wie sich der Glaube, der diese neu geschenkte Gerechtigkeit empfängt, im Leben in vielfältiger Weise auswirkt, wie vor allem durch die Gabe des Heiligen Geistes der Glaube in uns Gestalt gewinnt.

Der vierte Hauptteil (9–11) bedenkt die theologische Frage, wie sich diese Gerechtigkeit allein durch den Glauben an Jesus Christus zu der Erwählung Israels verhält und was die weitge-

hende Ablehnung Jesu durch die Juden für die Heidenmission bedeutet.
Im fünften Hauptteil (12,1–15,13) werden konkrete Fragen des Gemeindelebens bedacht, vor allem der Umgang miteinander bei unterschiedlichen theologischen Meinungen. Am Schluss (15,14–16,27) berichtet Paulus von seinen Missionsplänen, er beendet den Brief mit einer überraschend langen Grußliste.

Vertrauen

Römer 1,1-7 **Montag, 21.**

Bevor er als Apostel berufen wurde, zeichnete sich das Leben des Paulus durch den „Gehorsam des Gesetzes“ aus. Es ging darum, Gesetze und Regeln genau zu befolgen und einzuhalten.
Das ist nun anders. Gott hat Paulus damit beauftragt, den „Gehorsam des Glaubens“ aufzurichten. Dieser zeichnet sich durch Vertrauen auf Gott aus. Vertrauen ist ein Wagnis. Es setzt eine Beziehung voraus. Vertrauen erfordert Mut und Offenheit für Gottes Wirken in meinem Leben – mit manchmal überraschenden Wendungen. Paulus ist bereit, Gottes Plan zu folgen – auch wenn dieser anders aussah als sein eigener (vgl. z. B. Apg 16,6-10). Wie ist das bei mir?

„Denn Gott hat seinen Sohn nicht in die Welt gesandt, dass er die Welt richte, sondern dass die Welt durch ihn gerettet werde.“

Johannes 3,17

Verbundenheit

Römer 1,8-17 **Dienstag, 22.**

Paulus wünscht sich sehr, die Christen in Rom zu treffen. Er sehnt sich nach Gemeinschaft, Gespräch und Austausch über die erlebten Wege mit Gott. Und er möchte die Christen in Rom stärken, sie auf ihrem Glaubensweg weiter voranbringen.
Gottes Pläne sind jedoch andere, wie sich später zeigen wird. Paulus wird Rom lediglich als Gefangener erreichen. Wenigstens hat

er den Römern vorher einen Brief geschrieben und so seine Gedanken mit ihnen geteilt.
Es tut gut, den eigenen Glauben mit anderen zu teilen. Das stärkt und tröstet in schweren Zeiten. Mit welchen Christen in der großen weiten Welt fühle ich mich im Glauben verbunden? Drücke ich das heute aus?

„Ich bitte aber nicht allein für sie, sondern auch für die, die durch ihr Wort an mich glauben werden, dass sie alle eins seien."

Johannes 17,20-21

Begriffen?

Römer 1,18-23 **Mittwoch, 23.**

Gott zeigt sich uns in der Einzigartigkeit seiner Schöpfung. Je mehr Details erforscht werden, desto größer ist das Staunen über perfekt abgestimmte Vorgänge selbst in der kleinsten Körperzelle. Irgendwann drängt sich jedem die Frage auf: „Steckt (ein) Gott dahinter?" Die meisten von uns Lesern beantworten diese Frage für sich vermutlich mit einem „Ja". Was folgt jedoch aus dieser persönlichen Erkenntnis?
Wir wünschen uns verlässliche Strukturen, auch in der Beziehung zu Gott. Wem rechne ich es an, wenn etwas gut läuft – mir oder Gott? Oft ist Gott nicht durchschaubar, er denkt und handelt anders als ich. Er überrascht mich mit seiner Sicht der Dinge. Halte ich es dann aus, ihm „nur" zu vertrauen, ohne ihn zu verstehen? Vielleicht geht es Gott gar nicht vorrangig darum, dass er begriffen wird.

„Sie haben die Herrlichkeit des unvergänglichen Gottes vertauscht mit einem Bild gleich dem eines vergänglichen Menschen ..."

Römer 1,23

„Die schlimmste Sünde“

Römer 1,24-32 **Donnerstag, 24.**

Homosexualität bei Männern und Frauen ist hier ein Beispiel, nicht die „schlimmste Sünde“, sondern Folge der Sünde, von der wir alle bedroht sind. Die Menschen erkennen Gott nicht mehr als ihren Schöpfer. Sie huldigen der Natur, dem Zufall und beten die Schönheit der Schöpfung statt den Schöpfer an. Sie verachten die Erkenntnis Gottes. Praktisch zeigt sich das in Habsucht, Neid, Stolz, bösen Gedanken, Lieblosigkeit ... Spätestens hier finde ich mich wieder, ich kenne all das auch bei mir. – Und dann wird es dramatisch. Der Mensch will nicht Buße tun, sondern freut sich an allen, die ihm folgen (V. 32). Wir wollen uns warnen lassen und (wann immer wir diese Auswirkungen in unserem Leben spüren) zu Gott gehen, denn:

„Wo ist solch ein Gott, wie du bist, der die Sünde vergibt ...; der an seinem Zorn nicht ewig festhält, denn er hat Gefallen an Gnade!“

Micha 7,18

„Alle sind gleich, nur manche sind gleicher“

Römer 2,1-16 **Freitag, 25.**

Dieser Spruch wurde im real existierenden Sozialismus oft bemüht, um die Unterschiede zwischen einfachen Bürgern und politischer Elite zu erklären. Gilt er auch bei Gott? Gestern haben wir entdeckt, dass wir gut daran tun, nicht mit dem Finger auf andere zu zeigen. Paulus unterstreicht das hier erneut. Jeder steht mit seinem Leben allein vor Gott, „der einem jeden geben wird nach seinen Werken“ (V. 6). – Aber haben die Israeliten nicht einen unfairen Vorteil in Sachen Gotteserkenntnis? Sie sind das erwählte Volk und haben über viele Jahrhunderte das Gedenken an Gott im Tempel mit Opfern lebendig gehalten. Doch auch hier macht Paulus deutlich, dass Gott sein Gesetz jedem Menschen ins Herz geschrieben hat. Deshalb fragt Gott nicht nach unserer Nationalität oder Konfession, sondern einzig und allein danach, wie wir zu Jesus stehen.

„Besser sind wir nicht, aber besser sind wir dran“

Römer 2,17-29 **Samstag, 26.**

So lautete ein Jugendsong vor vierzig Jahren. Auf die Melodie von „Yellow Submarine“ der Beatles sangen wir uns die Wahrheit zu, die Paulus hier beschreibt. Kein äußerliches Merkmal – bei den Juden war es die Beschneidung, wir mögen heute an Taufe oder Abendmahl denken – kein Wissen über Gott verschafft uns einen Vorteil, wenn es um unsere Errettung geht. Einzig unsere Bereitschaft, Gottes Gesetz zu hören und zu befolgen, entscheidet über unsere Stellung zu Gott. – Aber ist das nicht nur eine andere Form der Gesetzlichkeit, gegen die sich Paulus hier verwahrt? Bei Paulus klingt in der „Beschneidung des Herzens“ leise an, was Johannes auf den Punkt bringt:

„Denn das ist die Liebe zu Gott, dass wir seine Gebote halten; und seine Gebote sind nicht schwer. Denn alles, was aus Gott geboren ist, überwindet die Welt; und unser Glaube ist der Sieg, der die Welt überwunden hat.“ *1. Johannes 5,3-4*

Wochenspruch

Und es werden kommen von Osten und von Westen, von Norden und von Süden, die zu Tisch sitzen werden im Reich Gottes. *Lukas 13,29*

Alles im Griff?

Psalm 107,23-43 **Sonntag, 27.**

Die Stürme Axel, Rasmund, Xavier und Herward forderten im Jahr 2017 über 30 Todesopfer. Auch Dürren finden wir bis heute. Afrika, Brasilien, China, die USA und Australien werden regelmäßig von ihnen heimgesucht. Gefahren, die der Psalm beschreibt, sind real. – Dachten wir Menschen nicht, dass unsere Ingenieurskunst Gott überflüssig macht? Dass wir die Natur beherrschen? Doch Gott lässt sich nicht spotten. Wer ohne Gott plant, wird ohne ihn in die Irre gehen. Den aber, der in der Not nach Gott fragt, den weiß er zu erretten. Diese Zuversicht ist das, was die Bibel letztlich mit „weise sein" bezeichnet. Sie erwächst aus dem Erinnern und dem Danken für erlebte Gotteserfahrung. Dafür ist dieser Psalm ein beredtes Zeugnis. Lasst uns gleich damit anfangen, weise zu werden!

„Die Furcht des Herrn ist der Anfang der Erkenntnis. Die Toren verachten Weisheit und Zucht." *Sprüche 1,7*

Der Weg aus der Misere – Gottes Güte

Römer 3,1-20 **Montag, 28.**

Harte Worte: Alle sind Sünder. Juden und Griechen. Heute: Christen und Muslime, Fromme und vermeintlich Gottlose. Wer so etwas sagt, sitzt nicht auf dem hohen Ross der moralischen Überlegenheit. Im „alle" steckt er ja selbst mit drin. Es ist an der Zeit, dass wir als Christen aufhören, uns selbst für die Guten zu halten, für die Besseren. Der Versuch, die Wahrheit des Glaubens anhand moralischer Fortschritte durch die Christen zu beweisen, scheitert kläglich. Die Bilanz ist nicht gut, sondern katastrophal. Wir sind weit davon entfernt, Gott zu entsprechen. Das meint ja das so herbe Wort Sünder. Wir sind nicht so, wie Gott es sich von uns gedacht hat. Der Weg aus dieser Misere heraus ist das Eingeständnis: Gott ist gerecht – wir sind ungerecht.

„... aber Liebe deckt alle Übertretungen zu." *Sprüche 10,12*

Der Ort der Zuflucht

Römer 3,21-31 **Dienstag, 29.**

Weil Gott weiß, wie wir Menschen sind, geht er seinen Weg. Was wir nicht zu leisten imstande sind – ein Leben ganz nach seinem

Willen –, das setzt er in die Tat um. Es ist sein Weg jenseits der Spielregeln, durch die wir meinen, Gottes Willen gerecht zu werden, ihm zu entsprechen. Weil wir ihm nicht gerecht werden, wird er uns gerecht. Mitten in der Welt ist Christus der Zufluchtsort für Sünder. In seinem Blut – durch sein Leben und Sterben. Am Kreuz. Nur eines will Gott: dass wir uns gefallen lassen, was er so in Jesus als seinen Weg für uns auf sich nimmt. Dass wir uns zueignen lassen, was er uns schenken will – Gnade, Erbarmen, Erlösung ohne Wenn und Aber. Es ist hart: Damit ist die Berufung auf die eigene, auch die fromme Leistungsbilanz ausgeschlossen. Der einzige Weg, der offen bleibt, ist Leben aus dem Geschenk.

„Siehe, das ist Gottes Lamm, das der Welt Sünde trägt!“

Johannes 1,29

Geschenkt

Römer 4,1-12 — **Mittwoch, 30.**

Diese Zeilen zeigen, wie Paulus denkt. Die Abfolge der Ereignisse in Abrahams Leben wird zum Argument: Schon vor der Beschneidung (auch vor der Opferung Isaaks – beides Taten/Werke) gilt: „Abraham hat Gott geglaubt, und das wurde ihm zur Gerechtigkeit gerechnet“. Die Reihenfolge ist nicht zufällig, sondern von großer theologischer Bedeutung. Abraham hat sich die Gerechtigkeit nicht verdient, sondern sie im Glauben empfangen – vor allem Handeln und als noch Unbeschnittener. Das ist das Wesen des Glaubens: Er macht sich in Gott fest, ohne jede Vorbedingung, einfach aus dem Vertrauen, dass Gott die recht sind, die in ihm ihre Stärke, ihre Hilfe, ihre Zuflucht suchen. Auch mit leeren Händen. Ohne Vorleistungen.

„Dass aber durchs Gesetz niemand gerecht wird vor Gott, ist offenbar; denn ‚der Gerechte wird aus Glauben leben‘.“ *Galater 3,11*

Nichts hab ich zu bringen

Römer 4,13-25 **Donnerstag, 31.**

Abrahams Glaube weiß: Von mir und Sara kommt nichts mehr. Es ist ein Glaube, der an den eigenen Lösungsversuchen mit Hagar auch Schiffbruch erleidet. Ein Glaube, der die Verheißung preiszugeben bereit ist in der Opferung Isaaks. Es ist der Glaube, der in aller Schwäche des Leibes nicht schwach wird. Sich Gott hinhalten, den Weg Gottes aushalten, nicht loslassen. Abrahams Glaube steht in Parallele zu dem Glauben der Christen. Abraham und die Christen glauben an die Auferweckung von den Toten. Dieser Glaube hat nichts in der Hand, muss keine eigene Leistung ins Feld führen. Er sieht und vertraut allein darauf, wie Gott ist: „... der die Toten lebendig macht und ruft das, was nicht ist, dass es sei." In diesem Glauben erfährt einer, dass er Gott recht ist, was immer auch gegen ihn sprechen mag.

„Selig sind, die da geistlich arm sind; denn ihrer ist das Himmelreich."

Matthäus 5,3

Monatsspruch Februar

Ich bin überzeugt, dass dieser
Zeit Leiden nicht ins Gewicht
fallen gegenüber der Herrlichkeit,
die an uns offenbart werden soll.

Römer 8,18

Reich beschenkt

Römer 5,1-11 **Freitag, 1.**

Als Christ bin ich reich beschenkt. Mit Frieden, freiem Zugang zu Gottes Gnade und Hoffnung, ewiger Rettung und einer Beziehung zu Gott, unserem Vater. Schön, wenn ich das wahrnehme und mich darüber von Herzen freuen kann. Doch sogar wenn ich in Not gerate, muss ich nicht verzweifeln. Paulus beschreibt (V. 3-5), wie durchgestandene Not unsere Hoffnung sogar noch größer werden lässt. Gottes Hilfe zu erleben, ist eine Erfahrung, die uns Hoffnung für unser Leben geben kann.
Welche Sorgen bewegen mich heute, wo habe ich zu kämpfen? Gott kann auch in dieser Lage begleiten, segnen und unbegreiflicherweise durch diese Not stärken. Wofür brauche ich Hoffnung? Wir bitten Gott darum, dass er uns seine Nähe und Liebe spüren lässt.

„... denn die Liebe Gottes ist ausgegossen in unsre Herzen durch den Heiligen Geist, der uns gegeben ist." *Römer 5,5*

Gnade gewinnt

Römer 5,12-21 **Samstag, 2.**

Paulus stellt Sünde und Gnade gegenüber. Beide wurden durch historische Personen (Adam und Jesus) in die Welt gebracht. Doch Jesus übertrifft mit seiner Erlösung das zerstörerische Wirken der Sünde bei Weitem. Gott hatte durch sein Gesetz deutlich gemacht, wie die Sünde unsere Beziehung zu Gott zerstört. Aber er hat nicht nur das Problem beschrieben, sondern in Jesus auch die Lösung gebracht. Wenn Sünde und Gnade auch oft miteinander ringen – letzten Endes siegt Gottes Vergebung, die in Jesus Mensch wurde. Danken wir doch Jesus heute für seinen großartigen Sieg, an dem wir teilhaben dürfen. Gibt es einen bestimmten Bereich, in dem ich diesen Sieg brauche? Jesus möchte es mich heute erleben lassen.

„... um wie viel mehr ist Gottes Gnade und Gabe den Vielen überreich zuteilgeworden in der Gnade des einen Menschen Jesus Christus."
Römer 5,15

Wochenspruch
Kommt her und sehet an die Werke Gottes, der so wunderbar ist in seinem Tun an den Menschenkindern. *Psalm 66,5*

Gott ist der Richter

Psalm 82 **Sonntag. 3.**

Der Psalm führt uns vor den himmlischen Thron, um den sich göttliche Gestalten sammeln (vgl. Hi 1). Gott selbst führt den Vorsitz und richtet diese. Er bringt die Ungerechtigkeit zur Sprache, die seinen menschlichen Geschöpfen geschieht. Gott sorgt sich um unser Recht. Er, der höchste Herr des Universums, sieht den Armen, Verwaisten, den Elenden und Bedürftigen. Mir soll es eine Mahnung sein, es ihm gleichzutun. Ich möchte mich für Gerechtigkeit einsetzen, wo ich sie vermisse. Aber ich darf auch wissen: Alle Ungerechtigkeit wird eines Tages vom göttlichen Richter beurteilt. Nichts geht verloren, nur weil sich auf Erden kein Richter findet. Gott sei Dank. Denn Gott hat Christus ...

„... von den Toten auferweckt und eingesetzt zu seiner Rechten im Himmel über alle Reiche, Gewalt, Macht, Herrschaft und jeden Namen, der angerufen wird, nicht allein in dieser Welt, sondern auch in der zukünftigen." *Epheser 1,20-21*

Leben als Christ

Römer 6,1-11 **Montag. 4.**

So wie ein Täufling in der Taufe symbolisch stirbt und dann „aus der Taufe gehoben wird" ins Leben, soll auch sein geistliches Leben sein. Die Sünde soll uns nicht weiterhin bestimmen, als wären wir keine Christen. Das heißt nicht, dass wir komplett sündlos leben könnten. Aber wir sollen uns bewusst dem neuen Leben in Jesus zuwenden. Unser Leben soll auch nicht aus Sündenvermeidung bestehen. Positiv dürfen wir uns bestimmen lassen von der Gnade, die uns Jesus gibt; ihm sollen wir dienen. Wo gehen wir leichtfertig mit sündigen Gewohnheiten oder Versuchungen um? Ist in unserem Leben zu erkennen, wer uns bestimmt?

„So ermahne ich euch nun, ich, der Gefangene in dem Herrn, dass ihr der Berufung würdig lebt, mit der ihr berufen seid, in aller Demut und Sanftmut, in Geduld. Ertragt einer den andern in Liebe."

Epheser 4,1-2

Freifahrtschein als Christen?

Römer 6,12-23 **Dienstag, 5.**

Gibt es einen Freifahrtschein, tun und lassen zu können, was wir wollen, da wir ja eh aus der Gnade leben? „Das sei ferne", so die drastische Antwort des Paulus. Er stellt die herausfordernde These auf, dass wir entweder Knechte der Sünde sind oder Knechte der Gerechtigkeit. Als Christen leben wir als Knechte Gottes und damit der Gerechtigkeit. Für uns Autonomie anstrebende Menschen ist das zunächst eine Zumutung. Warum sollten wir überhaupt Knechte sein? Die Frage ist aber doch: Woran richten wir unser Leben aus? An dem, was dem Leben schadet, oder dem, was das Leben fördert? Paulus sagt: Wer mit Gott lebt, entscheidet sich für die Gerechtigkeit – wir sind von der Macht der Sünde befreit. Wie können wir das heute konkret umsetzen? Gerechtigkeit anstatt Sünde – das Leben fördern, anstatt dem Leben schaden.

„Denn der Sünde Sold ist der Tod; die Gabe Gottes aber ist das ewige Leben in Christus Jesus, unserm Herrn." *Römer 6,23*

Tod für das Gesetz

Römer 7,1-6 **Mittwoch, 6.**

Am Beispiel der Ehe verdeutlicht Paulus, dass aus jüdischer Sicht das Gesetz für einen Menschen nur so lange gilt, wie er lebt. Eine Frau ist also bis zum Tode ihres Mannes an ihn gebunden. Dann aber kann sie eine neue Beziehung eingehen, ohne dabei Ehebruch zu begehen. Aus christlicher Sicht sind wir durch den Tod Jesu nun für das Gesetz gestorben. Wir stehen also nicht mehr unter der Macht des Gesetzes, sondern leben in der Wirklichkeit des Heiligen Geistes. Doch wie leicht ertappen wir uns dabei, nach dem „alten Wesen des Buchstabens“ zu handeln und nicht aus der Freiheit des Heiligen Geistes? Die Früchte des Geistes gehen weit über einzelne Gebote hinaus. Sie sind wie Bojen auf hoher See, die uns eine gute Fahrtrichtung anzeigen.

„Die Frucht aber des Geistes ist Liebe, Freude, Friede, Geduld, Freundlichkeit, Güte, Treue, Sanftmut, Keuschheit; gegen all dies steht kein Gesetz.“ *Galater 5,22.23*

Wie ein Spiegel

Römer 7,7-13 **Donnerstag, 7.**

Wenn wir in den Spiegel schauen, sehen wir unser Spiegelbild. Blaue Augen, graue Haare, Narben, Lach- und Sorgenfalten, das Doppelkinn: All das existiert auch ohne den Spiegel. Aber durch ihn können wir es erst sehen. Haben wir einen Fleck im Gesicht, kann der Spiegel ihn nicht wegwischen, dafür gibt es das Waschbecken. Aber im Spiegel sehen wir den Fleck. So beschreibt Paulus auch das Gesetz. Es macht uns nicht zu besseren Menschen, aber durch das Gesetz sehen wir, was nicht in Ordnung ist. Es ist wie ein Spiegel für unser Leben, der die Flecken aufzeigt. Sünde und Gesetz sind nicht dasselbe, aber durch das Gesetz können wir Sünde erkennen. Manchmal ist es ganz schön herausfordernd, in den Spiegel zu sehen und mit dem eigenen Scheitern konfrontiert zu werden. Zum Glück steht Jesus Christus dann mit einem Waschlappen neben uns.

„Denn du, Herr, bist gut und gnädig, von großer Güte allen, die dich anrufen.“ *Psalm 86,5*

Nicht so einfach

Römer 7,14-25 **Freitag, 8.**

Manche haben vor Kurzem noch gute Vorsätze für das neue Jahr gefasst. Abnehmen, mehr Sport treiben oder mehr Zeit mit der Familie verbringen. Selbst bei diesen guten Vorsätzen erleben wir, wie schwer ihre Umsetzung ist. Wir wollen, aber können nicht immer. Gute Vorsätze allein reichen nicht. Es braucht mehr. Paulus kennt diesen Konflikt. Er leidet sogar darunter (V. 24). Aber sein Blick richtet sich auf den Erlöser Jesus Christus. Wenn es nur nach unseren menschlichen Versuchen geht, werden wir immer wieder scheitern. Aber in Jesus Christus erleben wir, dass wir selbst mit unseren Fehlern, Schwächen und misslungenen Vorsätzen angenommen und geliebt sind. Im christlichen Glauben geht es nicht darum, gute Vorsätze zu erfüllen, sondern sich trotz der unerfüllten Vorsätze in Jesus Christus aufgehoben zu wissen.

„Denn das Gute, das ich will, das tue ich nicht; sondern das Böse, das ich nicht will, das tue ich.“ *Römer 7,19*

Mittendrin

Römer 8,1-17 **Samstag, 9.**

„Mitten in dieser Welt, doch nicht von dieser Welt. Wir gehören zu dir und doch sind wir noch hier“, dichtet Albert Frey. Wir gehören zu Jesus und doch nehmen uns die Themen dieser Welt immer wieder so in Anspruch, dass wir Gott darüber fast vergessen. Jesus Christus hat den Riss zwischen Himmel und Erde, den Riss zwischen uns und Gott geschlossen. Doch so lange wir noch in dieser Welt leben, fühlen wir uns immer wieder wie in einer Zerreißprobe. Paulus beschreibt hier diese Zerrissenheit, zeigt aber auch den Ausweg. „Abba – lieber Vater!“ Diese vertrauensvolle Hinwendung zu Gott im Gebet als unserem „Papa“ im Himmel, mit dem wir durch den Heiligen Geist verbunden sind, bringt uns dem Himmel näher und lässt uns hören, dass wir Gottes Kinder sind. Kann das Gebet für mich heute ein Türöffner zum Himmel werden?

„Wachet und betet, dass ihr nicht in Anfechtung fallt."

Matthäus 26,41

Wochenspruch

Über dir geht auf der Herr, und seine Herrlichkeit erscheint über dir. *Jesaja 60,2*

Durchgemacht!

Psalm 63 **Sonntag, 10.**

Wann lagen Sie zuletzt nachts im Bett wach, weil sie sich mit Gott festgequatscht haben? Ich liege manchmal wach und mache mir viele Gedanken und Sorgen. Manchmal endet das im Gebet und oft gelingt es auch, ein Stück Ruhe bei Gott zu finden. Der Beter dieses Psalms liegt auch wach im Bett. Doch nicht Sorgen halten ihn vom Schlaf ab, sondern die Freude darüber, dass Gott da ist, dass Gott nah ist und hilft. Deshalb lobt der Psalmist Gott – mitten in der Nacht. Da feiert jemand Gott mitten in der Nacht – und die Sorgen, die auch er sich zu Recht machen könnte, weil Menschen ihm nach dem Leben trachten, finden keinen Platz. Könnte das für uns auch eine Lösung werden? Wenn wir bewusst der Dankbarkeit gegenüber Gott und dem Lob Gottes mehr Raum gäben in unserem Leben. Können die Sorgen dann noch so stark ins Gewicht fallen, dass sie uns vom Schlaf abhalten?

„Alle eure Sorge werft auf ihn; denn er sorgt für euch." *1. Petrus 5,7*

Hoffentlich!

Römer 8,18-25 **Montag, 11.**

Die Schöpfung seufzt. Jeden Tag verhungern Kinder in der Welt, Menschen fallen Naturkatastrophen, Kriegen oder Krankheiten zum Opfer. Tiere dürfen nicht artgerecht leben, der Raubbau an der Natur ist maßlos. Vom Seufzen ausgenommen sind auch nicht die Christen. Denn dieses Seufzen ist Ausdruck der Vergänglichkeit, der alles weltliche Leben unterworfen ist. Doch als Christen könnten wir uns dem Tod eigentlich stellen. Wir dürfen hoffen und vertrauen, dass Gott selbst den Tod überwunden hat. Gott weiß, was Leiden und Sterben bedeutet, seit er am Kreuz gestorben ist. Und die Hoffnung, in die er uns mit hineinnimmt, ist die Osterhoffnung. Sein Tod war nicht das Ende seiner Geschichte mit uns, sondern der Neuanfang. Er ist auferstanden und lebt. Mit ihm werden auch wir leben.

„Lobet, ihr Völker, unsern Gott, lasst seinen Ruhm weit erschallen, der unsre Seelen am Leben erhält und lässt unsere Füße nicht gleiten!"

Psalm 66,8.9

Sprachlos

Römer 8,26-30 **Dienstag, 12.**

Manchmal weiß man nicht mehr, was man sagen/beten soll. Was man sieht und erlebt, macht einen sprachlos. Gedankenchaos – keine Kraft, es zu ordnen. Doch Paulus weiß, wer uns hilft. Wir sind angewiesen auf den von Gott geschenkten Heiligen Geist. Selbst sprachloses Flehen oder Sehnen nach Gott kommt bei Gott an. Und sein Geist will die Schwachen stärken und ihnen aufhelfen. Auch Jesus fand im Todeskampf keine eigenen Worte mehr und schrie zu Gott Worte, die er aus einem Psalm kannte: „Mein Gott, warum hast du mich verlassen?" Gott hatte ihn nicht verlassen. Doch das weiß man manchmal erst im Rückblick – wie in diesem Fall erst durch die Auferstehung von Jesus. Und auch wir können oftmals erst im Rückblick von Not und Anfechtungen bekennen:

„Wir wissen aber, dass denen, die Gott lieben, alle Dinge zum Besten dienen ...“ *Römer 8,28*

Ein gutes Gewissen ...

Römer 8,31-39 **Mittwoch, 13.**

... ist ein sanftes Ruhekissen. Der Volksmund weiß, dass das Gewissen unser Leben stark beeinflusst. Paulus hat nicht nur ein gutes Gewissen, sondern die feste Gewissheit: Nichts kann uns von Gottes Liebe trennen. Woher nimmt er diese Gewissheit? Zum einen aus dem Wissen, dass Gott uns seinen Sohn Jesus schenkt. Wer uns das Beste gibt, muss uns unbegreiflich lieben! Doch Wissen allein macht noch keinen Glauben. Und das ist das Zweite: Gott schenkt Paulus die tiefe Überzeugung, dass diese Liebe auch ihm gilt. Wissen ist gut, Gewissheit ist besser. Woher bekommen wir diese? Sie wächst, wenn wir den ganz persönlichen Kontakt mit Gott pflegen. Wer ihn hört und mit ihm spricht, wird sein Vertrauter. Als solcher darf man immer neu um Glaubensgewissheit bitten.

„Seht, welch eine Liebe hat uns der Vater erwiesen, dass wir Gottes Kinder heißen sollen – und wir sind es auch!“ *1. Johannes 3,1*

Jahreslosung 2019

„Suche Frieden und jage ihm nach!“ (Psalm 34,15)

Findig werden

Als kleiner Bub habe ich ab und zu mit Mutter und Oma im Wald Pilze gesammelt. Oft war ein Pilzkenner dabei, der wusste, was ins Körbchen gehört und was nicht. Ich habe diese Ausflüge fast vergessen und mich auf andere Dinge konzentriert. Liebe, Anerkennung, Erfolg, Bedeutsamsein für andere sind nur einige „Objekte“, die nicht

nur ich suche. Frieden steht nicht immer (ganz oben) auf dieser Liste. Die Jahreslosung erinnert uns an dessen vorrangige Bedeutung. Frieden ist ein hohes Gut, das nicht leicht zu finden ist. Der Psalmist ruft dennoch auf, sich um ihn zu bemühen, weil sich das lohnt und von Erfolg gekrönt sein soll – das verheißt Gott ja durch seine Aufforderung indirekt.
Ähnlich wie beim Pilzesammeln gibt es begünstigende und hinderliche Faktoren, die man beherzigen muss, wenn Frieden kein bloßer Wunschtraum bleiben soll. Auch im Umgang mit Menschen ist es hilfreich, wenn man nicht „wild durchs Unterholz trampelt", sondern vorsichtig und rücksichtsvoll auftritt. Es hilft, wenn man sich Zeit nimmt, genau hinzusehen, wen oder was man vor sich hat. Der leichtfertige Blick führt nicht nur im Pilzreich zu gefährlichen Verwechslungen. Sorgsame, intensive Beurteilung des Einzelexemplars – ob nun Pilz oder Mensch – ist unbedingt nötig. Streitsüchtigen sollte man z. B. aus dem Weg gehen (Spr 26,17), zumindest bis sie ihr Gift verspritzt haben. Vorschnelle Entscheidungen zur Konfliktlösung können ein Scheinerfolg sein, der sich später rächt. Suchmaschinen im Internet liefern in Sekundenbruchteilen unzählige Ergebnisse, aber keine Pilze. Frieden suchen ist dagegen ähnlich wie eine Schatzsuche zeitintensiv; manche Menschen investieren Jahre, weil sie überzeugt sind, dass sich das lohnt. Das Suchen nach Frieden hat viel mit „Aufsuchen" (Hingehen) zu tun. Der Frieden kommt in der Regel nicht angeflogen wie eine gebratene Taube im Schlaraffenland. Ich muss mich schon in Bewegung setzen.
Ich will glauben, dass Gott auch in diesem Jahr etwas wachsen lässt, das eine Hauptspeise und keine Beilage meines Lebens abgibt. Unsere Friedenssuche kann nicht nur unser eigenes Leben verändern oder retten – sie kann wie Penizillin, das aus einem (Schimmel-)Pilz gewonnen wird, auch Wunden heilen. *FGr*

Ein Herz für Israel

Römer 9,1-5 **Donnerstag. 14.**

Leider hat unser deutsches Volk an Israel schwere Schuld auf sich geladen. Die Folgen tragen alle bis heute. Ich frage mich: Hatten die Christen im Deutschland des Dritten Reiches jene Passagen dieses Briefes überlesen, mit denen Paulus sein Plädoyer für die Juden eröffnet? Es ist gut, dass wir heute an die zeitlose und besondere Bedeutung des Gottesvolkes erinnert werden. Zu Israel sprach Gott. An Israel handelte er. Israel schenkte er, was auch uns Christen zugutekommt. Ein kleines und unbedeutendes Volk wählte er aus, um an ihm seine Liebe und Geduld beispielhaft zu demonstrieren. In Jesus erreichte Gottes liebevolle Zuwendung ihren Gipfel. Wie oft beten wir eigentlich für Israel? Schweigen wir zu antijüdischen Äußerungen oder Handlungen? Gott jedenfalls wacht nach wie vor über sein ureigenes Volk.

„Denn so spricht der Herr Zebaoth ...: Wer euch antastet, der tastet seinen Augapfel an." Sacharja 2,12

Kinder der Verheißung

Römer 9,6-13 **Freitag, 15.**

Eine Verheißung ist ein Versprechen, eine Zusage. In der Geschichte Israels gibt Gott seinem Volk zahlreiche solcher Versprechen. Doch oft löst er diese erst ein, wenn alle menschliche Hoffnung am Ende ist. Das uralte, kinderlose Paar Abraham und Sarai soll Eltern einer ungezählten Menge werden? Da braucht man schon viel Fantasie, um das zu glauben! Doch Gott löst unseren Bedenken zum Trotz seine Versprechen von Anfang an ein. Nicht immer sofort, aber gewiss zum richtigen Zeitpunkt. Israel durfte das erfahren. Und viele andere ebenso. Nicht die Abstammung zählt deshalb, sondern das Vertrauen auf die Versprechen Gottes. Wer an Gottes Zusagen festhält, selbst wenn alles dagegen spricht, wird am Ende gesegnet sein. Als Einzelner und als ganze Gemeinde.

„Auf alle Gottesverheißungen ist in ihm das Ja; darum sprechen wir auch durch ihn das Amen, Gott zum Lobe." 2. Korinther 1,20

Ist das gerecht?

Römer 9,14-29 **Samstag, 16.**

Uns bringt auf die Palme, wenn es ungerecht zugeht. Besonders dann, wenn wir selbst den Nachteil haben. Ist Gott gerecht? Nach unserem Maßstab wohl nicht immer. Denn seine Gnade ist keine Gegenleistung. Wofür denn auch? Wer könnte so viel tun, dass es für den Himmel genügt? Paulus nimmt Vorwürfe auf, die nach seiner Erfahrung immer wieder einmal in der Luft liegen: Menschen werfen Gott vor, dass er die einen anscheinend bevorzugt und andere benachteiligt. Auch ich kenne dieses Gefühl. Meist meine ich dann, den Kürzeren gezogen zu haben. Doch Gottes Gnade ist kein Geschäft. Er handelt souverän. Mal ehrlich: Bin ich selbst nicht schon oft zu Unrecht von Gott gesegnet worden? Womit habe ich verdient, dass er mir tausendmal mehr gibt, als mir zustehen würde? Wir alle ...

„... werden ohne Verdienst gerecht aus seiner Gnade durch die Erlösung, die durch Christus Jesus geschehen ist.“ *Römer 3,24*

Wochenspruch

Wir liegen vor dir mit unserm Gebet und vertrauen nicht auf unsre Gerechtigkeit, sondern auf deine große Barmherzigkeit.
Daniel 9,18

Mitten im Gefecht

Psalm 60 **Sonntag, 17.**

Der Psalm ist ein Gebet mitten im Kriegsgefecht. Das Volk Israel steht verschiedenen feindlichen Heeren gegenüber. Wenn Gott nicht eingreift, gewinnen die Feinde die Oberhand. Das Reden Gottes sorgt für Zuversicht: Die feindlichen Gebiete werden zum Besitz des Volkes Israels (V. 8-10). Christen haben heute nicht die Aufgabe, Krieg gegen andere Völker zu führen. Jesus will vielmehr, dass wir Frieden stiften. Dennoch geht es in unserem Leben manchmal zu wie in einem heißen Gefecht: Herausforderungen stehen uns wie Feinde gegenüber und gelegentlich wird unser Glaube angegriffen. Hier lenkt der Psalm unseren Blick auf Gott: „Menschenhilfe ist nichts nütze“ (V. 13). Es gibt Situationen, da braucht es nichts weniger, als dass Gott eingreift. Welche Auseinandersetzungen, die ich aktuell habe, sind ohne Gottes Hilfe nicht zu meistern?

„Mit Gott wollen wir Taten tun.“ *Psalm 60,14*

Ich bin ein Heidenchrist

Römer 9,30–10,4 **Montag, 18.**

Ich bin kein Jude und deshalb Heide – ein Heide, der Christ wurde, ein Heidenchrist. Deshalb kann ich nur schwer nachvollziehen, wie sehr Juden das Gesetz lieben. Dass die Einhaltung alttestamentlicher Vorschriften das Heil bringt, ist mir fremd. Schon als Kind habe ich den Glauben an Jesus als einzigen Weg zur Gerechtigkeit kennengelernt. Dennoch kann ich der Argumentation des Paulus etwas abgewinnen. Gelegentlich schleicht sich auch bei mir der Gedanke ein, dass mein Einsatz für Gott Pluspunkte im Himmel bringt. Aber ich erwirtschafte mir nicht mein Heil, auch wenn sich Gott über jedes Wort und jede Tat zu seiner Ehre freut. Es ist und bleibt ein Geschenk und zugleich eine Provokation, dass mich Gott ohne mein Zutun gerecht macht.

„Ist's aber aus Gnade, so ist's nicht aufgrund von Werken; sonst wäre Gnade nicht Gnade.“ *Römer 11,6*

Mit Herz und Mund

Römer 10,5-13 **Dienstag, 19.**

„Ich singe dir mit Herz und Mund“ – so beginnt ein altes Kirchenlied von Paul Gerhardt. Auch Paulus weist uns heute auf den Zusammenhang von Herz und Mund hin. Im Herzen sitzen unsere tiefen Überzeugungen und Gefühle. Mit dem Mund sprechen wir aus, was uns bewegt. Mit Worten formulieren wir Bekenntnisse.

Wer leichtfertig daherredet und nicht zu seinen Worten steht, gibt ein bloßes Lippenbekenntnis ab. Wer nie ausspricht, was im eigenen Herzen ist, verbirgt seine Überzeugungen und legt kein Zeugnis ab. Es ist wichtig, dass unser Glaube im Herzen und das mündliche Glaubensbekenntnis deckungsgleich sind. Was wir glauben, sollen wir sagen, und was wir sagen, sollen wir glauben. Das fordert uns heraus, unseren Glauben nicht zu verschweigen und umgekehrt keine scheinheiligen Versprechen zu geben.

„Denn wes das Herz voll ist, des geht der Mund über.“ *Lukas 6,45*

Gönnen wir uns eine Predigt

Römer 10,14-21 **Mittwoch, 20.**

Es gibt die Predigt, die sanften Kirchenschlaf einleitet, und die, bei der man kein Wort verpassen will – und dazwischen ein großes Mittelfeld. Auf jeder liegt große Verheißung: Sie (wörtlich das Hören, V. 17) weckt Glauben. In ihr redet der lebendige Gott zu uns. Ist sie am biblischen Wort orientiert, kann sie Glauben wecken und stärken. Deshalb will ich demütig Predigern zuhören, deren Stil mir weniger liegt. Paulus fordert uns hier heraus, dorthin zu gehen, wo wir Predigten hören können: in den Gottesdienst. Predigten kann ich auch online hören; dabei fehlt aber die unmittelbare Gemeinschaft mit anderen Predigthörern. Also: Gönnen wir uns eine Predigt – am besten am nächsten Sonntag in unserer Gemeinde.

„Siehe, es kommt die Zeit, spricht Gott der Herr, dass ich einen Hunger ins Land schicken werde, nicht einen Hunger nach Brot oder Durst nach Wasser, sondern nach dem Wort des Herrn, es zu hören.“

Amos 8,11

Fremde Gedankengänge: Christen und Juden (I)

Römer 11,1-10 **Donnerstag, 21.**

Wer etwas zum Verhältnis von Juden und Christen sagt, bewegt sich in der Regel auf dünnem Eis. Sagt man, es gebe einen Heilsplan für Juden, der sich von dem für Christen unterscheide, kommen sofort Fragen nach der Aussage: „Ich bin der Weg ... niemand kommt zum Vater, denn durch mich!“ Sagt man, Juden sollen an Jesus glauben, wird einem wie auch immer geartete Zwangsmissionierung vorgeworfen. Fangen wir klein an: Paulus – selbst frommer, gesetzestreuer Jude – wird durch das Damaskuserlebnis zum Christen und Apostel. Auch er fragt sich: Was ist, wenn meine jüdischen Mitmenschen Jesus nicht als Messias anerkennen? (Gott hat sein Volk doch nicht verstoßen.) Das überraschende Argument lautet: Durch Verstockung und Abkehr Israels tut sich eine Chance für die Heiden auf.

„Dann aber will ich den Völkern reine Lippen geben, dass sie alle des Herrn Namen anrufen und ihm einträchtig dienen.“ *Zefanja 3,9*

Saat auf Hoffnung: Christen und Juden (II)

Römer 11,11-14 **Freitag, 22.**

Der Rabbiner Eleazar ben Pedath (um 270 n. Chr.) sagte im Zusammenhang einer Auslegung von Hosea 2,9: „Gott hat die Israeliten mitten unter die Völker in die Verbannung geführt, nur damit Proselyten zu ihnen hinzugefügt würden.“ Er greift das Bild vom Saatgut auf und fragt: „Sät ein Mensch Saat aus zu einem anderen Zweck, als um viel mehr Korn einzubringen?“ Natürlich nicht! Die Frage danach, wie auch Heiden zu Juden werden könnten, wird aus Sicht der jüdischen Rabbiner oft und vielfach bedacht. Paulus befasst sich als Schriftgelehrter ebenso mit diesen Fragen. Überraschenderweise zieht schon er den Schluss: Aus dem Fall Israels wird Reichtum für die Völker. Paulus will mit seinem Verkündigungsdienst unter den Völkern nichts anderes: Sie sollen zum Volk Gottes dazukommen. Aber anders als jüdische Menschen.

„... durch ihre Verfehlung ist den Heiden das Heil widerfahren ...“
Römer 11,11

Aus Zion kommt der Erlöser: Christen und Juden (III)

Römer 11,25-26 **Samstag, 23.**

Gottes Gaben und Berufung gereuen ihn nicht, erläutert der Apostel und entfaltet aus seiner Sicht das Verhältnis zwischen Juden und Christen anhand alter, rabbinischer Gelehrsamkeit. Am Ende kommt es auf Schriftbeweise an, um die Argumente zu stützen. Aus Jesaja bringt er ein: Ein Erlöser bringt die Tilgung von Sünde und Schuld. Und aus Jeremia folgert er: Dieses gilt in einem ganz neuen Bund, den Gott schließt, der nicht wie der ist, der mit den Vätern geschlossen wurde. Das eröffnet Paulus die Möglichkeit, im Gegenüber zu jüdischer Gelehrsamkeit erneut einen Zugang für Heiden zu Gottes Volk zu erklären. Andere Rabbiner hatten bereits erläutert, dass das über Noah und am Beispiel von Ruth nie ausgeschlossen war. Wir erleben Paulus als rabbinisch geschulten Lehrer – auch für die Juden in Rom.

„Es wird kommen aus Zion der Erlöser, der abwenden wird alle Gottlosigkeit von Jakob.“ *Römer 11,26*

Wochenspruch

Heute, wenn ihr seine Stimme hört, so verstockt eure Herzen nicht. *Hebräer 3,15*

Lobpreis

Psalm 61 **Sonntag. 24.**

Sie sind aus vielen Gottesdiensten nicht mehr wegzudenken: die Lobpreisbands. Manchem sind die Texte und Melodien nicht bekannt genug und er sehnt sich nach den alten Chorälen zurück. David zeigt uns in Psalm 61 einen Weg, den wir durchaus Lobpreis nennen können. Da ist auf der einen Seite das Gebet, das zum Schrei wird. Das Rufen in der Angst, aus tiefer Not. Und auf der anderen Seite ist da die Zuversicht. Und so singen die jungen Leute: „Du bist ein starker Turm, du bist das Auge im Sturm ..." Worte, die von der tiefen Zuversicht im Blick auf das Wirken und Handeln Gottes sprechen und die dann zum Lobpreis und zur Anbetung übergehen. Zur Anbetung Gottes sind wir berufen. Unsere Sehnsucht erfüllt sich da, wo unser Herz Gott sucht. Zu unserem Leben gehört beides, zu Gott schreien und ihm Lob zu singen. Dazu lädt dieser Psalm ein.

„Herr, du bist meine Stärke und Kraft und meine Zuflucht in der Not!" *Jeremia 16,19*

Das erste Buch Samuel

Das Buch über die „Richterzeit" (ca. 1200–1000 v. Chr.) schließt mit der Feststellung: „Zu der Zeit war kein König in Israel; jeder tat, was ihn recht dünkte" (Ri 21,25). Etwas Neues ist nötig; die Königszeit (ca. 1010–587 v. Chr.) beginnt. Von dieser Geschichtsphase Israels berichten die zwei Samuel- und die zwei Königsbücher.
Der Neustart beginnt mit Samuel, der Priester, Prophet und Richter ist, und mit Saul, dem ersten König Israels. Das Versagen des amtierenden obersten Priesters Eli gegenüber seinen Söhnen führt zur Berufung des noch jungen Samuel zum Priester. Nach dem Niedergang Israels unter Elis Familie ruft Samuel das Volk mit Erfolg zur Umkehr zu Gott auf (7).
Nach jahrzehntelanger Tätigkeit ergeht es Samuel mit seinen Söh-

nen wie Eli. Das ist der Anlass, dass das Volk eine andere staatliche Ordnung will – eine Königsverfassung statt einer Richterregelung. Gegen seinen Willen – doch auf Gottes Anweisung (8,7-22) – vollzieht Samuel mit der Salbung Sauls den Übergang zur Monarchie in Israel (9–11). Obwohl Gott selbst die Wahl Sauls getroffen hatte, führt dieses erste Königtum in Israel nicht zum gewünschten Ergebnis. Weder gelingt es Saul, die Philister zu besiegen, noch erweist er sich als der Gott gehorsame König (14,52–15,35). Es reut Gott, dass er Saul zum König gemacht hat. Er will keine menschliche Eigenmächtigkeit, sondern vertrauensvollen Gehorsam (15,22).

So trifft Gott noch zu Lebzeiten Sauls eine neue Wahl (16). Es beginnt die Geschichte von Davids Aufstieg. 1Sam erzählt diesen aufsteigenden, z. T. aber auch mühsamen Weg Davids bis zum Tode Sauls um 1010 v. Chr.

Wie ein roter Faden zieht sich Davids Liebe und Vertrauen zu seinem Gott durch alle Phasen dieser Anfangszeit; am eindrücklichsten beim Kampf gegen Goliath und der zweimaligen Verschonung seines Verfolgers Saul. David zeigt sich jeweils als ein Mann, dessen Herz auch dann noch an Gott hängt, wenn anderen aus Angst der Atem stockt.

Gehe hin mit Frieden!

1. Samuel 1,1-20 — **Montag, 25.**

Diese Verse haben für mich eine große Bedeutung. Durch die Zusage des Eli an Hanna in Vers 17 „Gehe hin mit Frieden; der Gott Israels wird dir geben, was du von ihm erbeten hast“ erhielt ich vor über 40 Jahren meine Berufung zum hauptamtlichen Dienst, in dem ich bis heute stehe. Ich weiß nicht, was dieser Vers für uns heute bedeutet. Könnte er bedeuten: „Gott hilft in ausweglosen Situationen“? Könnte er bedeuten: „Gott sieht unsere Probleme“? Könnte er bedeuten: „Gott sieht unsere Kränkungen“? Sicher bedeutet er: „Gott sieht uns und er erhört unser Gebet.“ Welch ein Vorrecht ist es, dass wir uns in allen Lebenssituationen an ihn wenden können. Hanna legt ein Gelübde ab; sie weiht Gott den noch nicht empfangenen Sohn. Dieses Opfer hat Gott nicht von ihr erwartet, aber er nimmt es an; und Samuel wird Richter und Prophet in Israel.

„Opfere Gott Dank und erfülle dem Höchsten deine Gelübde."
Psalm 50,14

Samuel heißt: Von Gott erbeten

1. Samuel 1,21-28 **Dienstag, 26.**

Wissen Sie, was Ihr Name bedeutet? Mein Name ist selten geworden. Ob er ursprünglich etwas mit „Ratgeber" zu tun hatte, ist nicht ganz nachweisbar. Der Name Samuel hat auch keine ganz klare Bedeutung; er könnte aber „von Gott erbeten" heißen. Vieles aus der Geschichte um Samuels Zeugung und Geburt deutet darauf hin. Was ein Name auch immer bedeuten mag, der Träger füllt ihn mit Leben. Von Gott erbeten, von Gott geschaffen, von Gott geliebt und von Gott berufen. Wir sind so sehr von Gott geliebt, dass er unsere Namen in sein Buch geschrieben hat, noch mehr: Er hat unsere Namen in seine Handfläche geschrieben. Wir gehören unauslöschlich zu ihm. Samuel wächst im Zelt der Begegnung (Stiftshütte) auf. Gott beruft ihn zu seinem Diener und fängt wieder an, zu seinem Volk zu sprechen. Lassen wir Gott auch zu uns sprechen?

„Unauslöschlich habe ich deinen Namen auf meine Handflächen geschrieben." *Jesaja 49,16 (HfA)*

Des Herrn Diener

1. Samuel 2,1-11 **Mittwoch, 27.**

Der Lobgesang der Hanna findet seinen Widerhall im Lobgesang der Maria (Lk 1,46-55). Die Geburt von Samuel und die von Jesus sind übernatürliche Ereignisse. Da sollte Gott gelobt und gepriesen werden. Hanna beschreibt in ihrem Lied gleichsam Licht und Schatten. Sie bezieht sich auf die gegensätzlichen Ereignisse in ihrem Leben. Ereignisse, die auch uns in unserem Leben begegnen können. Sie weiß, wovon sie spricht, und hat nun die Größe Gottes erlebt. Wir werden hier zu einem Sichtwechsel aufgefordert: weg von den eigenen Problemen und hin zu dem Gott, der über alles den Überblick hat. Dem nichts aus dem Ruder läuft und der immer auf unserer Seite ist. Hanna zeigt uns: Eine Not wird zum Gebet und die Gebetserhörung wird zum Lobgesang.

„Das ist ein köstlich Ding, dem Herrn danken und lobsingen deinem Namen, du Höchster, des Morgens deine Gnade und des Nachts deine Wahrheit verkündigen." *Psalm 92,2-3*

Eine gute Erziehung

1. Samuel 2,12-26 **Donnerstag, 28.**

Der Priester Eli versagt leider total in seiner Vaterrolle. Zu dem gewissenlosen Verhalten seiner Söhne sagt er: „Nicht doch, meine Söhne! Das ist kein gutes Gerücht, von dem ich reden höre in des Herrn Volk" (V. 24). Das ist sehr nachsichtig und milde ausgedrückt bezüglich der großen Schandtaten seiner gottlosen Söhne. Dabei fürchtet er wohl hauptsächlich um seinen guten Ruf. Wir brauchen Mut und Stehvermögen, wenn wir unseren Kindern besonders in einem bestimmten Alter gewisse Dinge verwehren müssen. Leider machen da oft die Eltern um des lieben Friedens willen mit ihren Kindern faule Kompromisse. Eine gute Erziehung ist eine schwierige Aufgabe. Es gilt, den schmalen Grat zwischen Nachsicht und Tadel zu gehen. Eine besondere Verantwortung tragen dabei die Väter.

„Und ihr Väter, reizt eure Kinder nicht zum Zorn, sondern erzieht sie in der Zucht und Ermahnung des Herrn." *Epheser 6,4*

Monatsspruch März

Wendet euer Herz
wieder dem HERRN zu,
und dient ihm allein.

1. Samuel 7,3 (E)

Jesus allein die Ehre

1. Samuel 2,27-36 **Freitag, 1.**

Der Priester Eli ehrt seine Söhne mehr als Gott. Er verwöhnt sie wie König David seine Söhne Adonia und Absalom. „David hatte seinem Sohn Adonia nie etwas verwehrt sein Leben lang" (1Kö 1,6). Väter müssen dafür die Folgen tragen. Gott kündigt dem Haus Eli das Gericht an. Absalom wiegelt das Volk gegen seinen Vater auf und stürzt ihn sogar vom Thron. Der Psychologe Dr. Stöckle sagt dazu: „Eine zu lasche Erziehung hat schlimmere Folgen als eine zu strenge." Verwöhnte Kinder sind nicht lebenstüchtig. Das Böse muss mit aller Strenge korrigiert werden. Jesus soll in allen Lebensbereichen geehrt werden. Der Philosoph Sokrates schreibt: „Warum setzt ihr Himmel und Erde in Bewegung, um Reichtümer anzuhäufen, und kümmert euch dabei so wenig um eure Kinder, denen ihr doch eines Tages alles überlassen müsst?"

„Wer mich ehrt, den will ich auch ehren; wer aber mich verachtet, der soll wieder verachtet werden." *1. Samuel 2,30*

Die beste Erziehung

1. Samuel 3,1-21 **Samstag, 2.**

Der Priester Eli weiß ganz genau, dass seine Söhne durch ihre schändlichen Machenschaften Gottes Zorn auf sich ziehen. Trotzdem lässt er sie machen, was sie wollen. Darum muss ihm Samuel schonungslos Gottes Urteil verkünden. Spätestens jetzt hätte er als Vater und Priester Gott eindringlich um Gnade und Vergebung bitten müssen. Das tut Mose erfolgreich, als Gott das Volk Israel am Sinai wegen seiner Schuld vernichten will (2Mo 32,32). Und das tut Hiob vorbeugend „allezeit" für seine Söhne (Hiob 1,5). Die beste Erziehung heißt Jesus Christus. Der englische Adelige John Wilmot sagt: „Vor meiner Hochzeit hatte ich sechs Erziehungstheorien. Heute habe ich sechs Kinder und keine Theorie mehr." Ich habe vier erwachsene Kinder. Mit der besten Erziehung – Jesus Christus – bin ich sehr gut gefahren.

„Vergib ihnen doch ihre Sünde; wenn nicht, dann tilge mich aus deinem Buch, das du geschrieben hast.“ *2. Mose 32,32*

Wochenspruch
Seht, wir gehen hinauf nach Jerusalem, und es wird alles vollendet werden, was geschrieben ist durch die Propheten von dem Menschensohn. *Lukas 18,31*

Dreipunktsicherheitsgurt

Psalm 62 **Sonntag, 3.**

David ist auf der Flucht vor seinem Todfeind König Saul, der ihm fanatisch nach dem Leben trachtet. Saul ist besessen und wirft in seinem Arbeitszimmer mehrmals den Speer gegen David. Der entkommt haarscharf dem sicheren Tod. Er muss seine geliebte Frau Michal und seinen besten Freund Jonathan zurücklassen. Er hat keine Gemeinschaft mehr mit seinesgleichen, keinen Gottesdienst und kein geordnetes Leben. Er ist nur noch ein Verfolgter. Er wird verraten und gebraucht sogar Notlügen. Er durchlebt eine lange, geistliche Durststrecke und ist total ausgebrannt. In dieser Lage entsteht Psalm 62. Gott ist sein Fels, seine Hilfe und sein Schutz. Das ist der Dreipunktsicherheitsgurt. Ohne ihn hätte David nicht überlebt. Im Glauben an Jesus Christus und beim Autofahren gilt die Gurtpflicht.

„Er ist mein Fels, meine Hilfe und mein Schutz, dass ich nicht wanken werde.“ *Psalm 62,7*

Nicht verfügbar

1. Samuel 4,1-11 **Montag, 4.**

In Ägypten lebte einmal ein Pharao, der von Löwen fasziniert war. Ihre wehende Mähne, das Muskelspiel, ihre Wildheit konnte er nicht genug bewundern. Er ließ ein prächtiges Exemplar in seinem Palast ausstellen. Aber der Löwe saß still in seinem Käfig, sein Fell wurde stumpf und in seinen Augen stand nur gebrochener Stolz. Enttäuscht wollte sich der Pharao abwenden, da zerbrach der Löwe den Käfig. „Das ist sie, diese Stärke, diese Wildheit!“, dachte der Pharao noch, bevor ihn der wütende Löwe zerriss. Eine ähnliche Lektion lernen die Israeliten hier mit der Bundeslade. Gott ist kein Flaschengeist, den man kontrollieren könnte. Er bleibt frei, unverfügbar. Was wir beherrschen können, ist nicht Gott. Tröstlich daran: Auch seine Gnade ist immer noch größer, noch freier. Sie reicht weiter, als unser Herz es für möglich hält.

„Siehe, es hat überwunden der Löwe aus dem Stamm Juda ...“
Offenbarung 5,5

Entführungsopfer

1. Samuel 4,12-22 **Dienstag, 5.**

Die Frau des Millionärs geht unruhig auf und ab. Wann werden sich die Entführer melden? Die Polizei hat das Telefon angezapft. Als es klingelt, gibt der Kommissar der Ehefrau ein Zeichen. Sie greift zum Hörer: „Passen Sie auf, wir haben Ihren Mann. Wenn Sie ihn wiedersehen wollen, geben Sie uns zwei Millionen Euro in gebrauchten Scheinen. Keine Polizei!“
Die Israeliten machen denselben Fehler noch einmal und diesmal treibt er sie in die Verzweiflung. Die Bundeslade ist in die Hände des Feindes gefallen. Ist dann nicht auch Gott jetzt in deren Hand? Hat er nicht Israel verlassen? Ist er – ist nicht alles für sie verloren? Es ist dasselbe heidnische Denken wie im letzten Abschnitt. Die Anwesenheit der Lade auf dem Schlachtfeld kann Gott nicht zum Eingreifen zwingen und ihr Fehlen kann ihn auch nicht von seinem Volk trennen.

„Ich will dich nicht verlassen noch von dir weichen.“ *Josua 1,5*

Schlechte Karten für Dagon

1. Samuel 5,1-12 **Mittwoch, 6.**

Und die „Entführer" der Bundeslade, die Philister? Denen ergeht es mit der Lade noch übler als den Israeliten ohne. Gott zeigt ihnen, dass er der Herr des Universums ist und ihre Gottheit Dagon nur ein hilf- und kopfloser Götze. Die Bundeslade bringt den Philistern nur Plagen, Pech und Pestilenz. Aber nicht, weil sie an sich so mächtig wäre, sondern weil Gott es so will. Wir können ihm nicht mit der Arroganz begegnen, ihn beherrschen zu wollen. Wir brauchen ihm nicht mit Verzweiflung begegnen, egal was vorgefallen ist. Wir dürfen ihm mit dem Glauben begegnen, mit dem wir Gott unseren Gott sein lassen.

„... ein geängstetes, zerschlagenes Herz wirst du, Gott, nicht verachten." *Psalm 51,19*

Happy End mit Schönheitsfehler

1. Samuel 6,1–7,1 **Donnerstag, 7.**

Der Kommissar lässt mit bleichem Gesicht den Hörer sinken. Diesen Ausgang hätte er nicht erwartet. Dann wendet er sich an die Frau des entführten Millionärs: „Es ist vorüber. Ihr Mann hat die Entführer selbst überwältigt und ist auf dem Weg nach Hause. Meine Leute haben im Versteck der Bande mehrere Männer gefunden. Alle tot." – Die Philister wollen die Lade schließlich nur noch loswerden. Sie vergewissern sich, dass hier wirklich die Hand Gottes im Spiel ist. Die Kühe würden von sich aus immer zu ihren Kälbern laufen. Aber Gott lenkt sie und mit ihnen die Lade schnurstracks zurück zu den Israeliten. Ein Happy End? Ja, aber es gibt wieder Tote. Gott straft jene, die die Lade nicht mit der richtigen Einstellung in Empfang nehmen. Am Ende der Geschehnisse steht der heilige Gott. Aber auch der Gott, der seinem Volk treu bleibt.

„Aber meine Gnade will ich nicht von ihm wenden und meine Treue nicht brechen." *Psalm 89,34*

Wer kann vor Gott bestehen?

1. Samuel 7,2-17 **Freitag, 8.**

Zwanzig Jahre vergingen, dann wandte sich das ganze Haus Israel zum Herrn. Samuel erfüllt priesterliche Aufgaben und richtet das Volk auf Gott aus. Es bekannte seine Abweichungen von Gott. Feinde, die Philister, beziehen Kampfstellung und Israel fürchtet sich. Der Herr wird streiten und Israel wird zusehen. Samuel opfert und ruft zum Herrn. Während des Opferns kommen die Feinde. Aber Gott erschreckt sie und sie werden geschlagen. Samuel errichtet ein Denkmal „Eben-Eser" („Bis hierher hat uns der Herr geholfen"). Dieser Stein erinnert Israel an Gottes Eingreifen. Erneuerung und Umkehr stehen vor dem Sieg über die Feinde. Samuel leitet das Volk zu Gott und ruft zur Umkehr. Er dient als königlicher Priester, tritt betend für das Volk ein. Wo brauche ich heute Umkehr und Erneuerung, damit ich Gottes Eingreifen erleben kann?

„Gerechtigkeit erhöht ein Volk; aber die Sünde ist der Leute Verderben." *Sprüche 14,34*

Der König der Juden

1. Samuel 8,1-22 **Samstag, 9.**

Gott wird abgesetzt. Er soll nicht länger das Zepter in der Hand halten. Israel setzt auf menschliche Macht. Bisher hatte der Gott Israels die Krone getragen. Jetzt will das Volk einen menschlichen König. Sie meinen, dass ein menschlicher König größere Macht hat als der Gott Israels, der sie aus der Gefangenschaft ins Verheißene Land geführt hat. Der Wunsch, so zu sein wie die Völker um sie herum, leitet sie in diesem Gedanken. Samuels warnende Stimme verstummt vor dem starken Willen des Volkes. Gott lässt zu, dass das Volk seinen Willen bekommt und dafür den Preis bezahlt. Vergleichen und Seinwollen wie die anderen – das ist bekannt. Aber den lebendigen Gott absetzen, bedeutet auch, Menschen ausgeliefert zu sein.

„Jene verlassen sich auf Wagen und Rosse; wir aber denken an den Namen des Herrn, unsres Gottes." *Psalm 20,8*

Wochenspruch

Dazu ist erschienen der Sohn Gottes, dass er die Werke des Teufels zerstöre. *1. Johannes 3,8b*

Stoßgebet in auswegloser Lage

Psalm 64 **Sonntag, 10.**

Ein Hinterhalt wird gelegt. Böse Anschläge sind geplant. Pfeile treffen David. Er soll zu Fall gebracht werden. So ging es auch Jesus: Hinterhältige Absichten verfolgt der Teufel, als er Jesus in der Wüste versucht. Mit biblischen Worten lenkt er Jesus von seiner Beziehung zum Vater im Himmel und seinem Auftrag ab. Er lockt Jesus auf den Weg der Selbstherrschaft. Jesus lässt die Pfeile des Versuchers abblitzen. Sein Vertrauen gehört allein dem Vater. Er geht keine Kompromisse mit dem Versucher ein. David betet um Bewahrung für sein Leben. Sein Lied ist ein Stoßgebet. Gott greift ein; er schlägt die Feinde. Sein Pfeil durchschlägt sie und die es sehen, erkennen: Hier handelt Gott. Er erhört Gebet. – Was für David und Jesus galt, gilt auch heute mir.

„Der Gerechte wird sich des Herrn freuen und auf ihn trauen, und alle frommen Herzen werden sich seiner rühmen." *Psalm 64,11*

Esel gesucht – König gefunden

1. Samuel 9,1-14 **Montag, 11.**

Gott hat einen stattlichen König nach dem Geschmack des Volkes ausgesucht. Größer als andere ist er und auf der Suche nach familiären Wirtschaftsgütern. Er entstammt einer wohlhabenden Familie; diese besitzt ein Eselsgestüt und versorgt die Bevölkerung mit Last- und Reittieren. Auffallend schön ist Saul, wie das auch von David berichtet wird. Im Hebräischen meint das nicht nur die Außen-, sondern auch die Innenseite eines Menschen. Diesen Saul hat Gott als König für sein Volk ausgewählt. Er bringt durch eine Verlegenheit Saul und Samuel zusammen. Esel gesucht und König gefunden. Gott selbst trifft die Wahl. Saul will vom Propheten wissen, wo die entlaufenen Tiere sind. Aber Gott hat eine wichtigere Botschaft für ihn. Vielleicht hat Gott auch für uns heute mehr bereit, als wir von ihm erwarten.

„So tretet nun herzu und seht, was der Herr Großes vor euren Augen tun wird.“ *1. Samuel 12,16*

In Gottes Dienst gestellt

1. Samuel 9,15–10,16 **Dienstag, 12.**

Bei der Erwählung Sauls wurde nichts dem Zufall überlassen. Die Verse klingen wie eine Navigationsansage, um zum richtigen Ziel zu finden. Wir können dort Gott eindeutig als Handelnden und Samuel als Ausführenden erkennen. Saul bekommt Gottes Geist geschenkt und sein Herz wird verändert. Aber auch nachdem er dies alles erfahren hatte und von Gott zu einem neuen Menschen gemacht wurde, blieb Saul stumm und erzählte nichts von der Salbung in dem Gespräch mit seinem Onkel. Was würden wir an seiner Stelle tun? Wir wünschen uns doch auch oft so eine genaue Wegführung Gottes. Vielleicht hat Gott uns auch schon ins Herz gesprochen. Aber trauen wir uns, die Herausforderung anzutreten?

„Nicht ihr habt mich erwählt, sondern ich habe euch erwählt und bestimmt, dass ihr hingeht und Frucht bringt und eure Frucht bleibt, auf dass, worum ihr den Vater bittet in meinem Namen, er's euch gebe.“
Johannes 15,16

Jahreslosung 2019

„Suche Frieden und jage ihm nach!" (Psalm 34,15)

„Frieden" beginnt mit Gruß und Segen

Schalom – der tägliche jüdische Gruß. Er schlägt eine Vertrauensbrücke zu anderen. „Friede sei mit euch! Fürchtet euch nicht!" – so grüßt Josef seine Brüder (1Mo 43,23). Jonathan verspricht dem gefährdeten David: Wenn ich dies Zeichen gebe, dann komm. Friede ist dir, es hat keine Gefahr! (1Sam 20,21). Der Friedensgruß zieht den Gegrüßten in den Bereich von Frieden, Geborgenheit und Sicherheit. Der Gruß ist mehr als Höflichkeit; er hat zugleich verpflichtenden Charakter. Wenn ich sage „Guten Tag!", bin ich mitverantwortlich, dass der andere auch wirklich einen guten Tag hat, dass er sich auf mein „Gutes" verlassen, mit meiner „Güte" rechnen kann.

Im Friedensgruß geschieht eine „elementare Existenzberuhigung" (E. Jüngel). Das angefügte „Fürchte dich nicht" bestätigt dies. In diesem gewährten Raum des Friedens darf der andere ganz er selbst sein.

Der Gegenbegriff zu Frieden im AT ist nicht Streit oder Krieg, sondern Nicht-intakt-Sein, Mangel an Leben. Dazu gehören belastende Beziehungen, eingegrenzte Gesundheit, fehlende Geborgenheit. Unser Leben braucht Vertrauen, Zuwendung, Zuversicht. – Im biblischen Friedensgruß wird zugleich deutlich, dass der Grüßende diesen umhüllenden Frieden nicht selbst geben kann; er ist ja selbst auf Gottes Frieden angewiesen wie alle anderen auch.

Was Gottes Frieden behindert, einengt, sind negative Worte, verurteilende, ausgrenzende Bemerkungen. „Behüte deine Zunge vor Bösem und deine Lippen, dass sie kein Falsch reden", so der Vers zuvor. 1Petr 3,9-11 nimmt den Text auf und ergänzt: Segnet! Und „Segnen" meint: gute Worte sagen, Mut machende Gedanken haben. Der Friedensauftrag fängt mit unseren Worten an – in der Familie, gegenüber Flüchtlingen und Politikern! Segnen geschieht in der Fürbitte, in guten Gedanken und Taten – trotz manch notwendiger Kritik! FGu

Das Volk kommt zusammen

1. Samuel 10,17-27 Mittwoch, **13.**

Gott reagiert auf die Bitten Israels, auch wenn diese gegen ihn gerichtet sind. Ein König soll eingesetzt werden. Dadurch wird Gott als direkter Herrscher abgelöst. Doch er liebt uns Menschen so sehr, dass er Samuel öffentlich machen lässt, für wen er sich entschieden hat. Damals loste man bei wichtigen Entscheidungen. Man nahm an, dass Gott den Ausgang dieses Verfahrens entschied. Somit versuchte man, dadurch Gottes Willen zu erkennen. Doch was macht man, wenn sich der Auserwählte versteckt und nicht geeignet erscheint? Da hat sich Gott vielleicht doch vertan. Zumindest werden einige Gegenstimmen laut. Wenn wir Angst haben, fragen wir uns, ob Gott überhaupt einen Auftrag für uns hat oder wir die Richtigen dafür sind. Da müssen wir etwas Geduld haben; für große Aufgaben muss einfach auch die Zeit reif sein.

„Ein jegliches hat seine Zeit, und alles Vorhaben unter dem Himmel hat seine Stunde." *Prediger 3,1*

Der Retter ist da

1. Samuel 11,1-15 Donnerstag, **14.**

Oftmals dauert es eine Weile, bis es bei einem selbst „Klick" macht. So auch bei Saul. Er erhält Gottes Salbung und erzählt niemandem davon. Er wird ausgelost und glänzt durch Abwesenheit. Er geht weiter seiner gewöhnlichen Arbeit nach. Erst als ein weiterer Hilferuf des Volkes ertönt und Saul von Gottes Geist erfasst wird, nimmt er sein Amt an und wird aktiv. Er sammelt das Volk und nimmt auch Gottes Mann Samuel mit. Nun führt er das Volk in eine siegreiche Schlacht. Ganz waren die Einschüchterungen nicht verstummt, aber Saul stellt sich ihnen und gibt Gott die Ehre. Auch wir sollen nicht ängstlich sein und uns den Aufgaben stellen, für die uns Gott ausgewählt hat.

„Habe ich dir nicht geboten: Sei getrost und unverzagt? Lass dir nicht grauen und entsetze dich nicht; denn der Herr, dein Gott, ist mit dir in allem, was du tun wirst." *Josua 1,9*

„Neuanfang" – bei Gott jederzeit möglich! Freitag, 15.

1. Samuel 12,6-25

Wer die Autobahnausfahrt verpasst, muss zunächst weiterfahren, bevor er umdrehen kann, um dann seinen Weg richtig fortzusetzen. Wenn Gott uns Umkehr anbietet, gibt es keine Wartezeit oder Extrarunden. Israel hatte sich gründlich verrannt. Aus Angst vor Nahasch baten sie um einen König und setzten damit Gott als ihren Herrscher ab. Gott wollte ihr König und Beschützer sein, wenn sie sich zu ihm halten würden. Doch sie wollten einen sichtbaren Regenten. Jetzt, da sie ihre Schuld einsehen, fordert Samuel sie auf, dem Herrn zu gehorchen (V. 14). Direkt, sofort und gleich können sie auf Gottes Weg zurück. Ihr eigener König bleibt – Neuanfang heißt nicht, dass man die Konsequenzen des ungehorsamen Tuns nicht tragen muss. Aber die Beziehung zu Gott ist sofort wiederhergestellt.

„Und ihr werdet mich anrufen und hingehen und mich bitten, und ich will euch erhören. Ihr werdet mich suchen und finden."
Jeremia 29,12-13

„Der Zweck heiligt die Mittel!" – oder etwa nicht? Samstag, 16.

1. Samuel 13,1-23

Saul hatte einen guten Start als König: Großmütig überhört er Beleidigungen, erringt einen großen Sieg und trifft gute Entscheidungen. Nun wird sein Vertrauen auf Gott erprobt. Zwei Schwerter hat er in seinem Heer und soll gegen 3000 Kriegswagen antreten – wird Gott zu seinem Wort stehen? Wo ist nur Samuel? Erste Soldaten begehen schon Fahnenflucht. Saul will seine Kämpfer nicht verlieren und bringt die Brandopfer selbst dar, um ihnen zu zeigen, dass Gott mit ihnen ist. Gerade durch dieses Symbol der Nähe Gottes verliert Saul aber Gottes Beistand, weil er Gott nicht vertraut. Denn Brandopfer durften nur die Priester vor Gott opfern.

„Samuel aber sprach: Meinst du, dass der Herr Gefallen habe am Brandopfer und Schlachtopfer gleichwie am Gehorsam gegen die Stimme des Herrn? Siehe, Gehorsam ist besser als Opfer und Aufmerken besser als das Fett von Widdern. *1. Samuel 15,22*

Wochenspruch
Gott aber erweist seine Liebe zu uns darin, dass Christus für uns gestorben ist, als wir noch Sünder waren. *Römer 5,8*

Ist der Fromme immer der Dumme?

Psalm 10 **Sonntag, 17.**

Ellenbogengesellschaft, Egoismus, Teamunfähigkeit – das sind die Begriffe, mit denen die Gesellschaft heute beschrieben wird. Und – damals wie heute – haben wir den Eindruck, dass man es nur auf diesem Weg zu etwas bringen kann. Da liegt die Frage des Psalmisten nahe: „Herr, warum verbirgst du dich?“ (V. 1)
Doch trotz des großen Selbstvertrauens der Gottlosen (V. 6) und ihres Erfolges erkennt der Schreiber, dass Gott all das sieht und der Helfer der Waisen ist (V. 14). Er versteht nicht, warum Gott so handelt und so lange wartet. Aber das Wissen, dass Gott zu seiner Zeit eingreifen wird, führt ihn dazu, Gott anzubeten. Wir wollen heute mit ihm zusammen Gott loben und anbeten, weil er Herr ist – auch angesichts vieler offener Fragen unserseits.

„Ich aber wäre fast gestrauchelt ... Denn ich ereiferte mich über die Ruhmredigen, ... bis ich ging in das Heiligtum Gottes.“
Psalm 73,2.3.17

Gewagter Alleingang

1. Samuel 14,1-15 **Montag, 18.**

Saul sitzt mit seinen Soldaten tatenlos unter einem Baum und wartet. Jonathan scheint das nicht zu gefallen. Natürlich kann er als Sohn des Königs nicht einfach an ihm vorbei aktiv werden. So startet er einen geheimen Alleingang und bringt damit die anschließenden Kampfhandlungen in Gang, die zum Sieg Israels führen. In der Nähe der gegnerischen Wachen angekommen, spitzt sich die Situation zu. Was soll er tun? Angesichts der Übermacht der Feinde ins Lager zurückkehren oder die Konfrontation bewusst suchen? Die Rechnung, die Jonathan aufmacht, gleicht der seines späteren Freundes David beim Kampf gegen Goliath: Nicht die Stärke der Feinde zählt, sondern die Macht Gottes. Die Wachen sind wie gelähmt, als es plötzlich zum Kampf kommt. Jonathan hat recht behalten – nicht mit seiner Verwegenheit, sondern mit seinem Gottvertrauen.

„... denn es ist dem Herrn nicht schwer, durch viel oder wenig zu helfen.“ *1. Samuel 14,6*

Verborgene Motive

1. Samuel 15,1-35 **Dienstag, 19.**

Aus heutiger Sicht ist der Text nur schwer zu ertragen. Gott befiehlt den Genozid an den Amalekitern? – So schwer es uns fällt: Wir dürfen nicht einfach unsere Kultur in den Bericht projizieren, sondern müssen versuchen, die Ereignisse aus den damaligen Gegebenheiten heraus zu verstehen. Es geht letztlich um die Frage, wie ein König aussehen muss, den Gott für seine weiteren Pläne mit dem Volk Israel gebrauchen kann. Der Text macht deutlich: Er muss Gott völlig hingegeben und gehorsam sein. Genau das ist bei Saul aber nicht der Fall. Das Aufbewahren der besten Tiere für ein späteres Opfer ist noch verständlich. Darüber hinaus werden aber auch Wertgegenstände einbehalten. Und warum verschont Saul den König der Amalekiter? Vielleicht für weitere eigene Pläne oder als Zeichen seines Triumphs? Jedenfalls nicht aus Gehorsam Gott gegenüber. Da helfen alle Ausreden nichts.

„... Gehorsam ist besser als Opfer ...“ *1. Samuel 15,22*

Eine Frage des Charakters

1. Samuel 16,1-13 **Mittwoch, 20.**

Im Verborgenen wird der zukünftige König Israels gesucht, gefunden und gesalbt. Eli und Samuel sind sich einig, dass dafür nur ein gestandener Mann infrage kommt. Kein Teenager, der die Schafe hütet. Wohl niemand von ihnen weiß jedoch, wie viele Jahre es noch dauern wird, bis David tatsächlich die Regierung übernimmt. Bis dahin soll David noch viele Höhen und Tiefen erleben und gewaltige Auseinandersetzungen mit Saul zu bewältigen haben. Denn Gott hat für den zukünftigen König noch eine lange Zeit intensiven Trainings vorgesehen. Die Frage war: Wie muss jemand aussehen, der diese Strapazen und dieses Training Gottes durchstehen kann? – Das Versagen Sauls hatte ja eigentlich bereits gezeigt, um was es Gott vor allem geht: den Charakter, die innere Einstellung, das Herz. Alles andere ist zweitrangig.

„Denn der Herr erforscht alle Herzen und versteht alles Dichten und Trachten der Gedanken.“ *1. Chronik 28,9*

Gott beginnt, seinen Plan umzusetzen

1. Samuel 16,14-23 **Donnerstag, 21.**

Gottes Entscheidung, einen neuen König zu benennen, hat sofort geistliche Auswirkungen. David wird von Gottes Geist erfüllt (V. 13), von Saul aber weicht der Heilige Geist. Er wird von schweren Depressionen gequält und ist damit für jeden erkennbar unfähig zu regieren. Abhilfe soll ausgerechnet David schaffen. Natürlich weiß niemand am Hof, wer David wirklich ist und was Gott mit ihm vorhat. Die Berater meinen, einen guten Vorschlag zu machen: Ein intelligenter, musikalischer, kämpferischer junger

Mann, der dazu noch gut aussieht. Niemand ahnt, dass Gott gerade dabei ist, seinen Plan umzusetzen. Gottes Führung beginnt damit, dass David an den Königshof kommt. Noch gebraucht Gott ihn nicht als Politiker und Soldat, sondern als Musiktherapeuten. Aber immer ist es Gott, der am Werk ist.

„Ich will dich unterweisen und dir den Weg zeigen, den du gehen sollst; ich will dich mit meinen Augen leiten." *Psalm 32,8*

Nur eine Frage

1. Samuel 17,1-30 **Freitag, 22.**

Viele kennen die Geschichte von David und Goliat (dem etwa zweieinhalb Meter großen Riesen). Mich erstaunt, dass in dieser Kriegsgeschichte auch eine Familiensituation beschrieben wird, mit all den Spannungen in einer Familie. David wird vom besorgten Vater zu seinen Brüdern geschickt. Doch der älteste Bruder freut sich nicht darüber; er wird zornig. Gerade Geschwister streiten gerne und oft. Manche Kriegsschauplätze sind nicht in der Ferne, sondern direkt bei uns. Wie geht es uns, wenn wir an unsere Familie und Geschwister denken? Gibt es da auch Neid und Eifersucht? Heute kann ein Anfang sein, daran etwas zu ändern, denn Friede muss in uns beginnen. Manchmal erscheint uns dieser Schritt wie ein Kampf gegen Goliat. Jesus will uns helfen, Frieden zu schaffen – in uns und unseren Familien. Heute kann so ein Tag sein. Nutzen wir ihn!

„Selig sind, die Frieden stiften; denn sie werden Gottes Kinder heißen."
Matthäus 5,9

Die Waffenrüstung Gottes

1. Samuel 17,31-58 **Samstag, 23.**

David ist kampfbereit; man spürt keine Angst. Weiß er wirklich, worauf er sich da einlässt, worum es geht? Ist es seiner Jugend zuzuschreiben oder übersteigertem Selbstbewusstsein? Aber da ist ein Satz, der alles verändert: „Ich komme im Namen Gottes!" Er kennt seinen Gott und er ist sicher: Gott selbst wird mich schützen und für mich kämpfen. Auch wir dürfen lernen, mit Gott zu kämpfen. Wir haben die Waffenrüstung Gottes, die wir anziehen dürfen. Ich bete um sie jeden Tag: Umgib mich mit Wahrheit. Gib mir den Panzer der Gerechtigkeit, Stiefel, die bereit sind, für dich und dein Evangelium einzutreten, den Helm des Heils, den Schild des Glaubens und dein Schwert, die Bibel. Wir sollten nicht ohne Gottes Schutz in den Alltag gehen, sondern seine Waffenrüstung anziehen.

„Zieht an die Waffenrüstung Gottes, damit ihr bestehen könnt gegen die listigen Anschläge des Teufels." Epheser 6,11

Wochenspruch
Wer die Hand an den Pflug legt und sieht zurück, der ist nicht geschickt für das Reich Gottes. Lukas 9,62

Unser Schutz

Psalm 34 **Sonntag, 24.**

Diese Frage höre ich immer wieder: „Wenn es einen Gott gibt, warum musste dieser gute Mensch so viel erleiden?" Ich habe darauf keine Antwort. Niemand hat sie. Aber ich erlebe oft, dass ich durchgetragen werden, wenn ich mich Gott in schweren Zeiten anvertraue. Meine Lebenslage ändert sich oder ich kann sie leichter annehmen. Ich bin sicher: Gott ist da und greift ein – vielleicht anders, als ich denke, aber er ist an meiner Seite. Ich habe schon mit vielen gesprochen, die in der Not durch ihren Glauben Ähnliches erlebten. Gott infrage zu stellen, ist oft einfach, aber haben wir uns auf ihn schon wirklich eingelassen? Manche Krise wird zur Chance, unser Leben zu ändern oder es zu überdenken. Unser Glaube verspricht uns keinen einfachen Weg, aber ein Ziel!

„Wir wissen aber, dass denen, die Gott lieben, alle Dinge zum Besten dienen, denen, die nach seinem Ratschluss berufen sind.“

Römer 8,28

Eine explosive Mischung

1. Samuel 18,1-16 **Montag, 25.**

Zwischen David und Saul bahnt sich ein gefährlicher Konflikt an. Jonathan befreundet sich mit David. Er wird immer zu David halten. Die schönen und jungen Frauen der Stadt Jerusalem singen Loblieder auf den jungen Krieger David. Sie übertreiben maßlos. Saul wird eifersüchtig auf David, der mehr Sympathie, Glück und Gottvertrauen hat. Zweimal versucht er ihn zu töten. Zu allem Überfluss verliebt sich auch noch die Königstochter in den jungen, erfolgreichen Helden. Saul spürt den eigenen Niedergang. Er kann damit nicht umgehen. Diese Konflikte erleben wir im Sport, in der Wirtschaft und bei vielen Generationswechseln. Damals kam noch ein entscheidender Faktor dazu. Gott war mit David, nicht aber mit Saul.

„Der Herr ist mein Licht und mein Heil; vor wem sollte ich mich fürchten!“ *Psalm 27,1*

Freundschaft ist wie ein Vertrag

1. Samuel 20,1-23 **Dienstag, 26.**

Saul baut eine große Konkurrenz gegenüber David auf. Überall stellt er ihm Fallen und bringt ihn in Lebensgefahr. Seine erste Tochter Merab verspricht er ihm zur Frau, gibt sie aber einem anderen. Seine Tochter Michal verliebt sich in David – und Jonathan, ihr Bruder, wird sein Freund. Diese Freundschaft rettet David das Leben. Die Freunde setzen sich ganz füreinander ein und schwören sich Freundschaft über den Tod hinaus. Jonathan merkt, dass sein Vater sich mit seinen Zornanfällen und seiner Eifersucht nicht gegen diesen aufstrebenden jungen Helden David behaupten wird. Beide tauschten Erinnerungsstücke aus, dass sie täglich aneinander denken. Freundschaft ist eine ganz besonders wertvolle Gabe Gottes. Freundschaft braucht Pflege, Verbindlichkeit und Vertrauen. Jesus sagt auch zu uns:

„Ihr seid meine Freunde ...“ *Johannes 15,14*

Freundschaft in der Zerreißprobe

1. Samuel 20,24–21,1 **Mittwoch, 27.**

Der Zorn Sauls wird so groß, dass er ganz offen darüber spricht, David umzubringen. Jonathan will vermitteln. In diesem Moment richtet sich der gesamte Zorn Sauls auf Jonathan. Überheblich, verachtend und beschämend redet er über ihn und Jonathans Mutter, Sauls Frau Ahimaaz. Er rastet völlig aus. Gedemütigt, verachtet und voller Zorn verlässt Jonathan das Haus seines Vaters. Nun muss er sich entscheiden zwischen Vater und Freund. Er wählt die Freundschaft und erneuert noch einmal vor Gott den Freundschaftsbund. Beide Freunde segnen sich und gehen traurig ihrer Wege. Manchmal müssen Freunde und Freundinnen sich entscheiden, weil Vermittlung nicht mehr möglich ist. Wo Fronten verhärtet sind, müssen Freunde Partei ergreifen.

„Folge mir nach und lass die Toten ihre Toten begraben.“

Matthäus 8,22

Der Allererste ist Gott

1. Samuel 23,1-18 **Donnerstag, 28.**

Noch einmal betont Jonathan, dass er nicht die Nummer eins ist und voll und ganz hinter David steht! Denn der Allererste ist Gott, der die Heilsgeschichte seines Volks im Sinn hat. Aufgabe von Jonathan ist es jetzt, in der Krise das Gottvertrauen seines Freundes zu stärken, denn David wird bedroht, ist angefochten und verunsichert. Der stellvertretende Glaube nimmt David die Angst. – Gott weiß, dass wir Brüder und Schwestern brauchen, die uns seine Nähe und seinen Zuspruch vermitteln. Geben wir den Menschen, die uns in Krisen ermutigt, beschützt und gestärkt haben, etwas von dieser Aufmerksamkeit zurück! Geben wir weiter an andere, die zweifeln, verzagen und in Sorgen ersticken! Und suchen wir die Gemeinschaft von Geschwistern, die selber Trost und Hilfe brauchen!

„Einer mag überwältigt werden, aber zwei können widerstehen, und eine dreifache Schnur reißt nicht leicht entzwei." *Prediger 4,12*

Den Sieg in den Händen?

1. Samuel 24,1-23 **Freitag, 29.**

Das war die Stunde, auf die alle gewartet haben: Gott gibt den Feind in Davids Hand. Das Ende des Lebens auf der Flucht ist zum Greifen nahe. David könnte ihn töten. Alle erwarten dies von ihm. Doch er schneidet nur ein Stück von dessen Umhang ab. Er greift Saul selbst noch nicht einmal an. Er tut ihm nicht weh; dennoch plagt ihn sein Gewissen. David wählt nicht den Weg der Rache. Er sieht, dass Saul immer noch der Gesalbte des Herrn ist. Er möchte sich nicht an ihm vergehen, sondern hofft zu beweisen, dass er gegen Saul nichts Böses im Schilde führt.
Wie gehen wir mit denen um, die uns verletzen und wehtun? Versuchen wir Rache zu nehmen und selbst für unser Recht zu kämpfen? Oder vertrauen wir auf Gott, dass er gerecht ist und Unrecht straft?

„Der Herr wird Richter sein zwischen mir und dir und mich an dir rächen, aber meine Hand soll nicht gegen dich sein." *1. Samuel 24,13*

Zu viel

1. Samuel 25,1-17 **Samstag, 30.**

Das sind ganz schön viele Niederschläge für David. Erst stirbt Samuel, sein Vertrauter, dann erhält er für sich und seine Männer nicht den verdienten Lohn für ihre Arbeit – und es geht hier nicht um ein paar Euro mehr oder weniger, sondern ums Über-

leben. Zu guter Letzt wird er auch noch verhöhnt, verspottet. Nabal trifft Davids wunde Punkte genau. David muss fliehen und seine Freunde und Familie zurücklassen, obwohl er treu in Sauls Diensten steht. Und dann wird er auch noch zum König gesalbt und erhält dafür keine Anerkennung. Wir kennen David eigentlich als mutigen und weisen Mann, aber hier geht es mit ihm durch. Er überreagiert: Er zieht los mit seinen Männern, um unschuldiges Blut zu vergießen.
Wie gehen wir damit um, wenn wir uns ungerecht behandelt fühlen? Wie gehen wir mit unseren wunden Punkten um?

„Rächt euch nicht selbst, meine Lieben, sondern gebt Raum dem Zorn Gottes.“ *Römer 12,19*

Wochenspruch

Wenn das Weizenkorn nicht in die Erde fällt und erstirbt, bleibt es allein; wenn es aber erstirbt, bringt es viel Frucht.

Johannes 12,24

Wohnen bei Gott

Psalm 84 **Sonntag, 31.**

Dieser Psalm redet in der innigen Sprache der Liebeslyrik. Selbst die Vorhöfe des Tempels erscheinen dem Beter strahlend schön (V. 2.3), und zwar nicht, weil sie ihn architektonisch beeindrucken, sondern weil dies Gottes Wohnung ist (V. 2).
Der Psalmist ist sich durchaus darüber im Klaren, dass die tiefste Sehnsucht seines Herzens nicht durch den Glauben an eine entfernte unpersönliche göttliche Kraft gestillt wird, sondern nur durch den lebendigen Gott – einen Gott, der uns als persönliche, lebendige Gegenwart begegnet (V. 3). Diese nahe und innige Begegnung mit Gott sollten wir zu einer Priorität in unserem Leben machen.
Hören wir auf, herumzuflattern wie Vögel ohne Nistplatz; lernen wir lieber, unser „Nest bei Gott zu bauen“, in seiner Nähe zu ruhen

(V. 4) – auch wenn das bedeuten kann, auf dieser Welt heimatlos, „Pilger“ zu sein, so wie Jesus:

„Die Füchse haben Gruben und die Vögel unter dem Himmel haben Nester, aber der Menschensohn hat nichts, wo er sein Haupt hinlege.“

Matthäus 8,20

Monatsspruch April

**Jesus Christus spricht:
Siehe, ich bin bei euch alle Tage
bis an der Welt Ende.**

Matthäus 28,20

Gott schreibt auf krummen Linien gerade

1. Samuel 25,18-42 **Montag, 1.**

Mal ganz ehrlich, irgendwie sind diese alttestamentlichen Geschichten oft doch sehr befremdlich. Da ist ein unfreundlicher und undankbarer Kerl, der erst von einer klugen Frau gerettet wird und zum Schluss durch ein Gottesurteil stirbt.
Aber wer wird hier eigentlich gerettet? Ist es nicht David, der große König und leuchtende Held, der durch eine kluge Frau vor einer sehr emotionalen Reaktion gerettet wird. David hätte sich hier vor lauter verletzter Ehre (oder Eitelkeit) einen Mord aufgeladen. Vielleicht war der Zorn sogar berechtigt und er wollte sich das „Recht" nehmen. In Vers 33 erkennt er seinen Fehler. Am Ende gibt es sogar ein Happy End. Ich denke, es sollte uns ins Nachdenken bringen, wenn wir das nächste Mal über andere zornig werden.

„Lasst die Sonne nicht über eurem Zorn untergehen." *Epheser 4,26*

Schattenseite

1. Samuel 27,1–28,2 **Dienstag, 2.**

Was macht dieser Text mit uns? Diese ausgeleierte, pädagogische Frage ging mir beim Lesen durch den Sinn. Ich gestehe, dieser Text verwirrt mich. Hier wird mir kein leuchtender Held beschrieben. Kein guter Mensch, der nach Frieden strebt, sondern ein Mensch, der offensichtlich müde und frustriert im Ausland seine Ruhe sucht. Ein Mensch, der nicht vorbildlich die Wahrheit sagt, sondern der lügt, um zu überleben. Ein Mensch, der sich durch „Raubzüge" ernährt.
Ein Vorbild für mein Leben? Ja, aber nicht durch die Taten. Ein geistliches Vorbild werden wir nicht durch unser Tun oder durch die Gesamtsumme unserer guten Werke, sondern dadurch, dass wir in der Gnade Jesu gerechtfertigt werden. Ich halte die hier beschriebenen Taten Davids für abschreckend und widerlich. Aber David wurde nicht dadurch zu einem Vorbild, sondern durch Gottes Gnade.

„Aber durch Gottes Gnade bin ich, was ich bin." 1. Korinther 15,10

Das Schweigen Gottes

1. Samuel 28,3-25 **Mittwoch, 3.**

König Saul kann einem echt leidtun. Eitelkeit, verletzter Stolz, Eigensinn und Sturheit haben dazu geführt, dass Gott sich abgewendet hat. Gott schweigt und Saul spürt, dass er wirklich alleine ist. Ich kenne dieses Schweigen Gottes auch in meinem Leben. Erst als ich einen falschen Weg korrigierte und mich neu orientierte, war Gottes Gegenwart in meinem Leben wieder spürbar. In seiner Verzweiflung ist Saul bereit, auch die letzten „Werte" seines Lebens zu opfern. Ob Buße und echte Umkehr nicht auch eine Lösung gewesen wären? Wir wissen das nicht, aber ich bin davon überzeugt, dass diese „unheilige Geschichte des Saul" uns aufrütteln soll. Wo verhindern wir durch Starrsinn und Eitelkeit, Eigensinn und Egoismus, dass Gott in unserem Leben zu Gehör kommt? Saul ist ein abschreckendes Beispiel dafür, dass es leider auch ein „Zu-spät" geben könnte.

„Tut Buße, denn das Himmelreich ist nahe herbeigekommen."

Matthäus 3,2

Großes braucht Stille

1. Samuel 30,1-31 **Donnerstag, 4.**

Es lief nicht rund bei David, erst weggeschickt, dann beschämt und als er daheim ankommt, liegt alles in Trümmern. Seine Leute greifen ihn hart an. Und was tut David? „Er stärkt sich im Herrn" (V. 6b) und befragt Gott. Bei vielen der Begebenheiten der letzten Tage ist David für mich sehr befremdlich und kein Vorbild gewesen. Aber in dieser Geschichte lerne ich wieder etwas Wertvolles und Wichtiges durch das Verhalten dieses Mannes. Als es nämlich hart auf hart kommt, befragt er Gott und sucht dessen Nähe, um sich zu stärken. Er entwickelt in dieser Krise keinen Aktionismus. Er rennt nicht blind drauflos, sondern sucht die Stille und hört.

Das wünsche ich mir persönlich auch – dieses bewusste Hören auf Gott, um mich in der Stille von Gott stärken zu lassen.

„Denn du bist meine Zuversicht, Herr, mein Gott, meine Hoffnung ...“
Psalm 71,5

Kein Ausweg

1. Samuel 31,1-13 **Freitag, 5.**

Die Philister treten als erbitterte und militärisch überlegene Feinde Israels auf, dem sie manche Niederlage beibrachten. Es gelang ihnen, die eigentlich aus Kreta stammen, sogar die Bundeslade zu erobern (1Sam 4). Saul und David kämpfen immer wieder gegen sie, schaffen es aber nicht, sie vernichtend zu schlagen. Die Lage hat sich zugespitzt: Saul, seine drei Söhne und ihre Gefolgsleute (heute würde man Bodyguards sagen) sind auf der Flucht in eine Sackgasse geraten. Es gibt keinen Ausweg aus dieser Situation. Zuerst sterben die Söhne. Dann nimmt Saul sich selbst das Leben. Wo scheint es bei mir manchmal keinen Ausweg mehr zu geben? Wie gehe ich vor Gott damit um?

„Denn unser keiner lebt sich selber, und keiner stirbt sich selber. Leben wir, so leben wir dem Herrn; sterben wir, so sterben wir dem Herrn. Darum: wir leben oder sterben, so sind wir des Herrn.“ *Römer 14,7*

Der größte Verlust

2. Samuel 1,17-27 **Samstag, 6.**

Das wars! Jetzt ist es gewiss: Jonathan, Davids bester Freund, ist tot! Er muss das auch noch ausgerechnet von einem seiner Feinde erfahren, einem Amalekiter. Gegen die Amalekiter hatten Saul (1Sam 15,7 f.) und David (1Sam 27,8; 30,17 f.) zuvor gesiegt. In Davids Klagelied über diesen Verlust kommt auch die Klage über Sauls Tod zum Ausdruck. Saul, der David über Jahre auf das Heftigste verfolgt und das Leben schwer gemacht hatte. Nicht etwa als gerechte Strafe von Gott interpretiert David, was Saul zustieß.

Er anerkennt seinen Verdienst als König für das Volk Israel. Was für eine Vergebungsbereitschaft zeigt er hier selbst über den Tod hinaus! Wie steht es mit meiner Vergebungsbereitschaft? Könnte ich mir Ähnliches wie David zutrauen?

„Bei dir aber, Herr, unser Gott, ist Barmherzigkeit und Vergebung."
Daniel 9,9

Wochenspruch
Der Menschensohn ist nicht gekommen, dass er sich dienen lasse, sondern dass er diene und gebe sein Leben als Lösegeld für viele. *Matthäus 20,28*

Grausam verfolgt

Psalm 69,1-16 **Sonntag. 7.**

Psalm 69 ist mit dem Psalm davor und dem danach zusammen zu lesen. Nicht nur, weil alle drei König David zugeschrieben werden. Wenn man sie hintereinander liest, bildet sich eine Einheit und der besondere Weg Gottes mit David wird spürbar. In Psalm 68 lobt er Gott für seine Taten (etwa bei der Wüstenwanderung; Ps 68,8; 2Mo 13,21). Im mittleren der drei Psalmen spricht David die Kehrseite der Medaille an: wenn der Sieg vorüber ist und einem Anfechtungen zu schaffen machen. Davids Rat: Wende dich an Gott! Wenn du um Hilfe rufst, dann am besten bei Gott, denn er ist treu. In Psalm 69 ertönt dieser Hilferuf, indem er sein Rufen an Gott adressiert. Bis zuletzt (Ps 70,6) wendet er sich Gott lobend und hilfesuchend zu.

„Ich aber bete zu dir, Herr, zur Zeit der Gnade; Gott, nach deiner großen Güte erhöre mich mit deiner treuen Hilfe." *Psalm 69,14*

Das Evangelium nach Matthäus

Mt stellt Jesu Wirken in die Geschichte Gottes mit Israel. Jesus ist der Messias Israels, deshalb 1. der Stammbaum am Anfang: Jesus ist Sohn Davids und Abrahams; 2. die vielen AT-Zitate: „Dies geschah, damit erfüllt würde, was gesagt wurde“; 3. der Titel „Sohn Davids“ (ca. zehnmal, sonst nur noch zweimal im NT). Mit Jesus ist Israels Erwartung und die Verheißung der Propheten erfüllt. Jesu Name: „Er wird sein Volk retten von ihren Sünden“ (1,21). Das ist eine klare Absage an einen Jesus-Messias, der Davids Großreich erneuert und die Römer aus dem Land jagt. Jesu Sendung zielt auf die innere Erneuerung.
Schon bei Jesu Geburt deutet sich ein Dauerkonflikt an: Die Heiden, repräsentiert durch die Sterndeuter aus dem Osten, beten Jesus an; Herodes, der König Israels, versucht, das Kind zu töten. Jesus weiß sich „gesandt zu den verlorenen Schafen vom Hause Israel“, aber die Führungsschicht und später auch das Volk lehnen ihn ab. Bei den Heiden findet er Glauben wie „bei keinem in Israel“ (8,5 ff.; 15,21 ff.). Das Werden eines neuen Gottesvolkes aus allen Völkern wird sichtbar (21,43). Die Sendung der Boten durch den Auferstandenen in alle Welt (28,19 f.) zeigt dieses Ziel deutlich.
Mt stellt Jesus besonders als Lehrer heraus. Sein Wort, das immer Anleitung zum Tun ist, ist höchst bedeutsam. Fünf große Redeblöcke ragen im Mt hervor, die alle gleich enden: „Und es geschah, als Jesus diese Rede beendet hatte“, so die Bergpredigt (Kap. 5–7), die Aussendungsrede (Kap. 10), die Gleichnisrede (Kap. 13), die Gemeinderede (Kap. 18) und die Endzeitrede (Kap. 24–25). Die Zahl „fünf“ (siehe fünf Bücher Mose) und die Formulierung „Den Alten ist gesagt“ (durch Mose), „ich aber sage euch“ lassen vermuten, dass Mt Jesus als den neuen Mose den vorrangig judenchristlichen Lesern und an Christus interessierten Juden vorstellen will. Dass Jesus nicht nur lehrt, sondern auch tut, was er lehrt, zeigt die Sammlung von Heilungen und Tischgemeinschaften mit Zöllnern und Sündern (Kap. 8+9), die auf die Bergpredigt folgt. Er-

gänzt wird die Bergpredigt durch die Pharisäerrede (Kap. 23). Jesus findet das Reden der Pharisäer in Ordnung, nicht aber ihr Tun (23,3), ihr Umgang mit anderen lässt das Zentrum des Gesetzes vermissen, nämlich „Recht, Barmherzigkeit und Glauben" (23,23). „Ich habe Lust an der Liebe und nicht am Opfer." Dieses Wort des Hosea (6,6) gibt Jesus die Freiheit, das Sabbatgebot zu durchbrechen (9,9-13; 12,1-8). Mt zeigt Jesus als den Sanftmütigen, Barmherzigen, Niedrigen, der die Armen und Kleinen wertachtet und von ihnen aufgenommen wird (5,5; 11,29; 18,6.10+14; 21,5+9; 25,45).
Der Passionsbericht (Kap. 26 f.) stellt Jesu Ohnmacht und Machtverzicht sowie sein Vertrauen auf die Übermacht Gottes (26,52-54) heraus. So erfüllen sich in ihm die „Seligpreisungen" (5,3-12). Er wird arm und empfängt Gottes Reich; er ist sanftmütig und ererbt das Erdreich ... Er wird machtlos und Gott schenkt ihm die ganze Vollmacht: „Mir ist gegeben alle Gewalt im Himmel und auf Erden ..." (28,18).

Achtung … action!

Matthäus 26,1-16 **Montag. 8.**

Jesus kündigt seinen Tod an. In zwei Tagen, am Passahfest, wird sein Leben in die Hände der Menschen gegeben werden. Szenenwechsel: Die geistlichen Führer der Juden planen, wie sie Jesus mit List ergreifen und töten können. Aber das soll nicht am Fest geschehen. Der bösartige Plan der Mächtigen ist schlau und widerspricht dem, was Jesus vorhersagt, deutlich. Als Judas nun beschließt, Jesus zu verraten, geben die Hohepriester ihre Zeitpläne auf und legen alles Weitere in die Hände von Judas. Der wiederum wartet auf den richtigen Zeitpunkt. Die Mächtigen sehen ihre Pläne verwirklicht. Aber eigentlich sind es Gottes Pläne und Vorhersagen, die sich erfüllen. Gott führt hier Regie, auch wenn es auf den ersten Blick so aussieht, als siege das Böse. Das gilt auch uns heute!

„Er hat die Mächte und Gewalten ihrer Macht entkleidet und sie öffentlich zur Schau gestellt und über sie triumphiert in Christus."
Kolosser 2,15

Ein starkes Bündnis

Matthäus 26,17-30 **Dienstag, 9.**

Jesus spricht von einem neuen Bund. Das bisherige Bündnis zwischen Gott und seinem Volk verhieß Israel großen Segen und verpflichtete sie, ihrerseits Gottes Wort zu halten. Das Alte Testament erzählt davon, wie Israel diesen Bund durch Götzendienst und soziales Unrecht bricht. Was tut Gott daraufhin? Jahrhundertelang ringt er um die Menschen und kündigt einen neuen Bund an. Dieses Mal keinen, der an gegenseitige Verpflichtungen geknüpft ist, weil Gott sieht, dass wir dem nicht gewachsen sind (vgl. Jeremia 31,31 ff.). Nein, er gibt alles für uns, vergibt unsere Sünde, schenkt einen Neuanfang und sogar einen neuen Geist. Gott hat sich mit uns verbündet, unabhängig von unseren Leistungen. Was für eine gute Nachricht.

„Das soll der Bund sein ... Ich will mein Gesetz in ihr Herz geben und in ihren Sinn schreiben, und sie sollen mein Volk sein, und ich will ihr Gott sein."
Jeremia 31,33

Ein fester Halt

Matthäus 26,31-35 **Mittwoch, 10.**

Jesus kündigt allen seinen Jüngern an, dass ihr Glaube versagen wird. Petrus behauptet als Erster, sich nie von Jesus abzukehren und die anderen Jünger sagen dasselbe. Ich bewundere Petrus, wie mutig er seine Entscheidung für Jesus vertritt und bereit ist, mit zu kämpfen (und zu sterben?), als Jesus verhaftet wird. Erst als Jesus sich ohne Widerstand abführen lässt, bricht sein Bild von Jesus zusammen und er läuft voller Angst davon. Wenn es Petrus schon so geht, wer könnte heute von sich sagen, dass es nichts gibt, das sein Gottvertrauen zerstören könnte? Doch Jesus hält an seinen Jüngern fest. Er verspricht, mit ihnen weiterzugehen, nachdem er auferstanden ist, obwohl ihn alle verlassen haben. Jesus ist unsere Sicherheit, dass wir bei ihm bleiben, denn er hält zu uns – egal, was kommt.

„Sind wir untreu, so bleibt er treu; denn er kann sich selbst nicht verleugnen.“ *2. Timotheus 2,13*

Herzliches Mitleid

Matthäus 26,36-46

Donnerstag, 11.

Für Jesus rückt der Zeitpunkt näher, dass er in die Hände der Menschen fällt, die ihm das Leben nehmen werden. Er wird alles mit sich geschehen lassen. Kein Wunder, dass er Todesangst hat vor dem, was kommen wird, und sich noch einen Ausweg wünscht. Kein Wunder, dass er sich Unterstützung und Trost seiner Freunde wünscht, die ihn in seiner Angst nicht verstehen können. Kein Wunder, dass Jesus trauert und zagt, weint und betet, einsam und allein. Kein Wunder? Gott selbst kommt in Jesus auf die Welt und weicht sogar dem größten Schmerz und der Einsamkeit nicht aus, die ein Mensch empfinden kann. Er fühlt sie selbst ganz und gar – nicht nur eine „Light-Version“ von menschlicher Todesangst. Gott macht es sich nicht leicht, sondern erleidet die Bosheit, Einsamkeit, Verfolgung und den Tod mit und für uns.

„Denn da er selber gelitten hat und versucht worden ist, kann er helfen denen, die versucht werden.“ *Hebräer 2,18*

Worin besteht der Verrat?

Matthäus 26,47-56

Freitag, 12.

In den folgenden Texten des Evangeliums wird Jesus von verschiedenen Menschen Unrecht getan – hier von Judas. Worin besteht eigentlich sein Verrat? Da Jesus keineswegs „im Untergrund“ gelebt hat, sondern immer wieder öffentlich gesprochen und gehandelt hat, hätten seine Gegner viele Möglichkeiten gehabt, Jesus in ihre Gewalt zu bringen. Was beabsichtigt Judas denn eigentlich? Meine These ist: Er will Jesus zwingen, sich in der direkten Konfrontation mit seinen Verfolgern als Sieger zu zeigen und vor aller Augen der mächtige Herrscher zu sein. Dann bestünde sein Verrat an Jesus vor allem darin, ihn in etwas verwandeln zu wollen, was nicht seiner Person, seinem Auftrag entspricht, sondern der (menschlichen) Erwartung, dem Bild, das Judas von ihm hat. Dieser „Verrat" ist uns vielleicht näher, als wir wahrhaben wollen.

„Er war in der Welt, und die Welt ist durch ihn gemacht; aber die Welt erkannte ihn nicht."
Johannes 1,10

Sieg ohne Gegenwehr

Matthäus 26,57-68 **Samstag, 13.**

Wieder wird Jesus Unrecht getan: ein „Schauprozess", dessen Ende bereits feststeht. Die „Heuchelei der Pharisäer", von der Jesus (Lk 12,1) sprach, findet hier ihren Höhepunkt in einem Mordkomplott, das aber nicht wie eines aussehen soll. Wir können doch von Jesus erwarten, dass er sich gegen diese schreiende Ungerechtigkeit zu Wehr setzt, oder nicht? Aber Jesus verteidigt sich nicht, sondern unterwirft sich Demütigung, Folter und Tod. Er stellt sich mit seinem körperlichen Leben eindrücklich auf die Seite der Unterdrückten, die der Gewalt ausgeliefert sind – und hält auch hier konsequent an der Feindesliebe fest. Allerdings wird sich das, was wie ein Sieg der Machtgierigen und Gewalttätigen aussieht, innerhalb von drei Tagen in eine krachende Niederlage verwandeln.

„Es wird gesät in Niedrigkeit und wird auferstehen in Herrlichkeit. Es wird gesät in Schwachheit und wird auferstehen in Kraft."
1. Korinther 15,43

Wochenspruch

Der Menschensohn muss erhöht werden, auf dass alle, die an ihn glauben, das ewige Leben haben. *Johannes 3,14.15*

Ein wichtiger Unterschied

Psalm 69,17-37 **Sonntag, 14.**

Galle und Essig (V. 22) kommen uns bekannt vor aus den Kreuzigungsberichten (z. B. Mt 27,34.48). Auch das innere Leid, die Angst und Bedrängnis haben wir im Text über den Garten Gethsemane miterleiden können.

Der Psalm ist wie ein „Vorbild", eine alttestamentliche „Voraussicht" auf die Erlebnisse von Jesus. Aber es gibt zwischen diesem Psalm und den Ereignissen um Jesus einen drastischen Unterschied. Statt seine Verfolger zu verdammen, sie „aus dem Buch des Lebens" ausgetilgt (V. 29) sehen zu wollen, vergibt Jesus ihnen. „Vater, vergib ihnen; denn sie wissen nicht, was sie tun" (Lk 23,34), betet er – ganz anders als der Psalmist. Er lebt uns diese große Herausforderung der Feindesliebe vor. Sind wir heute bereit, ebenso wie er zu handeln?

„Ich aber sage euch: Liebt eure Feinde und bittet für die, die euch verfolgen." *Matthäus 5,44*

Wie würden wir entscheiden …?

Matthäus 26,69-75 **Montag, 15.**

Das Unrecht, das Petrus Jesus antut, ist wohl das persönlichste: Er leugnet den Kontakt zu dem einen Menschen, der sein Leben völlig umgekrempelt hat und über die Jahre Lehrer, Seelsorger, Ansporn und Freund für ihn war. Als er mitbekommt, dass sich der „Prozess" gegen Jesus so desaströs entwickelt, packt ihn die – nur zu verständliche – Angst um sein eigenes Leben. In einigen Teilen der Welt stehen Christen genau in diesem Moment vor genau der Wahl, ihr Leben einzusetzen für ihre Freundschaft mit Jesus. Wir können, wie Petrus, fest davon überzeugt sein, ihn niemals zu verleugnen. Und vielleicht tun wir es, wie Petrus, doch. Aber das ist nicht das letzte Wort dazu:

„Da sie nun das Mahl gehalten hatten, spricht Jesus zu Simon Petrus: Simon, Sohn des Johannes, liebst du mich mehr, als mich diese lieb haben? Er spricht zu ihm: Ja, Herr, du weißt, dass ich dich lieb habe. Spricht Jesus zu ihm: Weide meine Lämmer!" Johannes 21,15

Totale Verzweiflung

Matthäus 27,1-14 **Dienstag, 16.**

„Was hab ich nur getan?" Diese Frage bäumt sich vor Judas auf. Er hat Jesus verraten. Jesus wird verurteilt. Nun steht Judas seine Schuld ganz groß vor Augen. Wo soll er nur damit hin? Die geistlichen Führer wollen ihm nicht seelsorgerlich helfen. Sie waren ja Mitschuldige. Deshalb weisen sie ihn ab: „Was geht das uns an? Da sieh du zu!" (V. 4)
Seine Verzweiflung treibt Judas in den Selbstmord.
Wissen wir, wo wir mit unserer Schuld hinkönnen? Kennen wir jemanden, der uns weiterhelfen und zu Jesus bringen kann? Judas hatte den Jüngerkreis verlassen und sich die falschen Leute ausgesucht. Sie halfen ihm nicht.
Gerade nach dem Versagen brauchen wir ein offenes Ohr füreinander.

„Bekennt also einander eure Sünden und betet füreinander, dass ihr gesund werdet. Des Gerechten Gebet vermag viel, wenn es ernstlich ist." Jakobus 5,16

Ich nicht!

Matthäus 27,15-30 **Mittwoch, 17.**

Das ist wohl der Name des ungehorsamsten und tolpatschigsten Kindes auf Erden: „Ich nicht!" Ob Streitereien, ob Missgeschicke in der Küche – die Antwort auf die Frage, wer verantwortlich war, ist häufig: „Ich nicht!"

So ist es auch bezüglich der Schuld am Tod Jesu: Keiner der religiösen oder juristischen Machthaber will sich den Schuh anziehen. Erst deuten es die Pharisäer an und nun Pilatus: „Ich bin unschuldig ...; seht ihr zu!"
Bis heute wollen die meisten Menschen mit „dem Fall Jesus" nichts zu tun haben. Entweder ist ihnen „die Akte" zu alt, zu fragwürdig oder zu unangenehm. Und doch muss letztlich jeder an ihm vorbei. Da wird niemand sagen: „Ich nicht!" Der Tag kommt, ...

„... dass in dem Namen Jesu sich beugen sollen aller derer Knie, die im Himmel und auf Erden und unter der Erde sind." Philipper 2,10

Wer den Schaden hat ...

Matthäus 27,31-44 **Donnerstag, 18.**

... braucht für den Spott nicht zu sorgen! Bei Jesus am Kreuz kommt der Spott von allen Seiten: von Kriegsknechten (V. 27), Durchschnittsbürgern (V. 39), der religiösen Elite (V. 41) und sogar von den Verbrechern (V. 44). Sie alle machen sich über Jesus lustig. Weil sein „Königreich" offensichtlich nicht funktioniert hat. Weil der Retter selbst nicht mehr zu retten ist (V. 42).
Auch Christen müssen Spott und Verfolgung einstecken. Schauen wir z. B. nach China oder Nordkorea: Gerade dort wächst die Gemeinde. Auch wenn das eigene Kreuz kaum noch zu (er)tragen ist. Mit Blick auf die Auferstehung dürfen Christen wissen: „Wer zuletzt lacht, lacht am besten." Wir wollen ...

„... aufsehen zu Jesus, dem Anfänger und Vollender des Glaubens, der, obwohl er hätte Freude haben können, das Kreuz erduldete und die Schande gering achtete und sich gesetzt hat zur Rechten des Thrones Gottes." Hebräer 12,2

Wunderbare Ereignisse umranken den Tod Jesu

Matthäus 27,45-56 **Karfreitag, 19.**

Das Ereignis, das über allem steht, ist der Tod von Jesus, ohne Wenn und Aber. Sein Tod wird begleitet von seltenen, erstaunlichen und bedeutungsvollen Ereignissen, bezeugt der Evangelist Matthäus. Die Finsternis (drei Stunden lang) ist ein Zeichen für die Trauer des Himmels über den Tod des Gerechten. Der zerrissene Vorhang vor dem Allerheiligsten macht deutlich, dass nun allen Menschen (auch Nicht-Juden, wie wir es sind) der Zugang zu Gott offensteht. Das Erdbeben steht für eine Zeitenwende. Die offenen Gräber bezeugen den Sieg über den Tod und die künftige Auferstehung der Gläubigen. Und das Zeugnis des Hauptmanns und der Wachen ist neben dem Zeugnis des Petrus („Du bist Gottes Sohn") als Zeugnis der neu zur Barmherzigkeit Gottes hinzugekommenen Völker zu verstehen. Die Treue der Frauen steht im Gegensatz zu den Spöttern unter dem Kreuz.

„Wahrlich, dieser ist Gottes Sohn gewesen!" *Matthäus 27,54*

Nur fürs Wochenende!

Matthäus 27,57-66 **Karsamstag, 20.**

An Ostern darf gelacht werden! Jesus hat den Tod besiegt, darüber freuen wir uns und jubeln! Dazu gehört auch folgendes Schmankerl: Als Josef von Arimathäa abends nach Hause kommt und seiner Frau sagt: „Ich habe unser Grab vergeben!", regt diese sich auf und schimpft: „Unser Grab! Das war sehr teuer! Das ganze Geld von meinen Eltern haben wir investiert. Wie kannst du nur unser Grab verschenken!" Josef schmunzelt und sagt: „Schatz, reg dich ab: Es ist doch nur fürs Wochenende!" Spaß beiseite. Josef bereitet dem Meister ein würdevolles Grab. Ein letzter Dienst für seinen Herrn. Bemerkenswert: Als der Rollstein verschlossen wird, beobachteten ihn zwei Frauen, die sich dort hinsetzen, weinen, schweigen, klagen und abends trauern. Umso größer wird morgens die Freude sein, auch bei Josef!

„Und er legte ihn in sein eigenes neues Grab ...“ *Matthäus 27,60*

Wochenspruch
Christus spricht. Ich war tot, und siehe, ich bin lebendig von Ewigkeit zu Ewigkeit und habe die Schlüssel des Todes und der Hölle. *Offenbarung 1,18b*

Der Erklär-Engel

Matthäus 28,1-10 **Ostersonntag, 21.**

Am Anfang des Matthäusevangeliums wie am Ende hat der Engel des Herrn eine klare Aufgabe. Josef wird der Sinn der Schwangerschaft von Maria enthüllt. Der Engel weist den Weisen aus dem Morgenland den Weg und regt die Reise nach und von Ägypten im Zusammenhang mit dem Kindermord in Bethlehem an. Jetzt hat er die Aufgabe, Gottes Handeln zu erklären: Gott selbst schafft Leben aus dem Tod! Eine Prise Humor ist auch dabei: Die Soldaten, die den Toten bewachen sollen, sind wie tot, der Bewachte selbst geht ins Leben. Gott spricht durch den Engel zu den Frauen und erklärt ihnen, was genau passiert. Gott schafft neues Leben. Wer das sucht, wird es in und bei Jesus finden, auch über den Tod hinaus. Damit werden die Frauen zu Botschafterinnen der Auferstehung Jesu.

„Er ist nicht hier, er ist auferstanden, wie er gesagt hat.“
Matthäus 28,6

Der Vorwurf: Fake News!

Matthäus 28,11-20 **Ostermontag, 22.**

Da bricht Hektik aus! Soldaten waren geordert worden, die den Toten bewachen und das Grab sichern sollen. Diese Mission war gescheitert! Wie peinlich ist das denn: Man soll wach sein und schläft ein! Jetzt heißt es: Sie sind bestohlen worden! Wahrscheinlich sogar bestochen! Nun muss auch noch die Botschaft von der Auferstehung unglaubhaft gemacht werden. Die Propagandamaschine wird angeworfen; sie soll möglichst effektiv die überraschende Osterbotschaft als Fake News entlarven. Dafür wird eine Menge Geld in die Hand genommen. Diese Methode machte auch später – bis in unsere Tage – Schule. Die Wachen tun das, was ihnen aufgetragen wird. Im Kontrast dazu sehen wir die Jünger Jesu, die seine Auferstehung anbetend erleben und dann gegen alle Widerstände bezeugen. Ostern lässt sich eben weder verbieten noch totschweigen. Auch heute nicht.

„Und als die ihn sahen, fielen sie vor ihm nieder …“ *Matthäus 28,17*

Einführung in den Römerbrief s. S. 20

Vom kopflastigen Theologen zum Krankenpfleger

Römer 12,1-8 **Dienstag, 23.**

Dem Niederländer Henri Nouwen stand als brillantem Denker früh eine wissenschaftliche Karriere offen. So lehrte er als Professor Pastoraltheologie und Spiritualität an den berühmten Universitäten Yale und Harvard in den USA. Er wurde auf der ganzen Welt als Autor, gefragter Redner und Seelsorger berühmt. Mit 54 Jahren gab er seine akademische Laufbahn auf. Er zog in die Arche-Gemeinschaft einer Behinderteneinrichtung in Kanada. Dort begleitete er Adam, einen schwerstbehinderten jungen Mann. Er kleidete ihn an, wusch ihn, putzte ihm die Zähne und half ihm zu essen. Damit lebte er Römer 12,2: nicht sein eigener beruflicher Erfolg war ihm wichtig, sondern Gottes Wille. Und dieser Wille sah für ihn vor, dass er, der kopflastige Theologe, seinen Körper gebrauchte, um einem körperlich Behinderten das Leben zu erleichtern.

„Und stellt euch nicht dieser Welt gleich, sondern ändert euch durch Erneuerung eures Sinnes, auf dass ihr prüfen könnt, was Gottes Wille ist ...“ *Römer 12,2*

Das alltägliche Christenleben

Römer 12,9-13 **Mittwoch, 24.**

Das alltägliche Leben eines Christen sollte von Freude und Hoffnung erfüllt sein. Henri Nouwen, der Theologieprofessor, der zum Krankenpfleger wurde, lebte all das, was im heutigen Bibelabschnitt angesprochen wird: Er war Adam, dem Jungen, den er pflegte, aufs Herzlichste verbunden. Er begann ihn zu lieben wie einen Sohn, den er als Priester nie hatte. Er genoss die Gemeinschaft mit dem behinderten Jungen und sah seinen Dienst an ihm nicht als Last. Adam, der nicht sprechen und gehen konnte, wurde nicht nur Nouwens Freund, sondern sogar sein geistlicher Begleiter. Der Priester hatte das Gefühl, dass er und Adam etwas von Gott berühren konnten, wenn sie zusammen waren. Die Liebe des Jungen gab dem Theologen ein ganz tiefes Gefühl von Zugehörigkeit und Zuhause, das er sein ganzes Leben lang vermisst hatte.

„Die brüderliche Liebe untereinander sei herzlich. Einer komme dem anderen mit Ehrerbietung zuvor.“ *Römer 12,10*

Wer ist der Klügste im ganzen Land?

Römer 12,14-21 **Donnerstag, 25.**

„Man ist nie mehr so klug wie mit 18 Jahren.“ Ich staune manchmal, wie selbstbewusst die junge Generation auftritt. Manch junger Erwachsener traut sich alles zu, als könnte er die Welt aus den Angeln heben. Er drückt sich klug aus und spickt seine Rede mit Fremdworten ... War ich auch so in diesem Alter? Paulus rät: „Haltet euch selbst nicht für klug.“ Gerade er, der wohl klügste und einflussreichste Mann, den das Christentum hervorgebracht hat, dessen Briefe ins Neue Testament eingingen und der die Welt verändert hat! Ausgerechnet er rät uns Christen, uns nicht für klug zu halten. Wahrscheinlich ist es eine Weisheit des Alters: Wer demütig seinen Weg geht, der erreicht am Ende mehr.

„Seid eines Sinnes untereinander. Trachtet nicht nach hohen Dingen, sondern haltet euch zu den niedrigen. Haltet euch nicht selbst für klug.“ *Römer 12,16*

Die Christen und der Staat

Römer 13,1-7 **Freitag, 26.**

Als Familie besuchten wir 2017 erstmals den Berliner Reichstag. An einem Samstag wurden wir mit vielen Menschen aus aller Welt freundlich empfangen. Kostenlos durften wir das Gebäude besichtigen. Beim Blick über Berlin von der gläsernen Kuppel aus dachte ich: Hier residiert eine Nation, die sich ernst nimmt. Und ich war zum ersten Mal in meinem Leben dankbar für Ordnung und Freiheit, in Deutschland zu leben. Auch wenn wir in unserem Land noch vieles verbessern können, sind wir ein Land geworden, das seine Bürger schützt und ihr Leben fördert. Verglichen mit anderen Ländern ist es eine Wohltat, in Deutschland zu leben. Es ist ein Sehnsuchtsland für viele Menschen geworden. Hier geschieht vieles, was uns Menschen zugutekommt. Alles, was der Staat tut, um uns Menschen zu dienen, macht mich vor Gott dankbar. Die Obrigkeit ...

„... sie ist Gottes Dienerin, dir zugut.“ *Römer 13,4*

„Stilberatung“ fürs Leben

Römer 13,8-14 (V. 14a) **Samstag, 27.**

Den Herrn Jesus Christus anziehen – wie geht das? Paulus nennt ganz konkrete Punkte im Umgang mit unserem Nächsten: Niemandem etwas schuldig sein und den anderen so lieben wie uns selbst. Und dann folgen drei weitere Aufforderungen zu einem Leben mit Jesus ohne Wenn und Aber (siehe V. 13). Der „Anzug“, den Paulus fordert, ist keine Zwangsjacke, sondern wie ein warmer Mantel im Winter, wie ein Schutzpanzer gegen Gefahren und wie eine Rettungsweste in Wasserfluten. Jesus will „getragen“ sein und uns tragen, retten und nie verlassen. Man könnte Galater 3,28 auch einmal so verstehen, dass Christen Spannungen aushalten, weil sie durch Jesus einen sie alle umschließenden „Mantel“ haben: „Hier ist nicht Jude noch Grieche, nicht Sklave noch Freier, nicht Mann noch Frau; denn ihr seid allesamt einer in Christus Jesus.“ Herr, ich will dich heute selbst tragen und weiterempfehlen.

„Denn ihr alle, die ihr auf Christus getauft seid, habt Christus angezogen.“ *Galater 3,27*

Wochenspruch

Gelobt sei Gott, der Vater unseres Herrn Jesus Christus, der uns nach seiner großen Barmherzigkeit wiedergeboren hat zu einer lebendigen Hoffnung durch die Auferstehung Jesu Christi von den Toten, *1. Petrus 1,3*

„Danke für die Rettung“

Psalm 116,1-19 **Sonntag, 28.**

Das sagen Flüchtlinge, die aus einer besetzten Stadt geholt wurden. Und Unfallopfer, die man aus einem Wrack oder einer Lawine zog. Psalm 116 beschreibt auch eine durchlebte Todesgefahr (V. 3). In vielen Lebenssituationen hatte Gott den Psalmisten behütet und ihm mit konkreter Hilfe beigestanden (V. 6 + 8).
Wie beurteilen wir in unserem Leben schwierige Umstände, die wir überstanden und hinter uns gebracht haben? Können auch wir sagen, dass wir unser Leben nicht nur neu annehmen, sondern glauben, dass Gott uns liebt und uns zur Seite steht, jeden neuen Tag? Das ist nicht immer so einfach, besonders in Krisenzeiten. „Sei nun wieder zufrieden, meine Seele; denn der Herr tut dir Gutes (V. 7)“, spricht sich (und uns) der Psalmist zu. Ist das nicht gut und ermutigend?!

„Der Herr ist gnädig und gerecht, und unser Gott ist barmherzig.“
Psalm 116,5

Der Umgang miteinander in der Gemeinde

Römer 14,1-12 **Montag, 29.**

Paulus spricht Streitpunkte und indirekt deren Wurzeln an (V. 1-5). Dreierlei ist ihm dabei wichtig: 1.) Alles Tun soll im Blick auf und in voller Verantwortung vor Jesus geschehen (V. 6). Jeder soll den anderen stehen lassen, denn auch der dankt Gott. 2.) Christus ist unser Herr; er ist für uns alle gestorben und auferstanden (V. 7+9). 3.) Paulus verweist auf Gottes alleinige Richtermacht.
Bringen wir es auf den Punkt: Kann ich heute Geschwister annehmen, die anders glauben als ich? Ist mir bewusst, dass der Herr für mich getan hat, was ebenso allen anderen in der Gemeinde gilt? Unterwerfe ich meine eigenen Gedanken, Gefühle und Taten dem lebendigen Herrn und kann ich Gottes Größe bekennen mit allen anderen Christen? Es lohnt sich, das zu überprüfen.

„Darum lasst uns nicht mehr einer den andern richten; sondern richtet vielmehr darauf euren Sinn, dass niemand seinem Bruder einen Anstoß oder Ärgernis bereite.“ *Römer 14,13*

Liebevolle Rücksichtnahme überwindet ungeistliche Prinzipienreiterei

Römer 14,13-23 **Dienstag, 30.**

In der Gemeinde in Rom gibt es Spannungen zwischen „starken“ Christen, die aus der Freiheit im Glauben auf jüdisch-kultische Reinheitsvorschriften verzichten, und „schwachen“ Christen, die aus Gewissensgründen die überlieferten Traditionen beachteten. Auch wenn die „Starken“ theologisch gesehen im Recht sind, mahnt Paulus sie trotzdem, aus Liebe Rücksicht auf die „Schwachen“ zu nehmen.
Auch heute gibt es in Gemeinden Streit (z. B. um Gottesdienstfor-

men, ethische Verhaltensweisen oder um die reine Lehre). Paulus kann uns hier ein Ratgeber sein: Unser Handeln, Reden und Denken soll von einer Liebe bestimmt sein, die den Mitchristen (auch in seiner Schwäche!), das friedvolle Miteinander und die gegenseitige Stärkung im Blick hat.

„Die Liebe tut dem Nächsten nichts Böses. So ist nun die Liebe des Gesetzes Erfüllung." *Römer 13,10*

Monatsspruch Mai

Es ist keiner wie du,
und ist kein Gott außer dir.

2. Samuel 7,22

Christusorientiertes Handeln überwindet selbstgefällige Rechthaberei

Römer 15,1-6 **Mittwoch, 1.**

Paulus weist hier in Bezug auf die Konflikte innerhalb der Gemeinde in Rom auf Jesus selbst hin. Der hat vorgelebt, was es heißt, nicht in erster Linie an sich und seine eigenen Bedürfnisse zu denken, sondern sein Leben in den Dienst für andere zu stellen und dabei selbst Nachteile in Kauf zu nehmen. Diese Haltung hat ihn sein Leben gekostet. Er ist für uns Menschen am Kreuz gestorben. Auch bei unseren Konflikten ist es hilfreich, uns selbst nicht immer so wichtig zu nehmen und unsere Position nicht für die einzig richtige zu halten. Eine demütige, nicht immer auf das eigene Recht pochende Haltung fördert unsere Beziehung zu unseren Mitmenschen, weil wir von uns weg auf die Bedürfnisse des anderen schauen.

„Ein jeder sehe nicht auf das Seine, sondern auch auf das, was dem andern dient. Seid so unter euch gesinnt, wie es der Gemeinschaft in Christus Jesus entspricht." *Philipper 2,4-5*

Die Einheit in Christus überwindet die Gegensätzlichkeit der Christen

Römer 15,7-13 **Donnerstag, 2.**

Paulus macht hier deutlich, dass Gott in seinem Heilshandeln durch Jesus Christus sowohl Juden als auch Heiden im Blick hat. Im Glauben an Jesus Christus werden Juden und Heiden von Gott angenommen – trotz ihrer unterschiedlichen religiösen Herkunft. Weil Jesus ihre gemeinsame Mitte ist, können sie zu einer geistgewirkten Einheit werden und miteinander Gott loben.

Schaut man auf die heutige Gemeindelandschaft, stellt man immer wieder fest, dass oft wenig von dieser Einheit der Christen zu sehen ist. Man verfällt oft in theologische „Kleinkriege", anstatt sich auf das gemeinsame Fundament – den rettenden Glauben an Jesus Christus – zu besinnen. Dadurch schwächen wir erheblich unsere missionarische Außenwirkung. Schade ...

„Ertragt einer den andern in Liebe und seid darauf bedacht, zu wahren die Einigkeit im Geist durch das Band des Friedens: ein Leib und ein Geist ..." *Epheser 4,2-4*

Mut zur Kritik

Römer 15,14-21 **Freitag. 3.**

Andere offen und ehrlich zu kritisieren, das ist anstrengend. Das kostet Überwindung. Aber Paulus traut es uns zu und nennt zwei Voraussetzungen, wenn wir andere ermahnen: 1. Erkenntnis und 2. Güte. Bevor ich kritisiere, sollte ich zunächst an meine eigene Nase greifen. Habe ich wirklich besser verstanden, was gut und richtig ist? Im zweiten Schritt will ich mich dann fragen: Hat der andere überhaupt eine Möglichkeit, etwas zu verändern? Wird es ihm guttun, etwas zu verändern? Ich wünsche uns den Mut, andere Christen zu ermahnen, ohne sie zu verurteilen. Und ich wünsche uns, dass wir auf unsere Gedankenlosigkeiten, Fehler und Schwächen hingewiesen werden. Wir wollen heute Verantwortung füreinander übernehmen.

„Lasst uns aufeinander achthaben und einander anspornen zur Liebe und zu guten Werken und nicht verlassen unsre Versammlung, wie einige zu tun pflegen, sondern einander ermahnen ..."

Hebräer 10,24.25

Erquickend

Römer 15,22-33 **Samstag. 4.**

Als Christen haben wir Verantwortung füreinander. Die können und werden wir nicht immer im gleichen Maß übernehmen. Es gibt Zeiten, da können wir nichts geben und dürfen einfach empfangen. Ein anderes Mal sind wir die Geber. Einmal versorgen wir mit Geld, Essen, dem Übernehmen der Bügelwäsche oder dem Tanken des Autos. Einmal werden wir versorgt mit einem offenen Ohr, mit einem Gebet, mit tröstenden Worten oder einer klaren Zurechtweisung. Niemand soll über die eigene Kraft geben. Alle sollen versorgt sein. In eine solche Gemeinschaft kommt man gerne zu Besuch. Dann erfährt man, was sich Paulus von einem Besuch in Rom erhofft: Stärkung. Wie wäre es heute mit einem Dankeschön für einen Geber aus Ihrem Umfeld?

„Ein jeder, wie er's sich im Herzen vorgenommen hat, nicht mit Unwillen oder aus Zwang; denn einen fröhlichen Geber hat Gott lieb."

2. Korinther 9,7

Wochenspruch

Christus spricht: Ich bin der gute Hirte. Meine Schafe hören meine Stimme, und ich kenne sie und sie folgen mir; und ich gebe ihnen das ewige Leben, und sie werden nimmermehr umkommen, und niemand wird sie aus meiner Hand reißen.

Johannes 10,11a,27.28

Trost

Psalm 23 **Sonntag, 5.**

Es überrascht mich an diesem Psalm immer wieder, dass er mich besonders in dunklen und schwierigen Zeiten aufbaut. Beim ersten Lesen klingt er nach einem Psalm für die Hochphasen, wenn gerade alles perfekt läuft. Der Beter scheint doch jeden Blick für die Realität verloren zu haben. Doch der Glaube sieht mehr als die Realität, die vor Augen ist. Gerade da, wo wir sichtbar Mangel leiden, da schenkt es Gott, dass wir beten können: „Der Herr ist mein Hirte, mir mangelt nichts." Es widerspricht jeder Logik und allem, was vor Augen ist. Aber Gott ist weit mehr als das, was wir sehen können, und was er uns schenkt, ist weit mehr als das, was wir begreifen. Diesen Psalm will ich bewusst immer dann sprechen, wenn ich daran zweifle, dass die Worte stimmen. Gott steht zu seinem Wort.

„Denn des Herrn Wort ist wahrhaftig, und was er zusagt, das hält er gewiss." *Psalm 33,4*

Hochachtungsvoll

Römer 16,1-16 **Montag, 6.**

Welch eine Wertschätzung steckt in dieser langen Auflistung an Grüßen. Niemand scheint vergessen zu werden. Voller Anerkennung nennt Paulus Namen und ergänzt kleine, halbe Sätze, die es in sich haben. Da ist eine Person, die vielen beigestanden hat. Andere haben ihr Leben für Paulus aufs Spiel gesetzt. Ein anderer ist der erste Christ in Asien. Jemand anders hat sich viel gemüht im Dienst des Herrn. Eine Frau war für Paulus wie eine Mutter. Andere sind einfach mit Paulus verwandt. In diesen kurzen Grüßen wird so viel Wertschätzung deutlich, die wir unseren Liebsten oft schuldig bleiben, obwohl wir ihnen jeden Tag begegnen. Paulus fordert die Gemeinde auf, sich zu grüßen mit heiligem Kuss. Der Gruß mit dem heiligen Kuss war damals eine besondere Ehrerweisung. Wo kann ich heute Paulus-Grüße verschicken?

„Grüßt euch untereinander mit dem heiligen Kuss." *Römer 16,16*

Bleibt wachsam!

Römer 16,17-27 **Dienstag, 7.**

Paulus beendet seinen Brief mit der zusammenfassenden Bitte „Bleibt wachsam!" Er weiß darum, dass das Evangelium und die Einheit der Gemeinde in Rom kein Selbstläufer ist. Paulus ermutigt die Christen dort und sagt ihnen, dass sie alles haben, um in der Nachfolge zu bleiben. Darüber drückt er seine Freude aus (V. 19). Paulus ermutigt seine Geschwister, dass Gott Satan unter ihre Füße treten wird. Wer sich auf das Evangelium beruft, muss wissen, dass unser heutiges Toleranzverständnis nicht schriftgemäß ist. „Seid wachsam und nahe am Evangelium!" ist Rat, Bitte und Aufforderung auch für uns heute. Die Grußliste ist nicht einfach eine Aufzählung von Bekannten. Hier werden Zeugen der Nachfolge und Wachsamkeit benannt. Wir wollen heute Gott mit unserem Zeugnis und wachsamem Leben ehren.

„Und wenn ihr zur Rechten oder zur Linken gehen wollt, werden deine Ohren hinter dir das Wort hören: Dies ist der Weg; den geht!“

Jesaja 30,21

Das zweite Buch Samuel

Nach dem Tod Sauls und seiner Söhne berichtet 2Sam vom Herrschaftsantritt Davids über Gesamtisrael (Kap. 2–5), von der Überführung der Lade nach Jerusalem, von der Nathansweissagung (Kap. 7) sowie von Davids Ehebruch und Schuldbekenntnis (Kap. 11+12). Ab Kap. 13 beginnt der Abstieg Davids. Da er das Fehlverhalten des ältesten Sohnes nicht angemessen bestraft und die Nachfolgefrage unnötig lang hinauszögert, kommt es zu Kampf und Mord unter seinen Söhnen: Amnon (Kap. 13), Absalom (Kap. 13–19) und schließlich Adonia und Salomo (1Kön 1+2).
David wird in drei Schritten König über das gesamte Land. Zunächst machen ihn die Ältesten zum König über Juda (= Südreich; 2,1-4). Nach Kämpfen zwischen den Nord- und Südstämmen wird er auch König über Israel (= Nordreich; 5,1-5). Mit seiner Privattruppe erobert er die Jebusiterstadt Jerusalem – deshalb „Davidsstadt“ – und macht sie zu seinem Regierungssitz (5,6-9). In der Folge ist Jerusalem politisches, religiöses und kulturelles Zentrum des Landes.
Mit der Nathansweissagung, die eine davidische Dynastie und ein Vater-Sohn-Verhältnis zwischen Gott und dem König bedeutet (7,11-16), scheint alles einer herrlichen Zukunft entgegenzugehen. Doch Davids Ehebruch und die zu lange offengehaltene Thronnachfolgefrage bewirken genau das Gegenteil. Das fragwürdige Verhalten Davids als Vater löst eine Staatskrise aus. Absalom zettelt eine Verschwörung gegen seinen Vater an, David muss aus Jerusalem fliehen. Mit Mühe kann er die Macht zurückgewinnen, aber seine Autorität ist „angekratzt“.
In all diesen Kämpfen zeigt sich auch, dass der Zusammenhalt der Nord- und Südstämme Israels keineswegs stabil ist. Nach Salomo

(ca. 965–926 v. Chr.) kommt es sogar zur Teilung in ein Nord- und ein Südreich (1Kön 12).
Wie in all dem David dennoch vor Gott lebt, ihm vertraut, umkehrt, Vergebung und Hilfe erfährt, ist die verborgene Linie von 2Sam, wie gerade auch die letzten Kapitel zeigen.

Den Gegner ehren

2. Samuel 2,1-11 Mittwoch, **8.**

Saul ist tot. Er hat sich selbst gerichtet (1Sam. 31,4). Zu Lebzeiten versuchte er mehrmals, David zu töten. Saul betrachtete ihn als Rivalen. Als er sah, dass Gott sich zu David stellt, schäumte er vor Wut. Hätte David nicht allen Grund fröhlich zu sein, weil sein Widersacher tot ist? Nein, für David war Saul ein Gesalbter Gottes, dem man mit Ehre und Respekt begegnet, nicht mit Rachegedanken. Nach der Trauerzeit fragt David Gott, wo er als König von Juda seinen Wohnsitz nehmen soll. Hebron ist die Stadt, in der Abraham und dessen Familie begraben ist. Doch die Zeit in Hebron ist nicht beschaulich. Abner, der General Sauls, krönt einen Sohn Sauls als „Gegenkönig" über Israel. Ich erbitte von Gott, dass ich heute Menschen, die es nicht gut mit mir meinen, in ehrbarer Haltung begegnen kann.

„Freue dich nicht über den Fall deines Feindes, und dein Herz sei nicht froh über sein Unglück." *Sprüche 24,17*

Am Ziel

2. Samuel 5,1-16 Donnerstag, **9.**

David wird von allen Stämmen Israels als König anerkannt. Ein langer Weg mit Verfolgung, Entbehrung und persönlicher Schuld ist zum Ziel gekommen. Jetzt erkennen sie in David den von Gott eingesetzten König. Jetzt soll Jerusalem die neue neutrale Stadt Gottes werden, die weder zum Süd- noch zum Nordreich gehört. Die bisherigen Bewohner spotten und meinen fälschlicherweise, „Blinde und Lahme" (kriegsunkundige Leute) könnten die Stadt gegen David halten. Für uns heute sind diese Kriege und Feldzüge befremdend. Das neutestamentliche Gottesvolk braucht keine territoriale Verteidigung. „Mein Reich ist nicht von dieser Welt", sagt Jesus. Deshalb müssen wir nicht in dieser Weise kämpfen oder zurückschlagen. Für uns streitet Jesus.

„Denn obwohl wir im Fleisch wandeln, kämpfen wir doch nicht auf fleischliche Weise." *2. Korinther 10,3*

Davids Strategie

2. Samuel 5,17-25 **Freitag, 10.**

Davids Strategie der Nachfolge kann uns heute helfen klarzukommen. 1.) Er fragt Gott (V. 19+23). Stürzen wir uns heute nicht oft in (fromme) Aktivitäten, ohne nach Gottes Willen zu fragen? 2.) David richtet sich nach Gottes Antwort (V. 24). Er wartet auf Gottes Zeichen und Handeln. Ich erlebe bei mir selbst oft Ungeduld. Das Ergebnis sind Frust und Misserfolg. 3.) David tat, wie der Herr ihm geboten hatte (V. 25). Nicht die Diskussion, sondern der Gehorsam gegen Gottes Wort helfen auch uns heute sicher an mancher Stelle zur Klarheit. 4.) David ehrt nach dem Sieg den, der ihm den Erfolg gab (V. 20). Nicht nach der Melodie: Wenn es gut war, war ich es – wenn es schlecht wird, hat Gott es zugelassen. Herr, ich will heute deinen Willen erkennen und ihn tun.

„Dein Wort macht mich klug; darum hasse ich alle falschen Wege."
Psalm 119,104

Gottes Heiligkeit

1. Samuel 6,1-23 **Samstag, 11.**

Gottes Heiligkeit, seine Souveränität, auch dem auserwählten Volk gegenüber, wird unmissverständlich beschrieben. Anstößig wirkt das Geschilderte auf uns heutige Leser (V. 8-9). Auch die Bestimmungen zum Umgang mit der Bundeslade (4Mo) sind uns fremd. Hilfreich ist, wenn wir den Inhalt der Lade bedenken: die

Tafeln mit den Zehn Geboten, Gottes unverbrüchliche Bundesurkunde für sein Volk, die durch Jesus nicht aufgehoben wurde (Mt 5,17-19). So fordert die Heiligkeit Gottes auch uns heute heraus. Sein Wille, der in komprimierter Form in den Geboten seinen Niederschlag gefunden hat, will auch heute ernst genommen werden zu seiner Ehre – und zu unserem Wohl (V. 11). Herr, bewahre uns heute, deine Gebote auch in noch so gut gemeinter Absicht zu unterlaufen.

„Und es wurde dem König David angesagt, dass der Herr das Haus Obed-Edoms segnete und alles, was er hatte, um der Lade Gottes willen.“ *2. Samuel 6,12*

Wochenspruch

Darum: Ist jemand in Christus, so ist er eine neue Kreatur; das Alte ist vergangen, siehe, Neues ist geworden. 2. Korinther 5,17

Gottes Barmherzigkeit

Psalm 103 **Sonntag, 12.**

Gestern lasen wir, wie erschrocken David ist über Gottes Heiligkeit und dann außer sich vor Freude, dass er die Lade doch noch nach Jerusalem holen darf. Dieser Psalm klingt quasi wie eine Antwort darauf. Tonangebend ist dabei nicht Davids Rechtschaffenheit, sondern allein Gottes Vergebung und Barmherzigkeit. Sie hat in der Bibel stets zum Ziel, menschliches Leid als Folge der Sünde zu lindern – oft sogar unter Einbezug der mitleidenden Schöpfung. Es geht bei Gottes Barmherzigkeit nicht nur um sein Mitfühlen, sondern um sein Tätigwerden für uns, sein helfendes, lebensförderndes Eingreifen. Beachte: Auch in diesem Lied wird die Freude darüber ausgedrückt vor dem Hintergrund von Gottes Heiligkeit (V. 17-18). Wir können uns an diesem Sonntag Zeit gönnen, uns der Zeichen der Barmherzigkeit Gottes in der vergangenen Woche zu erinnern und zu vergewissern.

„Barmherzig und gnädig ist der Herr, geduldig und von großer Güte.“
Psalm 103,8

Gottes Gnade

2. Samuel 7,1-16 **Montag, 13.**

Gottes Gnade tauchte schon gestern auf im Duett mit seiner Barmherzigkeit; dort in ihrer grundlegenden Bedeutung der Vergebung, die Gott uns schenkt. Heute begegnet uns ein Aspekt der Gnade, der unseren konkreten Alltag betrifft: Gnade als „geschenktes Gelingen“ (H. Bürki). Gott kommt stets unserem Wirken zuvor. So ist auch hier David nicht der „Macher“. Weder seine Herkunft (V. 8) noch geschickte Machtpolitik führen zum Tempelbau oder begründen die dauerhafte Königsherrschaft (V. 12-13). Gnade heißt: Gott ist der entscheidend Handelnde (V. 11). „Gnade ist das Wissen, dass wir nicht aus uns selbst heraus sind und dass wir nicht allein das sind, was wir aus uns machen“ (F. Steffensky). Mit diesem Wissen lässt sich gelassen in eine neue Woche mit ihren Herausforderungen gehen.

„Ich will dir Ruhe geben vor allen deinen Feinden. Und der Herr verkündigt dir, dass der Herr dir ein Haus bauen will.“ *2. Samuel 7,11*

Intim mit dem Ewigen

2. Samuel 7,17-29 **Dienstag, 14.**

David ist nun König; er hat soeben gehört, dass sein Thron für alle Zeit gesichert sein soll. In Jesus, Davids Nachkomme, hat sich diese Verheißung erfüllt. David sucht Gottes Nähe (V. 18), bringt das Gehörte nochmals mit Lob vor Gott. Er sieht dankbar Gottes souveränes, reales Handeln (V. 22) in seinem Leben, seiner Familie, seinem Volk. Er bittet, dass alle Verheißungen wahr werden (V. 25). Wie persönlich, intim und zugleich umfassend ist Davids Gebet; wie vertraut und zugleich ehrfürchtig ist sein Umgang mit Gott! Was spricht mich dabei besonders an? Kenne ich diese Art des Gebets; lebe ich in dieser Vertrautheit mit dem ewigen Gott?

Glaube ich, dass er auch für mein Leben und das Leben meiner Nächsten so souverän den Überblick und eine lohnenswerte, ewige Zukunft hat?

„Des Herrn Wort ist wahrhaftig; und was er zusagt, das hält er gewiss."
Psalm 33,4

Es beginnt im Kopf

2. Samuel 11,1-27 **Mittwoch, 15.**

Wozu ist man eigentlich König, wenn man nicht mit den Untertanen tun darf, was man will!? David nutzt seine Stellung schamlos aus, um eigene Bedürfnisse zu befriedigen. Es kommt zu Ehebruch, Vertuschung und „Mordauftrag". Was für eine Spirale des Bösen! Fehler mit Fehlern korrigieren, bringt David unmerklich nur tiefer in den Dreck ... Und das alles beginnt im Kopf, in unseren Köpfen. Manchmal geht das ganz schnell und unsere Gedanken sind am falschen Ort. Gebe ich verführerischen Gedanken Raum? Oder halte ich es mit Luther: „Wie man nicht wehren kann, dass einem die Vögel über dem Kopf herfliegen, aber wohl, dass sie auf dem Kopf nisten, so kann man auch bösen Gedanken nicht wehren, aber wohl, dass sie in uns einwurzeln und böse Taten hervorbringen."

„Was ich dir jetzt rate, ist wichtiger als alles andere: Achte auf deine Gedanken, denn sie entscheiden über dein Leben!"
Sprüche 4,23 (HfA)

Jahreslosung 2019

„Suche Frieden und jage ihm nach!“ (Psalm 34,15)

Waidmannsheil!

Mit diesem Gruß wünschen sich Jäger untereinander Jagdglück. Ich kenne mich auf diesem Feld nicht so aus, aber dass Glück zur Jagd dazugehört, kann ich verstehen. Manchmal im Urlaub hab ich mich im Angeln versucht. An solche Gemütlichkeit ist in der Jahreslosung aber offenbar nicht gedacht.

Frieden ist ein flüchtiges Gut, ein scheues Wild und mühsam zu gewinnen. Sicher ist es einerseits Glück und Gabe, wenn uns Frieden geschenkt ist. Frieden ist aber ganz gewiss auch Mühe und Aufgabe. Der Psalmist spricht vom Frieden ja nicht im statischen Bild von Getreide, dass an einem festen Ort angepflanzt wird (dann zwar auch gehegt und gepflegt werden muss, aber doch zumindest nicht wegläuft wie ein Kaninchen). Sicher, auch Landwirtschaft ist mühsam, aber anschleichen muss sich der Bauer nicht, wenn er etwas ernten will. Frieden dagegen muss ausdauernd verfolgt werden – beharrlich, zielstrebig, schweißtreibend, geschickt. Nur zu leicht wird er im menschlichen Miteinander durch Unachtsamkeit gestört, statt durch Aufmerksamkeit(en) gefördert. Jagdglück und Jagdkönnen gehören zusammen. Genauso tun das Gottes Segen und meine Anstrengung um das friedliche Miteinander mit meinem Nächsten. Verständnis, Vergebungsbereitschaft, die Bereitschaft zum ersten Schritt gehören hier genauso zum „Waidwerk“ wie Ausdauer, Kreativität, Offenheit, Umsicht und Freundlichkeit, um den Frieden anzulocken. Endgültig erlegen, einfangen, einzäunen oder Ähnliches kann man ihn wohl nicht. Es ist und bleibt eine nicht endende Jagd, solange wir nicht im Friedensreich des Friedefürsten Jesus angekommen sind. Im Bereich der Beziehungen ist kaum etwas Besitz, fast alles aber dynamisch in Bewegung – mühevoll, aber lohnend. *FGr*

Gott der zweiten Chance

2. Samuel 12,1-25 **Donnerstag, 16.**

Die Bibel deckt das Versagen ihrer größten Helden auf. Es ist zwar schmerzhaft, aber gut, wenn uns Menschen wie Nathan hineinreden und aufdecken, was schiefläuft. Vergebung geschieht (siehe Ps 51), aber die von Nathan genannten Konsequenzen sind doch bedrückend. Ist das Leben nach einem Versagen nur noch ein Plan B, zweite Wahl? Nein, das muss nicht sein! Konsequenzen können zwar bleiben, aber Gott kann aus Plan B wieder Plan A machen, so wie hier: Das zweite Kind von Batseba ist Salomo, der spätere Nachfolger Davids. Nathan gibt diesem Kind im Auftrag Gottes einen zweiten Namen: Liebling des Herrn. So ist Gott: Durch unsere Schuld hindurch macht er uns zu seinen Lieblingen; seit Christus gilt das für alle.

„Und vergib uns unsere Schuld, wie auch wir vergeben unsern Schuldigern. Und führe uns nicht in Versuchung, sondern erlöse uns von dem Bösen." *Matthäus 6,12-13*

Religion als Deckmantel

2. Samuel 15,1-12 **Freitag, 17.**

Absalom ist Davids dritter Sohn. Seine Schwester Tamar wird von Amnon vergewaltigt, Davids ältestem Sohn. Absalom ermordet seinen Halbbruder und flieht (2Sam 13). Die Beziehung David–Absalom ist seitdem gestört. Es dauert sieben Jahre bis zum Wiedersehen (2Sam 14). Doch sie finden nicht mehr richtig zueinander. Absalom hält sich für den besseren Richter und König und plant den Aufstand mithilfe der Nordstämme (V. 2). Interessant: kein Wort von Gott, kein Gebet und auch keine Ehrfurcht vor dem gesalbten Vater. Er braucht seine Religion bloß für seine politischen Pläne (V. 7-10). Während sein Vater dafür bekannt ist, nach Gottes Rat und Hilfe zu fragen, möchte Absalom Gottes Willen nicht erkennen. Das kann nicht gut ausgehen. Wo bin ich in Gefahr, meinen Glauben zu instrumentalisieren, auf eigene Faust meinen Weg zu gehen?

„Des Gottlosen Weg ist dem Herrn ein Gräuel; wer aber der Gerechtigkeit nachjagt, den liebt er.“ *Sprüche 15,9*

„Das kommt in den besten Familien vor“

2. Samuel 15,13-37 **Samstag, 18.**

Wir kennen diese Redensart; doch hätten wir das im Hause Davids erwartet? Sein Ältester vergewaltigt seine Schwester und wird dafür vom Bruder ermordet, der nun eine Revolte gegen seinen Vater anzettelt. David hatte schwere Schuld auf sich geladen. Die Folgen der Unordnung, die er damit angerichtet hat, auch in seiner Familie, sind in der Geschichte heute deutlich zu sehen. Ist das das Ende für den „Mann nach dem Herzen Gottes“? Doch da ist noch etwas. In V. 26 lesen wir, dass David Gott trotz allem völlig vertraut. Er weiß, seine Schuld ist vergeben, auch wenn die Folgen der Sünde in seinem Leben noch spürbar sind. Er legt sein Leben ganz in Gottes Hände und bleibt so „der Mann nach dem Herzen Gottes“ – nicht trotz seiner Sünde, sondern wegen Gottes Barmherzigkeit.

„Wo ist solch ein Gott, wie du bist, der die Sünde vergibt ..., der an seinem Zorn nicht ewig festhält, denn er hat Gefallen an Gnade!“
Micha 7,18

Wochenspruch
Ein Psalm. Singet dem Herrn ein neues Lied, denn er tut Wunder. *Psalm 98,1*

Unser Lob – Lippenbekenntnis oder echt?

Psalm 108 **Sonntag, 19.**

David will Gott loben. Morgens beginnt er damit allein (V. 3) und hört nicht auf, wenn ihm andere zuhören (V. 4). Gottes Wesen, Treue und Barmherzigkeit sind David Anlass zum Lob. Er hofft

fest, dass Gott ihn retten wird, auch wenn es aussieht, als hätte Gott sich zurückgezogen (V. 13).
Sind das nur schöne Worte für den Sonntagmorgen im Gottesdienst oder steckt mehr dahinter? Für David sind es nicht nur Worte, denn er beendet den Psalm mit der Aussage: „Mit Gott wollen wir Taten tun“ (V. 14). Davids Lob wird praktisch; wir würden heute sagen: „Er ist bereit, auf diese Zuversicht hin sein Leben zu verwetten.“ Haben auch wir den Mut, Gott so beim Wort zu nehmen? Was wollte ich schon lange tun? Heute ist der Tag!

„Seid aber Täter des Wortes und nicht Hörer allein; sonst betrügt ihr euch selbst.“ *Jakobus 1,22*

„Wer den Schaden hat, braucht für den Spott nicht zu sorgen“

2. Samuel 16,1-14 **Montag, 20.**

Auch David erlebt in einer seiner schwersten Stunden diese bittere Wahrheit. Hat er nicht schon genug daran zu tragen, dass sein eigener Sohn eine Revolte gegen ihn angestiftet hat und einige seiner engsten Vertrauten sich auf dessen Seite geschlagen haben? Nun soll auch noch Mefi-Boschet, der Sohn seines besten Freundes, ihn verraten haben, und ein Mitglied der Familie Sauls beleidigt ihn aufs Heftigste.
David hätte allen Grund, verzweifelt, verärgert und verbittert zu sein. Doch er hat gelernt; er weiß, dass er von Gottes Gnade lebt und so vertraut er darauf, dass ihm dieser Verrat und die Beschimpfung nicht schaden können. „Der Mann nach dem Herzen Gottes“ lernt zu erkennen, wie Gottes Herz schlägt. Wo können wir das heute lernen? Josef fasst es so zusammen:

„Ihr gedachtet, es böse mit mir zu machen, aber Gott gedachte, es gut zu machen.“ *1. Mose 50,20*

Tun und Ergehen

2. Samuel 16,15-17,4 **Dienstag, 21.**

„Ein jeder soll die Konsequenzen seines Handelns tragen." Diese Weisheit des englischen Dichters Shakespeare wird für David nun schmerzhafte Realität. Absalom rebelliert und vertreibt ihn aus Jerusalem (V. 15). Seine Nebenfrauen werden öffentlich von seinem eigenen Sohn sexuell missbraucht (V. 22). Die Tat kehrt zum Täter zurück. Es erfüllt sich, was Nathan vorausgesagt hat (siehe 2Sam 12,11). David trägt schwer an seinem Fehltritt und seiner Fehlentscheidung vergangener Tage (2Sam 11). Er kann sie aber nicht mehr ungeschehen machen. Auch wenn er nicht mit dem Tod bestraft wird und Gott sich zu ihm stellt, bleibt ihm ein Teil der Konsequenzen seiner Sünde nicht erspart. Das kann auch heute für uns noch so sein. Aber seit Jesus gilt: Er trug die Konsequenzen meiner Schuld. Wie froh und dankbar bin ich für dieses Geschenk!

„Die Strafe liegt auf ihm, auf dass wir Frieden hätten." Jesaja 53,5

Schwein gehabt

2. Samuel 17,5-23 **Mittwoch, 22.**

So sagt man, wenn jemand Glück hatte. Vermutlich stammt die Redensart aus dem Kartenspiel. Um das 16. Jahrhundert nannte man das Ass umgangssprachlich auch „Sau". Wer diese höchste Karte zog, hatte Glück. David hatte nicht „Schwein", sondern Gott auf seiner Seite. Der Herr ließ Davids Plan aufgehen (2Sam 15,34) und hatte seine Hand im Spiel: Er vereitelte Ahitofels Plan, obwohl er eigentlich der bessere war (V. 14). Denn er wollte Absalom ins Unglück stürzen und an David festhalten. Wie gut ist es zu wissen, dass Gott die Fäden meines Lebens fest in Händen hält – auch wenn Menschen Böses im Schilde führen. Es geschieht das, was Gott will. Und was er sich vorgenommen hat, das tut er – auch heute! Das zählt und das macht mich letztlich wahrhaft glücklich! Gott sagt:

„Was ich beschlossen habe, geschieht, und alles, was ich mir vorgenommen habe, das tue ich.“ *Jesaja 46,10*

Besser ein Ende mit Schrecken als ein Schrecken ohne Ende

2. Samuel 18,1-18 **Donnerstag, 23.**

Die Redensart geht angeblich auf Ferdinand von Schill zurück. Er rief die Worte 1808 denen zu, die sich mit ihm gegen Napoleons Herrschaft erheben sollten. Ähnlich muss wohl auch Davids Heerführer und Neffe Joab gedacht haben, als er Absalom an der Eiche hängen sieht. Gegen des Königs Befehl sorgt er für das Ende des Möchtegernherrschers (V. 14). Über Absaloms Leben steht die Warnung: Wer hoch hinauswill, braucht sich nicht zu wundern, wenn er in den „Ästen des Hochmuts“ hängen bleibt. Wer sich selbst erhöht (Spr 29,23; Mt 23,12), wird sang- und klanglos untergehen (V. 17).

Mein Ende muss aber nicht so aussehen. Denn: Gott widersetzt sich den Überheblichen, aber er wendet denen seine Liebe zu, die wissen, dass sie ihn brauchen (Jak 4,6). „Herr, ich brauche dich heute!“

„Wie werden sie so plötzlich zunichte! Sie gehen unter und nehmen ein Ende mit Schrecken.“ *Psalm 73,19*

Das muss Liebe sein

2. Samuel 18,19-19,9a **Freitag, 24.**

Es gibt vieles, das ich mir nicht erklären kann. Auch bei Joab und dem Heer löst Davids Trauer um seinen Sohn Unverständnis aus. „Wie kannst du die lieb haben, die dich hassen?“, lautete der Vorwurf (V. 7). Das muss Liebe sein, denn: „Liebe kann die unerklärlichsten Dinge erklären“ (Ulvi Gündüz). Liebe ist nicht von dieser Welt. Sie kennt keine persönlichen und kulturellen Grenzen. Sie gilt allen! Nicht nur meinen Eltern, Kindern, Freunden, Kollegen ..., sondern auch meinen Feinden – also jenen, die mir oder anderen Unrecht antun, Schmerz zufügen, mich oder andere verlachen, erniedrigen oder beleidigen. Wie gut, dass Gottes Liebe in unsere Herzen ausgegossen ist (Röm 5,5). Sie will ich anzapfen: „O Herr, mach mich zu einem Werkzeug deines Friedens, dass ich Liebe übe, wo man sich hasst."

„Ich aber sage euch: Liebt eure Feinde und bittet für die, die euch verfolgen." *Matthäus 5,44*

Fast schon gnädig

2. Samuel 19,9b-41 **Samstag, 25.**

In diesem Text werden wir Zeuge der „Rückkehr des Königs" und das ganz ohne die Figuren aus „Der Herr der Ringe". Wir beobachten David auf dem Rückweg nach Jerusalem und in Begegnungen, in denen er sich als großmütiger und gnädiger König zeigt. Zunächst erweist sich David in der Begegnung mit Schimi als gnädig. Dieser hatte David mit Fluchworten geschmäht, als er aus der Stadt flüchten musste, und nun bat er den König um Vergebung. David schenkt ihm sein Leben. Aber später, auf dem Sterbebett, wird er Salomo beauftragen, die Rache an Schimi nachzuholen. David, der „Mann nach dem Herzen Gottes", bleibt hier nachtragend und hinterhältig. Er bleibt ein sündiger Mensch. Enttäuschend? Ja. Aber wenn so die Menschen aussehen, die Gott gebraucht, dann gibt es auch Hoffnung für uns, Hoffnung für mich.

„So wurden wir alle wie die Unreinen, und alle unsre Gerechtigkeit ist wie ein beflecktes Kleid." *Jesaja 64,5a*

Wochenspruch

Gelobt sei Gott, der mein Gebet nicht verwirft noch seine Güte von mir wendet. *Psalm 66,20*

Blick in die Vergangenheit

Psalm 77 — **Sonntag, 26.**

Unser Psalm gibt in der gegenwärtigen Not einen guten Rat: Erinnere dich an die rettenden Taten Gottes in der Vergangenheit! Ein Gott, der so geholfen hat, der wird uns auch jetzt nicht im Stich lassen. Das ist oft hilfreich. Wir können aus Gottes vergangenen Taten auf sein Wesen schließen. Manches Feuer, das in der Vergangenheit brennt, kann uns helfen, in der Gegenwart eine Lampe zu entzünden. Aber es gelingt uns nicht immer, den Trost auf uns zu beziehen. Den Vätern hat Gott geholfen. Aber waren das nicht beeindruckende Leute? Bin ich denn auch seiner Hilfe wert? Wieder hilft der Blick auf Gottes Wesen: Er liebt uns nicht, weil wir es wert wären, aber wir haben einen unendlichen Wert, weil er uns liebt.

„Weil du teuer bist in meinen Augen und herrlich und weil ich dich lieb hab …“ *Jesaja 43,4*

Rückfall?

2. Samuel 21,1-14 — **Montag, 27.**

Davids Auslieferung der Söhne und Enkel Sauls an die Gibeoniter ist schwer verständlich. Gott hatte im Kultus Israels gerade keine Menschenopfer gewollt (anders als es bei den umliegenden Völkern war). Ist die Tötung Unschuldiger durch die Gibeoniter ein Rückfall in deren heidnische Vergangenheit? Und wieso ist Gott nach diesem Opfer dem Land wieder gnädig? David selbst war die Episode wohl auch nicht recht. Er lässt Saul, Jonathan und die Hingerichteten ehrenvoll bestatten. Festhalten können wir: Seit Golgatha haben wir ein Opfer für die Schuld aller Menschen aller Zeiten. Gott selbst wurde in Jesus Mensch, wurde unser Stellvertreter, der am Kreuz alles gesühnt hat, was uns vom Vater getrennt hat. Die Ordnung, der wir in dieser Geschichte um die Gibeoniter begegnen, ist endgültig Vergangenheit.

„Dieser aber hat ein einziges Opfer für die Sünden dargebracht, das ewiglich gilt, und hat sich zur Rechten Gottes gesetzt.“ *Hebräer 10,12*

Ein König mit ewigem Thron

2. Samuel 23,1-7 Dienstag, **28.**

König Nebukadnezar stand auf dem Dach seines Palastes in Babylon und blickte lächelnd auf seine schlafende Hauptstadt herab. Assur war geschlagen, Babylonien war Großmacht. Ein Reich für die Ewigkeit? Nein. Erst kamen die Perser. Dann Alexander der Große. Dann die Römer und Parther und Sasaniden. Dann die islamischen Eroberer und die Mongolen. Nebukadnezars Thron blieb in der Vergangenheit. König David stand auf dem Dach seines Palastes in Jerusalem und blickte lächelnd auf seine schlafende Hauptstadt herab. Eroberer würden kommen und gehen. Israel würde für viele Jahrhunderte von der Landkarte verschwinden. Aber Jesus Christus, der Nachkomme Davids, ist der ewige König, dessen Herrschaft niemals ein Ende hat. David war nicht so mächtig wie Nebukadnezar. Aber hinter ihm stand Gott.

„Aber dein Haus und dein Königtum sollen beständig sein in Ewigkeit vor mir, und dein Thron soll ewiglich bestehen.“ *2. Samuel 7,16*

Versuchung der großen Zahlen

2. Samuel 24,1-25 Mittwoch, **29.**

Warum befiehlt König David, die wehrfähigen Männer im Volk zu zählen? Traut er es Gott nicht mehr zu, seinem Volk beizustehen? Es ist Satan, der mit solcher Versuchung die lebenswichtige Verbindung zu Gott unterbrechen möchte (1Chr 21,1). Es sind letztlich gottlose Gedanken im eigenen Herzen (Mt 15,19). Wir werden es nie ergründen können, warum Gott es zulässt, dass selbst die frömmsten Leute vor bösen Gedanken und Plänen nicht verschont sind. Wenn sich dann das schlechte Gewissen meldet oder eine Predigt uns trifft, ist es gut, die Schuld vor Gott zu bekennen und sein strafendes Urteil anzunehmen. Dadurch fand David einen Ort der Anbetung. Diesen Ort finden wir unter dem Kreuz, an dem Jesus die Strafe Gottes für uns trug.

„Wenn wir unsre Sünden bekennen, so ist er treu und gerecht, dass er uns die Sünden vergibt …“ *1. Johannes 1,9*

Der Herr heißt Jesus

Psalm 110 **Himmelfahrt, 30.**

Jesus ist es, für den nach seinem Erdenleben, seinem Tod und seiner Auferstehung schließlich der Herrscherthron im Himmel bereitstand. Die Klugen seiner Zeit hatten das nicht begriffen, wie in Mt 22,41-46 nachzulesen ist. Ist uns bewusst, dass er es ist, der unsere Welt regiert? Alles menschliche Streben nach einer Weltregierung wird darum an seiner Macht scheitern. Wer Gott verachtet, muss sie mit Schrecken zu spüren bekommen. Doch vor allem und zuletzt ist es aber die Macht und Herrschaft des ewigen Priesters, der sich selbst für alle Schuld der Welt geopfert hat. Wer sich seiner Herrschaft unterordnet, gehört schon hier und heute zu der unzählbaren Schar derer, die ihn in ewiger Herrlichkeit loben und anbeten.

„Der Thron Gottes und des Lammes wird in der Stadt sein, und seine Knechte werden ihm dienen.“ *Offenbarung 22,3*

Der Brief des Paulus an die Philipper

Paulus schreibt aus dem Gefängnis (1,13 f.). Zu dieser ersten Gemeinde auf europäischem Boden hatte er von Anfang an ein besonderes Verhältnis (4,15). Sie hat ihm durch Epaphroditus Hilfe zum Unterhalt überbringen lassen (2,25; 4,16). Dieser war bei Paulus „todkrank“ geworden – sehr zum Kummer der Gemeinde (2,26.28). Nun geht es ihm besser, er kann zurückkehren und soll diesen Brief mitnehmen.
Wo Paulus gefangen gehalten wird, ist unklar. Einiges spricht für Ephesus. Als Abfassungszeit käme dann die Zeit um das Jahr 54 n. Chr. infrage. Von der Gemeinde in Philippi erfahren wir, dass

sie missionseifrig ist (1,14), wenn auch bei einigen Mitarbeitern selbstsüchtige Motive eine Rolle spielen. Paulus sieht das, aber ihn bestimmt die Freude, dass das Evangelium auch ohne ihn ausgebreitet wird (1,18), ja durch seine Gefangenschaft die Verantwortung der Gemeinden für die Mission wächst.
Die Situation im Gefängnis ist äußerst kritisch, sodass Paulus auf beides vorbereitet ist, auf den Tod wie auf die Entlassung (1,20 ff.). Doch auch ein möglicher Tod kann seine Freude nicht beeinträchtigen, denn „Christus ist sein Leben" (1,21).
Neben diesen vielen persönlichen Notizen bestimmen drei Themen den Brief:
(1) Die Ermahnung zur selbstlosen Einheit (2,1-4) mit dem Hinweis auf das Beispiel Jesu (2,5), wobei Paulus zur Unterstreichung einen in der Urchristenheit bekannten Christushymnus zitiert (2,6-11).
(2) Die Warnung vor judenchristlichen Scharfmachern, die zusätzlich zum Glauben an Jesus eine jüdische Beschneidung und damit das Halten des jüdischen Gesetzes fordern (3,2). An seinem Leben zeigt Paulus, wie Jesus für den Glaubenden ein und alles ist (3,3-21).
(3) Der eindringliche Ruf zur Freude in Christus (3,1), d. h. zu einer Freude, die nur der kennt, der ganz in und mit Christus lebt. Wie Paulus selbst aus dieser Freude auch in den kritischsten Momenten lebt (1,18), so sollen es alle Christen halten.

Mit Freude beten

Philipper 1,1-11 **Freitag, 31.**

Erstaunlich groß ist die Spanne, die Paulus mit seinem Gedenken und Beten umfasst. Sie reicht vom „ersten Tag", an dem einzelne Menschen in Philippi zum Glauben kamen, bis zum „Tag Christi Jesu", an dem der Apostel mit dieser Gemeinde gemeinsam vor ihrem Herrn erscheinen wird. Nicht ihre selbst mühevoll erarbeiteten guten Werke werden sie dann vor dem himmlischen Richterthron vorweisen, sondern „Früchte der Gerechtigkeit". Denn Jesus Christus hat sie vor Gott gerecht gemacht. Das hat ihr

Leben neu werden lassen. Darum ist alles, was jetzt schon darin geschieht, auch kein Anlass zum Eigenlob, sondern Grund, Gott dafür mit großer Freude zu danken und ihn zu loben. Paulus beweist, dass das sogar im Gefängnis möglich ist. Wie viel leichter sollte es uns gelingen zu beten:

„Alles, was wir ausrichten, das hast du für uns getan." *Jesaja 26,12*

Monatsspruch Juni

Freundliche Reden sind Honigseim, süß für die Seele und heilsam für die Glieder.

Sprüche 16,24

Hauptsache, dem Evangelium geht es gut

Philipper 1,12-26 **Samstag, 1.**

Paulus befindet sich im Gefängnis zu Cäsarea. Dort weiß er sich vom Gebet der Gemeinde und vom „Beistand des Geistes Christi" (V. 19) getragen. Eigentlich möchte er gerne sterben und „bei Christus sein" (V. 23). Aber viel wichtiger ist ihm, dass die Jesusbotschaft verkündigt wird und die Gemeinden gestärkt werden. Dem ordnet Paulus seine persönlichen Interessen unter. Er beobachtet, dass die Motive vieler Verkündiger (Eigennutz und Streitsucht) leider fragwürdig sind. Dennoch freut er sich und gibt uns damit den Takt vor. Mögen wir uns auch manchmal über Predigten und Prediger ärgern – Hauptsache, der Name Jesus steht in der Mitte. Dann mag uns manches befremdlich erscheinen, bis hin zu den inneren Motiven der Prediger. Am Ende kommt es auf Jesus an. Er soll „verherrlicht" werden, in welcher Weise auch immer (V. 20).

„Wenn nur Christus verkündigt wird auf jede Weise, so freue ich mich darüber." *Philipper 1,18*

Wochenspruch

Christus spricht: Und ich, wenn ich erhöht werde von der Erde, so will ich alle zu mir ziehen. *Johannes 12,32*

„Größer als der Helfer ist die Not ja nicht"

Psalm 27 **Sonntag, 2.**

Vertrauen auf Gott (V. 1-6) und Klagen (V. 7-13) liegen eng beieinander. Der Beter wird bedrängt, verleumdet (V. 12) und bedroht (V. 2). Selbst nächste Angehörige wenden sich von ihm ab (V. 10). In dieser Lage richten ihn die „schönen Gottesdienste des Herrn" (V. 4) auf, die er im Tempel feiert. In ihnen sucht und findet er Gottes „Antlitz" (V. 8). Das weckt in ihm neues Vertrauen und neuen Lebensmut. Er verankert sein Leben in Gott. Allen Angriffen zum Trotz weiß er sich bei ihm geborgen (V. 1). Deshalb kann er den widrigen Umständen gelassen und getrost begegnen. Ja, seine Lage weckt in ihm so viel Freude, dass er singen und Gott loben kann (V. 6). Negative Umstände sind das eine – die Frage ist aber, wie wir damit umgehen. Sie wollen uns in die Arme Gottes treiben. Nur bei ihm sind wir in jeder Lage optimal aufgehoben.

„Sei getrost und unverzagt und harre des Herrn!" *Psalm 27,14*

Geschlossenheit ist gefragt

Philipper 1,27-30 **Montag, 3.**

Die frohe Botschaft von Jesus Christus soll das Leben der Christen prägen und den Zusammenhalt in der Gemeinde fördern. Paulus verwendet Begriffe aus dem Militärischen (Philippi war Garnisonsstadt). Das eine Evangelium will „in einem Geist" (V. 27) vertreten sein. Unerschrockenes Kämpfen ist angesagt, weil der „Widersacher" den Christen in der Gemeinde Leben und Glauben schwer machen. Bereitschaft zum „Leiden" (V. 29) ist nötig. Paulus geht hier mit bestem Beispiel voran. Der Gegenwind der Öffentlichkeit macht es erforderlich, dass Christen „einmütig" (V. 27) zusammenstehen. Untereinander zerstrittene Christen lähmen die Ausbreitung des Evangeliums und machen sich unglaubwürdig. Um im Bild des Paulus zu bleiben: Eine Truppe, die untereinander verfeindet ist, bewegt nichts nach vorn. Sie wird zum Spielball ihrer Gegner. Die innere Einheit einer Gemeinde ist ein hohes Gut.

„Wandelt nur würdig des Evangeliums Christi ..." *Philipper 1,17*

Die Gemeinde

Philipper 2,1-4 **Dienstag, 4.**

Wie wird man eine attraktive Gemeinde? Durch Kongressbesuche, Gemeindeberatungen und -analysen? Das sind hilfreiche Werkzeuge, um Gemeindebereiche zu verbessern. Paulus stellt aber die entscheidende Frage: Wie steht es mit der Liebe zueinander? Wir sind kein Treffpunkt für Menschen mit gleichem

Hobby. In der Gemeinde kommen Menschen zusammen, die von Gottes Liebe ergriffen und von seinem Geist erfüllt sind. Diese Grundeinstellung kann einen Blick hinter die Kulissen wagen und zulassen. Hier wird getröstet, ermutigt und gestärkt. Nur wenn die göttliche Liebe gelebt wird, ist eine Gemeinde wirklich attraktiv. Nur dann werden wir, ohne es eigentlich zu beabsichtigen, Menschen auf diese göttliche Liebe aufmerksam machen, weil der Geist Gottes uns attraktiv macht. Und andere Menschen werden sich nach dieser Liebe sehnen, die uns erfüllt und verbindet.

„So lasst euer Licht leuchten vor den Leuten, damit sie eure guten Werke sehen und euren Vater im Himmel preisen." *Matthäus 5,16*

Das Vorbild

Philipper 2,5-11 **Mittwoch, 5.**

In der heutigen Zeit sind Vorbilder rar, an denen ich mich orientieren kann. Wie gut, dass ich mit Jesus ein zeitloses Vorbild habe. Er macht mir vor, wie mein Leben wirklich gelingt. Paulus betont dabei eine Besonderheit an Jesus: Er hat kein Problem damit, sich kleinzumachen. Jesus ist nicht auf seinen Vorteil aus. Kann ich das auch? Zurückstecken, obwohl ich eigentlich im Recht wäre? Die „zweite Geige" spielen und zusehen, wie andere für etwas Applaus bekommen? Es liegt in mir als Mensch, dass schnell Neid aufkommt. Wie war das bei Jesus? Seine umfassende Treue gegenüber seinem himmlischen Vater qualifizierte ihn, große Verantwortung von Gott übertragen zu bekommen.
Vielleicht fange ich heute auch erst einmal im Kleinen damit an (und melde mich z. B. für das Putzteam im Gemeindehaus)?

„Lasst uns aufsehen zu Jesus, dem Anfänger und Vollender des Glaubens ..." *Hebräer 12,2*

Der Gläubige

Philipper 2,12-18 **Donnerstag, 6.**

Was macht einen Menschen zu einem lebendigen Christen? Gottesdienstbesuch, Mitarbeit oder Bibelwissen? Paulus lehnt nichts davon ab, aber seine Analyse geht tiefer: Es ist der Gehorsam Gott gegenüber. Kein blinder Gehorsam, der auf Gefühl und Denken verzichtet, sondern ausgeprägtes Vertrauen darauf, dass ich Gottes Kind bin, mich eine tiefe Liebesbeziehung zu ihm bestimmt. Dadurch sollen Menschen ins Nachdenken kommen über die Erhabenheit und Nähe Christi. Dies gelingt nicht durch fromme Sprüche oder scheinheiliges Verhalten, sondern durch die enge Verbundenheit mit Jesus, die dazu führt, dass mein ganzes Sein danach strebt, ihm ähnlicher zu werden. Dabei muss ich mich – nicht andere – jeden Tag überprüfen, ob ich noch mit Jesus verbunden bin. Denn nur dann kann Gott so in mir wirken, wie er es braucht.

„Und alles, was ihr tut mit Worten oder mit Werken, das tut alles im Namen des Herrn Jesus und dankt Gott, dem Vater, durch ihn."

Kolosser 3,17

Zwei treue Mitarbeiter

Philipper 2,19-30 **Freitag, 7.**

Bei Paulus spüre ich die herzliche Liebe zu den beiden Mitarbeitern und zur Gemeinde. Mir fällt auf, dass die Gemeinde für Paulus sorgt, und dass er um das Wohl der Gemeinde und seiner Mitarbeiter ernstlich bemüht ist. Weil alle von Gott erfüllt sind, können sie sich gegenseitig dienen. Die Beziehung zu Gott wird im Umgang mit den Menschen sichtbar. Wünschen wir uns nicht selbst, so ein treuer Mitarbeiter Gottes zu sein? Vielleicht sind wir es bereits. Ich beobachte mich und andere Christen, wie schnell wir mit unseren Gedanken bei uns selbst landen und den anderen in der Not aus dem Blick verlieren. Das eigene Wohl ist uns wichtiger, als anderen mit unserer Zeit und unserem Geld zu dienen und uns für sie einzusetzen. Ich wünsche mir, dass ich als Nachfolger von Jesus ein treuer Mitarbeiter bin, indem ich dem anderen diene.

„Denn sie suchen alle das Ihre, nicht das, was Jesu Christi ist.“
Philipper 2,21

Mein Ein und Alles

Philipper 3,1-11 **Samstag, 8.**

Was tun wir nicht alles, weil wir meinen, so muss sich ein guter Christ verhalten. Unsere Bemühungen sind kraftaufwendig. Nach dem Willen Gottes zu leben, ist richtig. Das ewige Leben bekommen wir dadurch aber nicht. Paulus warnt uns vor Menschen, die uns einreden wollen, dass wir uns noch mehr anstrengen müssen, besser zu werden. Sie meinen, wir müssen uns durch vorgegebene Traditionen und die richtigen Verhaltensmuster für „echte“ Christen mehr bemühen, um gerettet zu werden. Doch wir werden scheitern. Je mehr ich mich um meine Sünde sorge, desto mehr versuche ich aus eigener Kraft, sie zu besiegen. Das wird mir aber nicht gelingen! Jesus, mein Retter, soll allein im Zentrum meines Lebens stehen! Er ist mein Ein und Alles, weil er meine Sünde besiegt hat. Jesus ist mein Retter! Mit seiner Kraft kann ich nach dem Willen Gottes leben.

„Freut euch in dem Herrn ...“ *Philipper 3,1*

Wochenspruch

Es soll nicht durch Heer oder Kraft, sondern durch meinen Geist geschehen, spricht der Herr Zebaoth. *Sacharja 4,6b*

Gott ist gut

Psalm 118,1-14 **Pfingstsonntag, 9.**

Gottes Güte bleibt für immer. Wann und wie erleben wir heute Gottes Güte? Der Psalmist ruft uns dazu auf, Gott für seine Güte zu danken. Wir erfahren sie, wenn wir ihm vertrauen, dass er uns hilft. Gott hört uns, wenn wir uns ihm anvertrauen. In Zeiten von Zweifel, Angst oder Anfeindung können wir Gottes Hilfe erfahren. In den heutigen Versen lesen wir viel darüber, wer Gott ist und wie er handelt. Mehrfach geht es um seine Hilfe und Nähe. Wo suchen wir Hilfe und Geborgenheit in bedrohlicher Lage? Schauen wir auf Jesus und vertrauen uns ihm mit unseren Problemen an? Gott ändert nicht immer unsere Situation, aber er hilft uns mit seiner Kraft, manches Schwere zu tragen und geduldig auf sein Eingreifen zu warten. Gott hört uns, wenn wir zu ihm rufen, und erhört uns nach seiner Güte, weil er uns liebt!

„Danket dem Herrn, denn er ist freundlich und seine Güte währet ewiglich." *Psalm 118,1*

O Herr, hilf!

Psalm 118,15-29 **Pfingstmontag, 10.**

Der zweite Teil von Psalm 118 bezeugt, dass Gott der Sieger ist. Er besiegt alle unsere Fehler und bringt uns zurück auf den Weg zum ewigen Leben. Gott weist uns zurecht, damit wir nicht in die Irre laufen und verloren gehen. Das gibt uns allen Grund, Gott zu danken, weil wir ihm ganz wichtig sind. Gott erhört und hilft uns, wenn wir gescheitert sind. Wer sich an Jesus orientiert, lässt sich von ihm und seinem Geist verändern. Wir sind wieder neu aufgerufen, Gott in unserem Leben den Raum für sein Wirken durch seinen Heiligen Geist zu geben. Wir sind auf Gottes Hilfe angewiesen, dass er uns verändert. Lasst uns erzählen, wo Gott uns erhört, uns geholfen und letztendlich zum Guten verändert hat, damit andere ermutigt werden, sich auch Gott anzuvertrauen.

„Aber das ist meine Freude, dass ich mich zu Gott halte und meine Zuversicht setze auf Gott den Herrn, dass ich verkündige all dein Tun." *Psalm 73,28*

„Ich bin ergriffen“

Philipper 3,12-21 **Dienstag, 11.**

Das sagt man, wenn man von etwas tief berührt wurde. Musik, Worte oder Taten. Aber diese Emotion ist nicht etwas, was aus mir herauskommt, sondern sie entsteht durch den Einfluss von außen. So ist es auch mit dem Leben als Christ. Das kann ich nicht aus mir heraus – Christ werden, Jesus nachfolgen. Es ist ganz allein Jesus, der es in mir wirkt. Er hat mich ergriffen! Durch seine Liebe, seinen Tod am Kreuz, seine Nähe und Ansprechbarkeit. Das bringt mich in Bewegung. Deshalb will ich ihm folgen, ihn als Vorbild nehmen und das Ziel erreichen – das ewige Leben bei ihm, auch wenn ich dabei Fehler mache oder zweifle. Jesus liebt und begleitet mich dennoch, und das motiviert mich, weiterzumachen. Ich weiß, ich darf mich festhalten an dem, der mich schon längst an die Hand genommen hat.

„Ich jage ihm aber nach, ob ich's wohl ergreifen könnte, weil ich von Christus Jesus ergriffen bin.“ *Philipper 3,12*

Vorbilder

Philipper 4,1-9 **Mittwoch, 12.**

Paulus motiviert die Gemeinde, so zu leben, dass sie Außenwirkung hat. Sie soll sich über Jesus und seine Taten freuen, so miteinander umgehen, wie Jesus es vorgelebt hat. Den anderen annehmen und stets die Einigkeit suchen. Leicht ist das nicht; das wissen wir alle. Wo Menschen zusammenkommen, da menschelt es. Immer wieder kommt es auch in unseren Gemeinden zu Unstimmigkeiten und Streit. Doch dem will Paulus entgegenwirken. Er sagt: Ihr gebt mit eurem Verhalten ein Zeugnis über Gott, und das soll positiv sein! Doch wie schaffen wir das? Wir sind nicht auf uns allein gestellt. Der Gott des Friedens geht mit uns, stärkt uns und will unsere Herzen verändern, sodass wir einander annehmen können und Menschen an uns sehen: Gottes Liebe verändert!

„Ihr Lieben, lasst uns einander lieb haben; denn die Liebe ist von Gott, und wer liebt, der ist aus Gott geboren und kennt Gott."

1. Johannes 4,7

Es ist genug

Philipper 4,10-23 **Donnerstag, 13.**

Paulus beschreibt hier in einzigartiger Weise, was es heißt, sein ganzes Leben und alles, was dazu gehört, aus Gottes Hand zu empfangen. Beides gehört zum Leben dazu – Genuss und Entbehren. Das hinzunehmen, ist gar nicht immer leicht. Doch Paulus will uns Mut machen, was wir haben zu genießen und dort, wo es uns an etwas fehlt, darauf zu vertrauen, dass Gott selbst uns stärkt, Durchhaltevermögen schenkt und für uns sorgt. Wer so vertrauensvoll lebt, der weiß, dass nichts, was wir sind und haben, unser eigener Verdienst ist, sondern Geschenk. Und der muss auch nicht krampfhaft festhalten an seinem Besitz, sondern gibt weiter, was er bekommen hat ... in dem Wissen, dass Gott all unseren Mangel ausfüllen wird.

„... als die Traurigen, aber allezeit fröhlich; als die Armen, aber die doch viele reich machen; als die nichts haben und doch alles haben."

2. Korinther 6,10

Die Sprüche Salomos (Kap. 10–24)

Anders als in anderen Büchern der Bibel, haben wir in den „Sprüchen" keine kontinuierliche Erzählung oder einen fortlaufenden Gedankengang vor uns, sondern eine Sammlung von vielen kleinen, häufig nur ein oder zwei Verse umfassenden Weisheitssprüchen. Das erschwert die tägliche Bibellese, weil fast jeder Vers für sich steht und auch die Themen schnell wechseln. Es wäre leichter, wenn die Sprüche thematisch zusammengestellt wären, z. B. zum Thema „Geiz" (1,19; 15,27; 17,8; 23,6-8; 28,8.22 u. a.) oder

„Faulheit" (6,6-11; 10,4.26; 12,11.24.27; 13,4; 21,25; 24,30; 26,14 u. a.). Die Weitergabe der Sprüche hat das pädagogische Ziel, „lebensweise" zu machen. Es geht um Belehrung, um Einsicht und Umsicht, um Wegweisung und Lebensklugheit im persönlichen und gesellschaftlichen Bereich, damit Gerechtigkeit und Recht und Geradheit (1,2-4) das Leben bestimmen.
Auffallend ist, dass in diesen Texten kaum direkt von Gott gesprochen wird, wohl aber von seinen Ordnungen und Regelmäßigkeiten, die er in die Schöpfung hineingegeben hat und deren Beachtung uns helfen soll, auch den Alltag von Gott so prägen zu lassen, dass das ganze Leben vor Gott und mit Gott gelingt.
Viele der Sprüche werden von uns als Volksweisheiten zitiert, ohne dass uns bewusst ist, dass sie aus der Bibel stammen.
Die biblische Spruchweisheit hat einen zentralen Leitsatz: „Die Furcht des Herrn (= Ehrfurcht vor Gott) ist der Anfang der Erkenntnis bzw. der Weisheit" (1,7; 9,10). Dieser grundlegende Satz ist beim Lesen der Sprüche immer mit zu bedenken!
In 1Kön 5,9-14 wird die Weisheit von König Salomo, dem Sohn Davids, gerühmt. Die Königin von Saba sucht ihn wegen seiner Weisheit auf (1Kön 10,1-13). Deshalb werden Salomo alle Weisheitstexte zugeschrieben, auch die Sprüche, die später entstanden oder von anderen gesammelt wurden (25,1; 30,1; 31,1).

Der Gerechte

Sprüche 10,6-12 **Freitag, 14.**

Gerecht und gottlos. Schwarz und weiß. Die Sprüche nehmen kein Blatt vor den Mund. Und auch wenn es hart klingt, liegt viel Weisheit darin. Der Frevler lebt gottlos, das heißt ohne Gott. Er will von Gott nichts wissen, sondern will sein Leben allein auf die Reihe bekommen. Der Gerechte versucht, nach Gottes Willen und seinen Geboten zu leben. Das heißt nicht, dass er es immer schafft. Aber er bezieht Gott in sein Leben mit ein und vertraut darauf, dass Gott mit ihm geht. Diese Verse wollen nicht, dass wir mit dem Finger aufeinander zeigen; sie wollen vielmehr zum Nachdenken anregen. Sie bringen mich zum Nachdenken, in welchen

Bereichen meines Lebens ich nicht mit Gott rechne oder wo ich Fehler gemacht habe. Und sie machen mir Mut, Gott zu suchen und nach ihm zu fragen. Mit der Gewissheit: Gott ist spürbar mit mir und will mich segnen.

„Segen ruht auf dem Haupt des Gerechten." *Sprüche 10,6*

Warten wirs ab

Sprüche 10,22-32 **Samstag, 15.**

Der Leitspruch meines alten Lateinlehrers lautete: „Quidquid agis, prudenter agas et respice finem!" Zu Deutsch: „Was auch immer du tust, tue es weise und bedenke die Folgen!" Mit diesem Satz ermahnte er uns Schüler, wenn die Lust an der Lernverweigerung mit uns durchging. Ähnlich klingen auch die Einsichten der Sprichwörter in diesem Abschnitt. Sie sind getragen von der Zuversicht, dass Tugend und Frömmigkeit sich auszahlen, Gottlosigkeit dagegen ihren Denkzettel verpasst bekommt. So will es die Gerechtigkeit. Allerdings zeigt die Erfahrung: Diese Rechnung geht nicht immer auf. Der alttestamentliche Weisheitslehrer scheint es zu ahnen. Deshalb verknüpft er seinen Optimismus (z. B. V. 24) mit dem Vertrauen auf Gottes Handeln in der Zukunft (V. 28).

„Das Warten der Gerechten wird Freude werden; aber der Gottlosen Hoffnung wird verloren sein." *Sprüche 10,28*

Wochenspruch

Heilig, heilig, heilig ist der HERR Zebaoth, alle Lande sind seiner Ehre voll! *Jesaja 6,3b*

Gesungenes Alphabet

Psalm 111 **Sonntag, 16.**

Wow, was für ein megacooles gesungenes Gebet! – In der hebräischen Bibel beginnt jeder Halbvers dieses Psalmes mit dem nächsten Buchstaben des Alphabets. Es ist so, als ob der Dichter sagen will: „Schau, von A bis Z kann ich dir vor Augen führen, wie herrlich unser Gott ist.“ Dabei greift er gar nicht auf eigene Glaubenserfahrungen zurück. Er erinnert seine Zuhörer vielmehr an zentrale biblische Geschichten, durch die Gott sich dem Volk Israel bekannt gemacht hat. All das steht immer in der Gefahr, vergessen zu werden. Darum dichtet er sein Lied. Wir könnten es ihm nachmachen. Es muss ja nicht unbedingt das ABC sein. Die Zahlen einer Hand tun es vielleicht auch. Also: „Mein Gott, ich lobe dich, denn 1., 2., 3. ... Von Gottes Taten schwärmen, das dürfen wir heute neu lernen.

„Er hat ein Gedächtnis gestiftet seiner Wunder, der gnädige und barmherzige Herr.“ *Psalm 111,4*

Teilen und Gewinnen

Sprüche 11,24-31 **Montag, 17.**

Die Schriftstellerin Ricarda Huch hat die Redewendung geprägt: „Liebe ist das Einzige, was wächst, indem wir es verschwenden.“ Der alttestamentliche Weisheitslehrer geht an dieser Stelle noch weiter. Er behauptet, dass sogar finanziell zum Ausdruck gebrachte Nächstenliebe sich in Form einer spürbaren Dividende bemerkbar macht. Ob das tatsächlich so stimmt, findet nur der heraus, der sich darauf einlässt. Paulus ist jedenfalls vom Mehrwert des Gebens überzeugt. Denn er greift auf diese Sprichwörter zurück, wenn er bei den Korinthern um Unterstützung der verarmten Urgemeinde wirbt (vgl. 2Kor 9,5ff.). Interessanterweise bezeichnet er deren Spenden als „Segensgabe“. Gott liebt eine Haltung der offenen Herzen, Hände und Kreditkarten. Darum segnet er sie.

„Einer teilt reichlich aus und hat immer mehr; ein anderer kargt, wo er nicht soll, und wird doch ärmer.“ *Sprüche 11,24*

Charakterbildende Eigenschaften

Sprüche 14,29-34 **Dienstag, 18.**

„Guter Gott, gib mir Geduld, aber bitte sofort!" – So mögen wir beten, wenn wir mit den Nerven am Ende sind und uns der Kragen platzt. Als gelegentlicher Ausdruck von Überforderung mag ein reinigendes Gewitter ja durchaus seine Berechtigung haben. Als durchgängiges Verhaltensmuster oder gar Lebenshaltung entwickeln Ungeduld und Jähzorn jedoch zerstörerische Kräfte. Der alttestamentliche Weisheitslehrer warnt davor. Denn negative Leidenschaft verzerrt den Charakter. Sie macht uneinsichtig (V. 29), undankbar (V. 30), oft auch unbarmherzig (V. 31) und vor allem unglücklich (V. 32). Mit einem von seinen Gefühlen hin und her gerissenen Menschen ist es auf Dauer schier nicht auszuhalten. Darum darf es unser tägliches Gebet sein, Gott möge uns in die Ruhe und Besonnenheit führen, die uns als Kinder Gottes verheißen ist (Hebr 4,9).

„Ein gelassenes Herz ist des Leibes Leben." *Sprüche 14,30*

Jahreslosung 2019

„Suche Frieden und jage ihm nach!" (Psalm 34,15)

Kein Friede ohne Gnade – oder: Vom Vergeben zum Versöhnen

Paulus beginnt alle seiner Briefe mit dem damals üblichen „Friedensgruß" – doch mit einer entscheidenden Ergänzung: Statt dem traditionellen jüdischen „Schalom", „Friede sei mit dir, mit euch!" schreibt er: „Gnade sei mit euch und Friede ..." (Röm 1,7; 1Kor 1,3, Phil 1,2 u. ö.). Er hat in der Begegnung mit dem für uns gekreuzigten und von Gott auferweckten Christus erlebt, dass es keinen Frieden ohne Gnade, keine Versöhnung ohne Vergebung gibt. Gott hat Gedanken des Friedens für uns und mit uns, aber der Vollzug des Friedens geschieht über das stellvertretende Sterben des Gottesknechtes. „Die Strafe liegt auf

ihm, damit wir Frieden hätten und durch seine Wunden sind wir geheilt. Wir gingen alle in die Irre wie Schafe, ein jeder sah auf seinen Weg. Aber Gott, der Herr warf unser aller Sünde auf ihn!" (Jes 53,5+6). Paulus formuliert: „Gott war in Christus und versöhnte die Welt mit sich selber und rechnete ihnen ihre Sünden nicht an" (2Kor 5,19).
Wir alle wollen Frieden im Kleinen und im Großen, aber wollen wir auch um Vergebung bitten und anderen Vergebung gewähren? In Ehe und Erziehung, zwischen Nachbarn und Arbeitskollegen, zwischen politisch und religiös Andersdenkenden? „Dem Frieden nachjagen" am Schuldbekenntnis und an praktizierter Vergebung vorbei, geht seit Jesus, dem Friedensstifter, nicht mehr!
Der politischen Aussöhnung mit Israel und den Völkern in Ost und West (Polen, Frankreich u. a.) vor einigen Jahrzehnten waren viele kleine und große Schritte auf dem Weg des Friedens vorausgegangen. Einzelne Christen und Gemeinden, die katholischen und evangelischen Bischöfe, die Aktion „Sühnezeichen" u. v. a. m. haben gewagt, Vergebung und Versöhnung zu praktizieren und diese auch in Zeiten neuer Konflikte durchzuhalten. *FGu*

Innere Widerstandsfähigkeit stärken

Sprüche 15,13-18 (zu V. 13) **Mittwoch, 19.**

Heute lesen wir von einem Spruch, den wir wohl alle zu gut nachvollziehen können. Offenbar ist es so, dass sich Positives und Negatives des Tages stark auf unser Wohlbefinden auswirken kann. Das heißt für uns, dass wir sehr aufpassen müssen, was wir uns und unserem Herzen zumuten. Manches verkraften wir, ohne Schaden zu nehmen. Zu viele schlechte und negative Nachrichten am Tag aber machen unser Herz bekümmert; wir werden schlapp und mutlos. Gute und positive Nachrichten hingegen wirken sich auch direkt auf unser Wohlbefinden aus.
Versuchen wir also heute, uns gegen schlechte Dinge zur Wehr zu setzen und (bei uns und anderen) mehr Positives zu sehen – es wird unseren Tag verändern.

„Ein fröhliches Herz macht ein fröhliches Angesicht; aber wenn das Herz bekümmert ist, entfällt auch der Mut.“ *Sprüche 15,13*

Mit wem gehen?

Sprüche 16,1-9 (zu V. 3) **Donnerstag, 20.**

Ich übe meinen Beruf als Selbstständiger aus. Ich habe niemanden, der mir sagt, was ich tun oder lassen soll. Ich kann meine Zeit frei einteilen und selbst bestimmen, wann ich den Tag beginne oder beende. Eine sehr komfortable Situation; ich genieße meine Freiheit sehr. Gleichzeitig bin ich aber auch für mich selbst verantwortlich. Ich muss mich gut organisieren und habe keine Kollegen, die mich unterstützen. Ich habe manchmal wenig Zeit für Freunde, Familie und Hobbys, und natürlich muss ich auch mit dem Druck leben, Auftraggeber zu finden. Eine anstrengende Situation, oft wünsche ich es mir anders.
Manchmal, wenn ich nicht weiterkomme (aber auch, wenn ich extrem dankbar über meine berufliche Situation bin), denke ich genau an den V. 3. Er hilft mir in so vielen Dingen, egal, wie es läuft: Ich muss mit dem Herrn laufen.

„Befiehl dem Herrn deine Werke, so wird dein Vorhaben gelingen.“
Sprüche 16,3

Bekanntes Sprichwort

Sprüche 16,18-33 (zu V. 18) **Freitag, 21.**

Das Sprichwort „Hochmut kommt vor dem Fall“ hat Einzug in unseren Sprachgebrauch gehalten und wird mittlerweile oft ausgesprochen, wenn man das Gefühl hat, dass sich andere Menschen arrogant oder selbstherrlich geben. Wir ärgern uns über diese Personen und gleichzeitig beruhigen wir uns dann mit dem gerade zitierten Spruch. Nicht nur zu Zeiten Salomos gab es arrogante und selbstverliebte Menschen, für die diese Weisheit aufgeschrieben wurde. Auch heutzutage scheint diese Welt von einer kleinen Minderheit regiert zu werden und diese Weisheit ist aktuell.

V. 18 soll auch uns eine konkrete Warnung sein. Wenn wir feststellen, dass wir hochmütig und übertrieben stolz werden, dann kann es bald zum Sturz kommen. Prüfen wir heute unser Leben und suchen Gelegenheiten, anderen Menschen etwas Gutes zu tun.

„Wer zugrunde gehen soll, der wird zuvor stolz; und Hochmut kommt vor dem Fall." *Sprüche 16,18*

In Frieden leben

Sprüche 17,1-17 (zu V. 14) **Samstag, 22.**

Kennen Sie die Situation, wenn Sie etwas richtig aufregt? Vielleicht hat Sie jemand so richtig zur Weißglut gebracht. Evtl. sind es die Kinder, die gerade Eltern mal richtig nerven wollen. Oder aber es sind die Kollegen, die einfach alles anders machen, als wie Sie es sich vorstellen. Gründe, sich zu ärgern, gibt es im Alltag meist genug. Oftmals eskaliert dann ein Streit; man weiß am Ende nicht mehr, was eigentlich der ausschlaggebende Punkt war. Man merkt nur: Jetzt bin ich auf 180.
Sicherlich ist es nicht einfach in solchen Situationen, dem Rat der Bibel zu folgen. „Lass ab vom Streit" steht dort. Noch viel deutlicher aber im ersten Teil: Streit ist wie Wasser, das Dämme aufreißt. Streit kann eine verheerende Wirkung haben, die wir manchmal nicht mehr kontrollieren können.

„Wer Streit anfängt, gleicht dem, der dem Wasser den Damm aufreißt. Lass ab vom Streit, ehe er losbricht!" *Sprüche 17,14*

Wochenspruch

Christus spricht zu seinen Jüngern: „Wer euch hört, der hört mich; und wer euch verachtet, der verachtet mich."

Lukas 10,16

Der Wert des Erinnerns

Psalm 105,1-23 **Sonntag, 23.**

Nichts ist so alt wie die Zeitung von gestern. Das könnte sich auch der Psalmist gedacht haben. Um dem Vergessen vorzubeugen, beschreibt er, wie Gott dem Volk Israel beigestanden hat – wie er Abraham segnet, in der Krisenzeit in Ägypten das Volk befreit und es in der Wüste ernährt. In diesen Erzählungen zeigt sich: Gott war immer mit seinem Volk unterwegs, auch wenn es wie in Ägypten nicht den Anschein hatte. Manchmal sehen wir erst rückblickend, dass Gott die ganze Welt und alle Zeiten in seiner Hand hat.
Wie schnell vergessen wir, was wir Gutes mit Gott erlebt haben und wo er uns gerettet hat? Da kann eine Liste von Erlebnissen mit Gott helfen, nicht nur dankbar zurück, sondern auch hoffnungsvoll in die Zukunft zu schauen.

„So schreibt euch nun dies Lied auf und lehrt es die Israeliten und legt es in ihren Mund, dass mir das Lied ein Zeuge sei unter den Israeliten.“ *5. Mose 31,19*

Der andere zuerst

Sprüche 18,8-17 **Montag, 24.**

Zugegeben: Es ist schlichtweg einfacher, wenn ich mir eine schnelle eigene Meinung bilden kann und dabei bleibe. Es ist egal, um was oder um wen es dabei geht. Alles andere kostet viel Zeit und Nerven: Etwa verschiedene Personen und Positionen anhören, die eigene oder mehrheitsfähige Denkweise hinterfragen und am Ende vielleicht sogar eigene Ansichten oder Einstellungen verändern! Die Sprüche werben darum, einen anstrengenden und mühsamen Prozess zu durchlaufen, um Erkenntnisse und Einsichten zu erwerben. Zu nachlässig kann man nicht nur bei der Arbeit, sondern auch im Umgang miteinander sein. Wer sein Gegenüber überhört, kann sich leicht ein falsches Urteil bilden.
Wo muss ich heute an meinem Umgang mit anderen Menschen arbeiten? Über wen könnte ich zu schnell geurteilt haben, ohne ihn vorher angehört zu haben?

„Und die Pharisäer und die Schriftgelehrten murrten und sprachen: Dieser nimmt die Sünder an und isst mit ihnen.“ *Lukas 15,2*

Freiheit mit Grenzen

Sprüche 19,16-23 **Dienstag, 25.**

Persönliche Freiheiten sind ein wichtiges und hohes Gut unserer heutigen Gesellschaft. Da passen Regeln und Begrenzungen nicht ins Bild – schon gar nicht, wenn sie von Gott kommen. Doch so einfach ist das mit der Freiheit gar nicht, wenn jeder seine eigenen Grenzen definiert. In meiner Freiheit, laute Musik zu hören, fühlt sich mein Nachbar in seinem Recht auf Ruhe bereits gestört. Und das ist nur ein harmloses Beispiel. Gut, dass wir ein Grundgesetz haben, das das Zusammenleben in Deutschland regelt und bei Verstößen auch eingreift.

Gebote bewahren, auf andere achten, erzieherische Maßnahmen annehmen – leicht entsteht das Bild vom gereizten Spielverderber-Gott. Doch Gott ist das Gegenteil: Er ist der liebende Vater, der uns mit seiner Erziehung die bestmögliche Freiheit anbietet!

„Der Herr ist der Geist; wo aber der Geist des Herrn ist, da ist Freiheit.“
2. Korinther 3,17

Wessen Gerechtigkeit gilt?

Sprüche 20,19-24 **Mittwoch, 26.**

Wer schon einmal eine Gerichtsverhandlung verfolgt hat, kennt ihn vielleicht: den Ärger über das zu hohe oder zu niedrige Strafmaß und das Gefühl einer ungerechten Gesetzgebung. Bei großen öffentlichen Verfahren steht für viele der Täter von vornherein fest, ebenso wie die verdiente Strafe. Doch anstelle von Selbstjustiz entscheiden (hoffentlich) unabhängige Gerichte.

Wem Unrecht getan wurde, der möchte es dem anderen am liebsten direkt zurückzahlen. Genau davor warnt uns der Text. Der Wunsch nach Vergeltung führt zu voreiligen Entscheidungen, falschen Verurteilungen und zuletzt zu ungerechten Strafen. Dabei ist Gott der unabhängige Richter, dessen Handeln für uns zwar manchmal unklar und ungerecht erscheint, der aber für unsere Gerechtigkeit einsteht und im Gegensatz zu uns unbefangen und richtig handelt.

„Denn wir warten im Geist durch den Glauben auf die Gerechtigkeit, auf die wir hoffen." *Galater 5,5*

Gerechtigkeit – ein großes und wichtiges Wort

Sprüche 21,13-31 **Donnerstag, 27.**

Diese Weisheiten beschreiben Richtlinien und Werte für das tägliche Miteinander, die es leicht(er) machen, vor Gott und mit Menschen zu leben. In V. 21 geht es um Gerechtigkeit und Güte. Wer sich um sie bemüht, dem werden Leben und Ehre versprochen. Gerechtigkeit ist ein großes Wort. Für fast jeden ist etwas anderes gerecht – das ist abhängig von der persönlichen Situation, vom Standpunkt und der Lebenssicht. Gerechtigkeit ist vor allem ein wichtiges Wort. Denn es ist unerlässlich, dass wir uns darum bemühen, gerecht, aber auch gütig miteinander umzugehen. Das gelingt mal mehr, mal weniger. Doch nur so wird unsere Welt freundlich(er) und segensreich(er). Das Vorbild für unser Handeln ist Jesus Christus. Von ihm gilt, was man von keinem anderen Menschen bisher sagen konnte: Er ist ein gerechter Herr und Herrscher. So weissagten es die alten Propheten.

„Siehe, dein König kommt zu dir, ein Gerechter und Helfer."
Sacharja 9,9

Wein in der Bibel

Sprüche 23,29-35 **Freitag, 28.**

Vom Wein wird an vielen Stellen in der Bibel berichtet. Er steht für Lebensfreude, Wohlergehen und Genuss. Doch beim Genuss ist das richtige Maß bis heute entscheidend. Die V. 29-35 warnen

vor zu großem Weinkonsum und machen bildhaft dessen dramatische Folgen deutlich. Wein wird damals wie heute auch zu besonderen Anlässen und Festen getrunken. Deshalb hat Jesus beim Hochzeitsfest in Kana Wasser wundersam in kostbaren Wein verwandelt.
Jesus benutzt den Weinstock zudem als Sinnbild für das Verhältnis der Jünger zu ihm. Er sagt im Johannesevangelium von sich: „Ich bin der Weinstock, ihr seid die Reben.“ Eine enge Verbindung zu ihm ist die Voraussetzung, um reiche Frucht zu bringen und ein Leben zu führen, das Gott gefällt.

„So geh hin, iss dein Brot mit Freuden, trink deinen Wein mit gutem Mut; denn dein Tun hat Gott schon längst gefallen.“ *Prediger 9,7*

Weise und klug zu handeln, ist ein Geschenk Gottes

Sprüche 24,10-20 **Samstag, 29.**

Weise sein und klug handeln, ist eine menschliche Tugend, die manchmal schwer umzusetzen ist. Weisheit und Klugheit sind vor allem ein wunderbares Geschenk Gottes. V. 13 vergleicht die Weisheit mit Honig: Sie ist süß und wohlschmeckend, einfach köstlich. Wer weise handelt, darf Hoffnung haben (V. 14). Die weisheitlichen Texte des Alten Testaments raten dazu, das Leben und die Wirklichkeit zu ordnen und die Regeln der göttlichen Schöpfung und Ordnung zu befolgen. Denn nach ihnen spielt sich das Leben ab. So handelt also jener weise, der die Schöpfung bewahrt und sich selbst nicht über sie stellt. Und auch die Frau verhält sich klug, die nach den Zehn Geboten lebt und nicht nach ihren eigenen Vorstellungen.

„Den Toren dünkt sein Weg recht; aber wer auf Rat hört, der ist weise.“
Sprüche 12,15

Wochenspruch

Kommt her zu mir, alle, die ihr mühselig und beladen seid; ich will euch erquicken. *Matthäus 11,28*

Gottes Segen gilt für uns alle

Psalm 105,24-45 **Sonntag, 30.**

Psalm 105 beschreibt, wie Israel in Ägypten leidet und schließlich ins Gelobte Land ziehen kann. Gott hilft seinem Volk auf dieser beschwerlichen Reise. Er führt das scheinbar kleine und bedeutungslose Israel durch unzählige Gefahren ans Ziel. Im Gelobten Land lässt er es zum großen und starken Volk wachsen. Hinter allem göttlichen Handeln steht sein Wille, die Israeliten zu bewahren und zu leiten. Sie spüren Gottes Liebe und Treue, vor allem seinen Segen.

Viele Generationen später gelten diese Zusagen für uns noch immer: Wir erfahren Gottes Liebe auf dem Weg zu seinem Ziel. Wir erleben seine treue Hilfe. Wir spüren Gottes Segen, wenn uns die Angst vor einer ungewissen Zukunft auf der Seele drückt und wir sie mit seiner Hilfe überwinden.

„Und ich werde dir und deinem Geschlecht nach dir das Land geben, darin du ein Fremdling bist, das ganze Land Kanaan, zum ewigen Besitz und will ihr Gott sein." *1. Mose 17,8*

Monatsspruch Juli

Ein jeder Mensch sei schnell zum Hören, langsam zum Reden, langsam zum Zorn.

Jakobus 1,19

Der Brief des Jakobus

Jak ist kein klassischer Brief, sondern eine ermahnende Lehrschrift mit brieflicher Einleitung, eine Sammlung von Weisheitssprüchen und Aufrufen zu tätigem Glauben. Ein klarer Gedankengang fehlt. Die 108 Verse enthalten 54 Imperative. Jak ruft eine lau gewordene Christenheit (= zwölf Stämme) in der Zerstreuung (1,1) zu gelebtem Glaubensvollzug auf. Gottes Heilshandeln wird nicht erwähnt, der Name Jesus Christus kommt nur zweimal vor (1,1), seine Botschaft ist aber vorausgesetzt. Viele Mahnungen erinnern an die Seligpreisungen und Weisungen der Bergpredigt.

Jakobus kämpft nicht gegen Paulus, wie oft gemeint, sondern gegen einen missverstandenen Paulus. Er warnt vor „billiger Gnade" (D. Bonhoeffer) und einem Glauben ohne Folgen. Auch für Paulus zählt nur ein „Glaube, der durch die Liebe tätig ist" (Gal 5,6). Jak greift nicht die paulinische Rechtfertigungslehre an, sondern ein Überzeugungschristentum ohne praktische Konsequenzen, eine tote Rechtgläubigkeit wendet sich gegen ein lahmes Gewohnheitschristentum.

Bei der praktischen Verwirklichung des Glaubens setzt Jak folgende Akzente: Eintreten für die Armen (2,1-13), Anklage gegen die Reichen ohne soziale Verantwortung (5,1-6), Hinweis auf die Macht der Zunge (3,1 ff.), Warnung vor übler Nachrede und falschem Sicherheitsdenken (4,11-16).

Paulus und Jakobus wenden sich an unterschiedliche Adressaten, deshalb die verschiedene Terminologie: Was Jak „Werk" nennt, heißt bei Paulus „Frucht" (Jak spricht nie von „Gesetzeswerken"). Auch Paulus erwartet „Glaubensgehorsam" (Röm 1,5). Jak fordert auf, Hörer und „Täter des Worts" zu sein (1,22); er sieht den Glauben im Werk vollendet (2,22). Jesus sagt: „Wer meine Rede hört und tut sie nicht, der gleicht einem ... Mann, der sein Haus auf Sand baute" (Mt 7,26).

Trotz starkem Alltagsbezug ist keine konkrete Gemeindesituation zu erkennen. Irrlehrer oder Verfolgungen werden nicht erwähnt.

Lass mich geduldig werden! Aber bitte sofort!

Jakobus 1,1-12 **Montag, 1.**

Das Leben ist schwierig! Das ist eine der größten Wahrheiten. Aber sobald diese Tatsache akzeptiert ist, dass das Leben schwierig ist, ist das gar nicht mehr wichtig! Für die Akzeptanz dieser Wahrheit wirbt unser Text, indem er am Ende auf die Liebe zu Gott verweist. Sie relativiert alle Widerstände, weil sie am Ende mit Gottes Güte und Beistand rechnet. Geduld widersteht den Verlockungen und Versuchungen des Augenblicks, wenn die Glaubwürdigkeit oder die Gültigkeit des Lebens im Glauben angezweifelt wird. Diese Geduld entsteht aus der Weisheit zu unterscheiden, was nur augenblicklichen und was ewigen Wert hat. Um solche Unterscheidungskraft darf man bitten. Wir können erkennen, wo selbstgefälliges Pochen auf weltliche Größe und scheinbare Unabhängigkeit die unbedingte Abhängigkeit von Gott übersieht und am Ende mit leeren Händen dasteht.

„Ein Geduldiger ist besser als ein Hochmütiger." *Prediger 7,8*

Mal so – mal so?

Jakobus 1,13-18 **Dienstag, 2.**

Versuchung bedeutet, die Glaubwürdigkeit von jemandem oder die Gültigkeit einer Zusage zu bestreiten. Könnte Gott sich widersprechen? Widersprüchlich sind die Wünsche und Begehrlichkeiten im Menschen. Der Mensch ist ein endliches Wesen mit unendlichen Ansprüchen. Je nach Situation wollen wir dieses oder jenes, und meistens geht es darum, die Schwierigkeiten des Lebens ohne große Anstrengungen zu bewältigen. Doch es ist nie genug! Im Licht der erfüllten Wünsche wird sich immer auch das Dunkel der unerfüllten aufdrängen. So bringen die Begehrlichkeiten am Ende die Nicht-Erfüllung, den Tod hervor! Darum wird auf die wahrhaftigen und verlässlichen Zusagen Gottes verwiesen, die „gute und vollkommene Gabe", die uns durch alle

Schwierigkeiten trägt. Gottes Zusage bringt Licht in das Dunkel unserer unerfüllten Wünsche.

„Denn des Herrn Wort ist wahrhaftig, und was er zusagt, das hält er gewiss.“ *Psalm 33,4*

Vom Ende der Selbstbespiegelung

Jakobus 1,19-27 **Mittwoch, 3.**

Menschliche Gemeinschaft entsteht und bleibt lebendig, wo wir miteinander sprechen, uns einander mitteilen, aufeinander hören. Wo der andere nicht nur das Stichwort gibt für mein Reden, sondern sich selbst mitteilen kann und Gehör findet, da ziehen Friede und Freude ein. Weil wahre Freude immer Freude am anderen ist, soll uns statt selbstgefälliger Selbstbespiegelung der Durchblick in das Gesetz der Freiheit leiten. Die Abhängigkeit von Gott wird uns von uns selbst, von unseren Befangenheiten und Ansprüchen befreien im Reden und im Handeln. So wie Gottes Wort kein Recht-behalten, keine Belehrung, sondern ein Zurechtbringen unseres Lebens ist, so sollen und können wir auch miteinander umgehen. Wo wäre diese Freiheit heute zu erproben? Wem wäre (endlich) zuzuhören? Welcher Trübsal in meinem Umfeld müsste ich mich stellen?

„Selig sind, die reinen Herzens sind; denn sie werden Gott schauen.“
Matthäus 5,8

Woran ist Freiheit zu erkennen?

Jakobus 2,1-13 **Donnerstag, 4.**

Das Gesetz der Freiheit wird hier zum Maßstab göttlichen Urteilens über unser Leben erhoben. Freiheit ist hier aber offenbar nicht die Ermächtigung zu selbstgefälligem Tun und zur Selbstverwirklichung, sondern zur Barmherzigkeit. Gemeint ist ein selbstloses Handeln, das ohne den Blick auf den eigenen Vorteil und das eigene Ansehen einem anderen hilft. Wer mit Blick auf den eigenen Vorteil sich im Lichte anderer groß und dabei andere klein macht, verrät die eigene Würde, die ihm von Gott gegeben wurde. Im Lichte anderer leuchtet man selbst nur fahl und verleugnet den Sonnenglanz der Liebe Gottes, der uns ohne Ansehen der Person in seine Liebe gezogen hat. Frei ist, wer sich ohne Blick auf den eigenen Vorteil anderen zuwenden kann. Was gäbe es heute in meinen Beziehungen zu korrigieren, um die Freiheit der Kinder Gottes wiederzuerlangen?

„... denn Gott achtet das Ansehen des Menschen nicht ...“ *Galater 2,6*

Für wahr halten oder bewahrheiten?

Jakobus 2,14-26 **Freitag, 5.**

Es kommt nicht darauf an, was und wie wir von Gott denken, sondern wie wir mit ihm leben. Glauben ist kein intellektuelles Für-wahr-Halten von Sätzen, sondern ein vertrauensvoller Umgang mit den göttlichen Zusagen, sodass sich in unserem Leben bewahrheiten kann, worauf wir vertrauen. Das bloße Für-wahr-Halten von geistlichen Sätzen ist wie ein gemaltes Feuer: schön anzusehen – aber ohne wärmende Kraft. Erst wer mit dem Feuer der Liebe Gottes umgeht, wer andere spüren lässt, wie die Eiseskälte der Gleichgültigkeit durch die Wärme liebender Zuwendung vertrieben wird, lebt aus der und in der Wahrheit des Glaubens. Darum: Zeig mir, wie du handelst, und ich sage dir, was du wirklich glaubst. Lebendiger Glaube kann auch falsches Handeln hervorbringen, wir können es aber offen eingestehen und um Vergebung bitten. In jedem Fall kann er aber nicht ohne Handeln lebendig sein.

„Darum, an ihren Früchten sollt ihr sie erkennen.“ *Matthäus 7,20*

Reden, was guttut

Jakobus 3,1-12 **Samstag, 6.**

In einem Kirchenlied heißt es: „Hilf, dass ich rede stets, womit ich kann bestehen; lass kein unnützlich Wort aus meinem Munde gehen." Diese Worte sind ein Gebet. Es kann den Blick öffnen für alle Begegnungen, die der Tag mit sich bringt. Es kann befähigen zu reden, was guttut, was hilft und motiviert. Aber wovon reden wir den lieben langen Tag? Von dem, worum unsere Gedanken und Gefühle kreisen? Von unseren Familiengeschichten und Krankheiten? Von unseren Sehnsüchten und Wünschen? Nichts dagegen – das darf auch sein. Aber Reden ist mehr als mitgeteiltes Selbstgespräch. Es zielt auf Antwort. Es nimmt den Gesprächspartner in den Blick. Wie geht es ihm? Was beschäftigt ihn? Was braucht er? Vielleicht einen engagierten Zuhörer? Es ist gut, dem Rat des Apostels Paulus zu folgen:

„Eure Rede sei allezeit wohlklingend und mit Salz gewürzt, dass ihr wisst, wie ihr einem jeden antworten sollt." *Kolosser 4,6*

Wochenspruch

Der Menschensohn ist gekommen, zu suchen und selig zu machen, was verloren ist. *Lukas 19,10*

Lust an Gottes Geboten

Psalm 112 **Sonntag, 7.**

Die Meinungen sind unterschiedlich. Für die einen sind sie wichtige Leitlinien, gute Orientierungspunkte. Die andern können nichts damit anfangen. Die Rede ist von den Geboten. Der 112. Psalm spricht von dem, „der den Herrn fürchtet, der große Freude hat an seinen Geboten" (V. 1). Diesem Menschen wird irdisches Glück verheißen (V. 2 f.). Aber es fällt ihm nicht einfach in den Schoß. Er braucht das Licht in der Finsternis von dem, der „gnädig, barmherzig und gerecht" ist (V. 4). Und er braucht ein getrostes und furchtloses Herz. Die Orientierung an Gott, an seinem Wort, ist vonnöten. Das Wort Gottes befähigt zu konkretem Handeln, zu gelebtem Glauben: Barmherzig sein, andern gerne etwas leihen, sich für Recht und Gerechtigkeit einsetzen. Also die Aufgaben anpacken, die Gott einem vor die Füße legt.

Wohl dem, ... „der Lust hat am Gesetz des Herrn und sinnt über seinem Gesetz Tag und Nacht.“ *Psalm 1,2*

Weisheit von Gott

Jakobus 3,13-18 **Montag, 8.**

Der Schreiber des Jakobusbriefes wendet sich gegen Fehlentwicklungen des Glaubens. Dadurch sieht er die Gemeinden in Gefahr. Es geht ihm um eine Position gegen ein oberflächliches Christsein, das ohne praktische Konsequenzen für den Alltag auskommt. Er fordert Eindeutigkeit und wehrt allem Zweideutigen. Ziel der Gemeinde ist die Vollkommenheit: vollkommen für Gott zu sein. Ein solches Christsein ist nicht bequem und muss mit Anfechtungen und Anfeindungen rechnen. Aber es lohnt sich. Wo aber Eifersucht und Streitsucht herrschen, fehlt es an Glauben und Weisheit, die von oben kommen. Eifersucht und Streitsucht sind irdisch, menschlich, teuflisch (V. 15). Weise ist, wer sanftmütig ist, wer es versteht, gewaltfrei, gerecht und friedlich zu wirken. Wer sich von Gottes Geist leiten lässt.

„Du machst mich mit deinem Gebot weiser, als meine Feinde sind; denn es ist ewiglich mein Schatz.“ *Psalm 119,98*

Sinnesänderung

Jakobus 4,1-12 **Dienstag, 9.**

Jakobus attackiert die Gemeindemitglieder und klagt sie mit scharfen Worten an. Wenig schmeichelhaft nennt er sie Sünder, Wankelmütige. Er wirft ihnen vor, Freundschaft mit der Welt zu schließen, die sich Gott zum Feind macht. Scheut die Gemeinde die notwendigen Auseinandersetzungen und Konflikte? Stattdessen übernehmen sie die Spielregeln der Gesellschaft, in der jeder den eigenen Vorteil sucht, nicht selten auf Kosten der Gemeinschaft. Umkehr ist also nötig! Da kann man nur mit Worten von Dag Hammarskjöld bitten: „Gib mir einen reinen Sinn – dass ich dich erblicke, einen demütigen Sinn – dass ich dich höre, einen liebenden Sinn – dass ich dir diene, einen gläubigen Sinn – dass ich in dir bleibe."

„Und stellt euch nicht dieser Welt gleich, sondern ändert euch durch Erneuerung eures Sinnes, auf dass ihr prüfen könnt, was Gottes Wille ist, nämlich das Gute und Wohlgefällige und Vollkommene."

Römer 12,2

Zeit ist Gnade

Jakobus 4,13-17 **Mittwoch, 10.**

„Zeit ist kostbar!" „Zeit ist Geld!" „Die Zeit läuft mir davon!" „Ich habe keine Zeit!", so reden wir. So handeln wir. Terminplaner haben Hochkonjunktur, Stress wird zum Statussymbol. Mit dem Smartphone überall und jederzeit erreichbar sein. Alle Kontaktdaten und Termine auf einen Blick haben – ohne zeitaufwendiges Blättern. Schnell und überall sein können. Zeit sparen und optimal planen ist das große Motto. Der Tag hat 24 Stunden. Das gilt für den deutschen Manager, den afrikanischen Fischer und die südamerikanische Studentin. Manchmal ist es sinnvoll, innezuhalten und zu fragen: Warum mache ich das alles? Wem dient es? Und bei allem Planen und Arbeiten zu bedenken, dass es manchmal ganz anders kommt: eine plötzliche Erkrankung, ein Schicksalsschlag. Keiner weiß, was morgen, was im nächsten Jahr sein wird. „Dunst seid ihr", sagt der Bibeltext. Vergänglich. Wir brauchen einen Perspektivwechsel: Zeit ist Gnade.

„... siehe, jetzt ist der Tag des Heils." *2. Korinther 6,2*

Echter Glaube prägt den Alltag

Jakobus 5,1-6 **Donnerstag, 11.**

Jakobus nimmt die Reichen in den Blick und hält ihnen den Spiegel vor. Er ruft zum selbstkritischen Nachdenken und zur Veränderung des Lebensstils auf. Denn er sieht Missstände, die nicht mit dem christlichen Glauben vereinbar sind. Zum einen nimmt er eine Selbstherrlichkeit wahr, die den Nächsten und Gott vergisst. Das eigene Ich wird zum Gott. Zum anderen erkennt er himmelschreiende soziale Ungerechtigkeit durch Ausbeutung und ungerechte Löhne. Jakobus spricht sich nicht gegen den Reichtum aus. Auch nicht gegen den Genuss der von Gott geschenkten Gaben und Möglichkeiten. Aber er macht deutlich, dass Glaube Auswirkungen haben muss im alltäglichen Leben. Echter, lebendiger Glaube hat Konsequenzen, gerade auch im sozialen Bereich. Das fordert alle heraus, nicht nur die mit gut gefülltem Konto.

„Denn was hilft es dem Menschen, die ganze Welt zu gewinnen und Schaden zu nehmen an seiner Seele?“ *Markus 8,36*

Geduld einüben

Jakobus 5,7-12 **Freitag, 12.**

Ein Landwirt kann den Pflanzen nicht beim Wachsen helfen, indem er ungeduldig an den Halmen zieht. Er muss sich in Geduld üben, ist abhängig von Sonne und Regen. Jakobus greift dieses Beispiel auf, um deutlich zu machen, dass es nicht um eine christliche „Macher-Mentalität“ geht. Glaube ist Geschenk und Rettung geschieht allein durch Gottes Gnade. Aber es ist Aufgabe der Christen, Geduld einzuüben und die Herzen zu stärken, um auch Zeiten der Krise und Anfechtung durchzustehen. Wie geht das? Mit dem Blick nach vorne auf das Wiederkommen von Jesus (V. 8). Mit dem Blick der Wertschätzung auf Schwestern und Brüder (V. 9). Mit dem Blick auf Vorbilder im Glauben (V. 10-11). Mit dem Blick auf Jesus, der mitleidet und sich erbarmt (V. 11).

„Selig ist, wer Anfechtung erduldet; denn nachdem er bewährt ist, wird er die Krone des Lebens empfangen, die Gott verheißen hat denen, die ihn lieb haben.“ *Jakobus 1,12*

Beten als geistliche Kraftquelle

Jakobus 5,13-20 **Samstag, 13.**

Zuletzt greift Jakobus nochmals sein Grundanliegen auf. Er will den Christen helfen, ihre geistlichen Kraftquellen wieder zu entdecken. Das Gebet hat dabei eine wesentliche und prägende Bedeutung. In schlechten und in guten Zeiten sollen Christen ihr Leid und ihre Freude mit Gott teilen. Besonders Kranke ermutigt er, die Kraft des Gebets in Anspruch zu nehmen. Dabei kommt den eingesetzten Gemeindeverantwortlichen eine besondere Bedeutung zu: Gebet für den Kranken, symbolische Handlung der Zuwendung, Zuspruch der Vergebung nach dem Sündenbekenntnis. Für Jakobus ist allerdings klar: Heilung, Rettung und Vergebung bewirkt alleine der Herr. Er ist es, der aufrichtet und hilft. Beten bedeutet nicht, über Gott verfügen können. Aber das vertrauensvolle Gebet eines Menschen, der nach Gottes Willen lebt, kann viel bewirken.

„Seid fröhlich in Hoffnung, geduldig in Trübsal, beharrlich im Gebet." *Römer 12,12*

Wochenspruch

Einer trage des anderen Last, so werdet ihr das Gesetz Christi erfüllen. *Galater 6,2*

Halleluja!

Psalm 100 **Sonntag, 14.**

Diese großartigen Worte kann man sich ohne Gesang oder mitreißende Musik kaum vorstellen. Es steckt so viel Dynamik und freudige Energie darin, dass man schon beim Lesen innerlich in Bewegung kommt. Beim Einzug in den Tempel stimmt sich die Gottesdienstgemeinde jubelnd und fröhlich auf die Begegnung mit Gott ein. Gegenseitig sprechen und singen sie sich zu, was der Grund ihrer Freude ist: Gott selbst hat die Menschen erwählt. Allein ihm verdanken sie ihre Existenz und die mit nichts zu verdienende Zugehörigkeit zu seiner Familie. Es ist die Freundlichkeit und gütige Zuwendung Gottes, die dem Menschen die Geborgenheit und den Schutzraum seiner Nähe schenkt. Und das gilt von Generation zu Generation. Deshalb: Jauchzt, jubelt, schmettert ihm Lieder und dient ihm voll Freude!

„Ermuntert einander mit Psalmen und Lobgesängen und geistlichen Liedern, singt und spielt dem Herrn in eurem Herzen.“ Epheser 5,19

Einführung ins Matthäusevangelium s. S. 75

Folge mir!

Matthäus 4,18-25 **Montag, 15.**

Petrus und Andreas gehen ihrer gewohnten Arbeit nach, als Jesus ans Ufer des Sees kommt. Für beide ist er kein Unbekannter. Von Jesus aus Nazareth wird überall gesprochen. Auch sie haben ihn bereits gesehen und gehört. Als aber Jesus sie einlädt: „Folgt mir! Ich will euch zu Menschenfischern machen!“, wird es für beide sehr persönlich. Jesus lädt sie ein, ihm nachzufolgen. Sie sollen ihm ihr Leben ganz anvertrauen. Und er beruft sie zu einer besonderen Aufgabe. Beiden wird klar: Wenn wir dieser Aufforderung folgen, müssen wir das Vertraute verlassen. Dann beginnt ein ganz neues Leben. Noch heute ruft Jesus zum Glauben und zur Nachfolge. Und ebenso beruft er zu ganz bestimmtem Tun. Von Petrus und Andreas heißt es: „Sogleich verließen sie das Boot ... und folgten ihm nach.“ Wie antworten wir darauf?

„Wenn ihr heute die Stimme Gottes hört, dann verschließt euch seinem Reden nicht!“ Hebräer 4,7 (NGÜ)

Bei Jesus in die Lehre gehen!

Matthäus 5,1-12 **Dienstag, 16.**

Als Jesus sich setzt, platzieren sich seine Jünger dicht gedrängt um ihn. Dahinter stehen und sitzen die Menschen, die mit auf den Berg gekommen sind. Jesus lehrt sie, was Gottes Wille für ihr Leben ist. Die Konsequenzen eines solchen Lebens werden nicht verschwiegen. Jesus verfasst kein allgemeingültiges politisches Konzept oder ein Programm zur gesellschaftlichen Veränderung. Er spricht in kurzen, klaren Sätzen. So konnte sich jeder Zuhörer das Gehörte gut merken und es weitererzählen. Wer Jesus nachfolgen will, muss bei ihm in die Lehre gehen. Wer andere zu einem Leben mit Jesus einladen will, muss genau wissen, was er gesagt hat. Nehmen wir uns deshalb genügend Zeit zum Bibellesen und zum Gebet! Auf solche Lehrzeiten dürfen Jesus-Nachfolger nicht verzichten.

„Darum gleicht jeder, der meine Worte hört und danach handelt, einem klugen Mann, der sein Haus auf felsigen Grund baut."

Matthäus 7,24 (NGÜ)

Geben wir der Welt einen besonderen Geschmack!?

Matthäus 5,13-16 **Mittwoch, 17.**

Salz sorgt für Geschmack. Jesus-Nachfolger sind Salz der Erde. Durch ihre Nächstenliebe, ihre Jesus-Verkündigung, ihre Fürbitte sollen Menschen erleben, wie Jesus dem Leben die richtige Würze gibt. Dabei lauern auch Gefahren. Manch ein Koch hat gemeint: „Viel hilft viel!" und hat anderen die Suppe versalzen. Deshalb müssen wir von Jesus, den Aposteln und den Glaubensvätern lernen, damit unser Jesus-Zeugnis einlädt und nicht abschreckt. Gleichzeitig warnt Jesus davor, dass das „Salz fade wird". Wenn Jesus-Jünger durch ihr Zeugnis eine Gesellschaft nicht mehr auf einen anderen Geschmack bringen, sind sie unbrauchbar. Jesus überträgt uns mit der Bergpredigt eine großartige Aufgabe, die aber mit einer ernsten Verantwortung verknüpft ist: Salz muss Salz bleiben!

„Wer auf euch hört, hört auf mich, und wer euch ablehnt, lehnt mich ab. Wer aber mich ablehnt, lehnt den ab, der mich gesandt hat."
Lukas 10,16 (NGÜ)

Gottes Wort erfüllt sich!

Matthäus 5,17-20 **Donnerstag, 18.**

Gottes Wort, wie es im „Gesetz und den Propheten", also dem Alten Testament niedergeschrieben ist, will Jesus erfüllen. Ein ungeheurer Anspruch, den Jesus erhebt. Seine Zuhörer wissen: „Da ist keiner, der Gutes tut" (Ps 14,3; 53,2.4). Jesus achtet die Autorität des Wortes Gottes. Bei ihm gibt es keine Anpassung seines Wortes an den Zeitgeist. Er erfüllt in Lehre und Leben, was Gottes Wort sagt. Am Kreuz auf Golgatha, als Jesus Christus für die Schuld und Sünde aller Menschen sein Blut vergießt, kommt die Erfüllung des Wortes Gottes zum Ziel. Als er schreit: „Es ist vollbracht!", wird dieses Wort aus der Bergpredigt wahr. Selbst nach der Auferstehung bleibt für Jesus das Schriftzeugnis verbindlich (Lk 24,44). „Allein die Schrift!" zeigt uns, wo wir das Leben finden.

„Mit Christus ist das Ziel erreicht, um das es im Gesetz geht: Jeder, der an ihn glaubt, wird für gerecht erklärt." *Römer 10,4 (NGÜ)*

Ihr habt gehört

Matthäus 5,21-26 **Freitag, 19.**

Es gibt Sätze, die haben sich über Generationen eingeprägt. „Du sollst nicht töten" gehört dazu. Jetzt kommt einer und sagt: „Ich aber sage euch ..." Neue Ansage, verschärftes Wort, von dem wir oft denken: nicht zu schaffen. Jesu Beispiele stammen aus dem Alltag: Schimpfworte, Streitigkeiten. Wie oft rutscht uns ein Schimpfwort raus oder wir denken es zumindest. Sich mit anderen vertragen scheint aussichtslos, weil so viel zwischen uns steht. Jesus verschärft das Gebot „Du sollst nicht töten", um uns zu neuem Denken und Handeln anzuleiten. In ihm bricht Gottes Herrschaft an; da ist es gut, auf Gottes Seite zu stehen. Wir dürfen Menschen mit einem neuen Blick ansehen, den Jesus uns schenken will. Wir dürfen einüben, was es heißt, Gott und den Nächsten zu lieben. Mit Jesus an der Seite sind wir auf einem guten Weg.

„Darum nehmt einander an, wie Christus euch angenommen hat zu Gottes Ehre." Römer 15,7

Ein Blick zu viel

Matthäus 5,27-32 **Samstag, 20.**

Wir schauen um uns, sehen Ehen zerbrechen, sehen Menschen in Beziehungen einbrechen. Es ist oft ein gewaltsamer, ja zerstörerischer Akt. Wunden werden geschlagen. Meist beginnt es im Kleinen, hier ein Blick, dort eine Geste. Jesus will mit seiner Weisung die Frauen damals schützen, weil sie in einer Männerwelt als gefährlich gelten, kaum Rechte haben, immer die Schuldigen sind. Aber *allen* gilt: Augen und Hände zähmen! In der Gemeinde ist dies einzuüben. Scheidung ist ein aktuelles Thema in den Kirchen. Die einen beklagen Enge und Zwang, andere fragen, wie helfende Orientierungspunkte eingeübt und durchgehalten werden können. Gottes Liebe und Fürsorge sind Anker in solchen Zeiten. Betroffenen könnte der Hinweis auf seinen Beistand Ermutigung und Stärkung sein.

„Lass dich nicht vom Bösen überwinden, sondern überwinde das Böse mit Gutem." Römer 12,21

Wochenspruch

Aus Gnade seid ihr gerettet durch Glauben, und das nicht aus euch: Gottes Gabe ist es. Epheser 2,8

Trost und Halt

Psalm 119,89-96 **Sonntag, 21.**

Gottes Wort durchdringt die Schöpfung. Die ersten Seiten der Bibel erzählen von der schöpferischen und wohltuenden Macht des göttlichen Wortes. Gott hat alles wohl gemacht, das Ganze großartig geordnet, sodass alles zusammenspielt, Leben sich entwickeln kann. Das ist Grund zu danken. Seine Ordnungen helfen uns Menschen zur Orientierung im Leben. Aber sie sind noch mehr. In allen Stürmen des Lebens helfen uns Gottes Ordnungen, Anfeindungen und Ärgernisse auszuhalten. Wenn alles um den Beter zusammenbricht, dann ist Gottes Wort Trost und Halt bis ans Ende. Jesus Christus ist das eine Wort Gottes, das er hineingesprochen hat in diese Welt. Sein Wort und seine Ordnungen sind Mensch geworden und geben uns Halt im Leben. Deshalb können wir mit dem Beter sagen: Alles hat ein Ende, aber Gottes Wort bleibt in Ewigkeit.

„Im Anfang war das Wort und das Wort war bei Gott und Gott war das Wort." *Johannes 1,1*

Nur ein Wort

Matthäus 5,33-37 **Montag, 22.**

Ein klares Ja oder ein klares Nein reichen. Mehr ist oft nicht nötig. Aber im Alltag scheinen wir immer wieder unser Wort bekräftigen zu müssen: „Ich schwöre!" Bei Gericht ist der Schwur vielleicht manchmal notwendig. Wir kennen aber auch andere Bekräftigungen: „Ich meine es ehrlich!" oder: „Das ist wirklich so!" Warum müssen wir unsere Aussagen nochmals so betonen? Liegt es an den vielen verlogenen Sätzen oder daran, dass wir uns selbst nicht so sicher sind? Ist es eine Floskel, die wir uns angewöhnt haben? Jesus sagt: Ein Ja oder ein Nein reichen. Alle zusätzlichen Floskeln und Bestätigungen bringen nichts. Sein zweimaliges „Ja, Ja" und „Nein, Nein" betonen nachdrücklich, dass mehr nicht nötig ist. Ehrlich gesagt: Unsere vielen „Jeins" helfen keinem weiter; sie schüren eher das Misstrauen, untergraben das Vertrauen unter uns.

„Denn auf alle Gottesverheißungen ist in ihm das Ja ...“
2. Korinther 1,20

„Wehr dich! – oder ...“

Matthäus 5,38-48 **Dienstag, 23.**

Jesus nennt drei Beispiele, um den Teufelskreis der Gewalt zu durchbrechen. Er scheut sich nicht, zu schockieren und zu provozieren. Nur so wird deutlich: In Gottes Reich gilt ein anderer Umgang mit Gegnern und Feinden. Gottes Reich ist schon zeichenhaft da; die ersten Christen haben im Vertrauen auf Christus verändert gelebt. Andere haben dies staunend wahrgenommen. Statt mit Gegenwehr sind diese Christen ihren Verfolgern mit Liebe entgegengekommen. Im Text geht es nicht um ein Erziehungsziel für Kinder, sondern um das Verhalten von Menschen, die Gottes Liebe erfahren haben. Wie schwer dies auch für Christen ist, zeigt Paulus in seinen Briefen. Schwester und Bruder zu lieben, ist Herausforderung und tägliches Wagnis. Die Gemeinde ist ein gutes Übungsfeld der Liebe Gottes, um dann auch Menschen außerhalb wohlwollend begegnen zu können.

„Bemüht euch mit ganzer Kraft um Frieden mit jedermann ...“
Hebräer 12,14 (NGÜ)

Kein Selfie am Opferstock

Matthäus 6,1-4 **Mittwoch, 24.**

Am Ende des Gottesdienstes wurden wir von vorn ermutigt, ein „leises Opfer“ einzulegen. Keine Münzen, sondern Scheine, sonst kommen ja keine größeren Beträge zustande. Um die leise Kollekte geht es auch Jesus. Leise im Sinne von nicht sichtbar. Werke der Barmherzigkeit haben den Betroffenen, das Gegenüber im Blick. Da geht es nicht um mich, den Geber. Hier ist kein Platz für Selbstinszenierung, wobei der Reiz bis heute groß ist: Damals winkte für eine große Spende der Ehrenplatz neben dem Rabbi. Eine für alle sichtbare Belohnung. Gottes Anerkennung sieht anders aus. „Wie“, sagt Jesus nicht, nur „dass“. Daran will ich mich orientieren. Großzügig im Verborgenen von dem abgeben, was Gott mir anvertraut hat. Und mich freuen, wenn ich so anderen helfen kann. Gott vergilt es auch noch. Wunderbar!

„Alle gute Gabe und alle vollkommene Gabe kommt von oben herab, von dem Vater des Lichts ...“ *Jakobus 1,17*

Einfach beten

Matthäus 6,5-15 **Donnerstag, 25.**

In der zweiten der drei Gegenüberstellungen (Almosen, Gebet, Fasten), die Jesus in der Bergpredigt nutzt, geht es um das Beten. Es gibt Situationen, in denen es gut ist, dass wir laut und öffentlich beten, im Gottesdienst, im Hauskreis, bei Tisch. Und dann gibt es das Alltägliche. Alltäglich. Jeden Tag. Und dann die immer wieder kostbaren Momente, auch wenn sie meist wenig spektakulär sind. Aber es ist etwas Besonderes, wenn ich mit meinem Schöpfer allein sein kann. Es ist immer wertvoll. Nur er und ich. Ganz nah. Auf du und du. Gebet ist zuerst Beziehung zwischen Gott und mir. Wenige Worte reichen, auch ein Stammeln oder Schweigen. Keine Sätze aus dem Lehrbuch. Keine Sätze wie gemalt. Nur ehrlich und unmittelbar. Es braucht nicht viel. Er weiß schon, was ich brauche. Wie gut, das zu wissen! Ihm geht es um das Jetzt, um das Heute. Um das Brot für heute will er gebeten sein.

„Und lasst euch durch nichts vom Gebet abbringen.“
Römer 12,12 (HfA)

Zeig dich ehrlich

Matthäus 6,16-18 **Freitag, 26.**

Was und wie wollen wir oft nicht sein? Wie möchte ich nicht gerne von anderen wahrgenommen werden? Ach könnten die anderen doch sehen, wie ich mich mühe usw. Vom Fasten spricht Jesus. Wieder stellt er das schlechte und das richtige Beispiel einander gegenüber. Fasten ist eine geistliche Übung, die wir heute kaum noch praktizieren. Aber wir können leicht in dieselbe Falle tappen: Wir wollen so fromm sein, dass es andere sehen sollen. Damals veränderten manche ihr Gesicht, um sich als Fastende darzustellen. Das Gesicht wurde nicht gewaschen, um unglücklich, mürrisch oder traurig auszusehen. Die Schwere der geistlichen Übung sollte allen sichtbar werden. Jesus hält dagegen: Wascht euch! Zeigt ein freundliches Gesicht! Denn wenn geistliche Übungen eines erzeugen sollen, dann Freude: Bei dir und bei Gott selbst. Darum geht es.

„Ein Mensch sieht, was vor Augen ist; der Herr aber sieht das Herz an."
1. Samuel 16,7

Die Macht der Augen

Matthäus 6,19-24 — **Samstag, 27.**

Eine blinde Frau steht neben mir am Büfett und fragt: „Kannst du mir deine Augen leihen?" Sie will wissen, was es zu essen gibt. Ich helfe ihr gern. Gott sei Dank sieht sie und auch kein anderer, was ich sonst oft sehe mit meinen Augen: Was ich gern hätte, wie ich gern sein wollte, meinen Neid, meine Lust, meine Gier! Was ich sehe, hat Auswirkungen auf mein Herz, mein Denken. Deshalb will ich mich fragen: Was lasse ich meine Augen sehen? Was darf auf diesem Wege in mein Herz? Beständiges, Ewiges oder Vergängliches? Ich freue mich immer wieder auch an Letzterem. Nehme auch das als Geschenk Gottes und doch soll es mich nicht fesseln. Ich will das auch nicht. Stattdessen will ich immer wieder in den Himmel schauen oder z. B. auf ein Kreuz, um auch mit den Augen Jesus immer wieder ins Herz zu nehmen, der der wahre Schatz ist, der nie rostet.

„Denn meine Augen haben deinen Heiland gesehen." *Lukas 2,30*

Wochenspruch

Und nun spricht der Herr, der dich geschaffen hat: Fürchte dich nicht, denn ich habe dich erlöst; ich habe dich bei deinem Namen gerufen; du bist mein! *Jesaja 43,1*

Seltsame Liebe

Psalm 119,97-104 **Sonntag, 28.**

Gebot, Mahnung, Befehl, Ordnung – Worte, die für uns eher abstoßend klingen. Wer ordnet sich gern Geboten, gar Befehlen unter, lässt sich freiwillig ermahnen und liebt Ordnungen. Wir sind autonom. Gebote empfinden wir als Beschränkung unserer Freiheit, Mahnungen als Einmischung in unsere Selbstbestimmung. Der Beter des Psalms sieht das völlig anders. Er ist verliebt in Gottes Gebote. Er sieht seine Mahnungen nicht als lästige Einmischung, sondern als hilfreiche Orientierung. Offenbar hat er damit in seinem Leben gute Erfahrungen gemacht. Er steht Gottes Ordnungen nicht skeptisch gegenüber, sondern sinnt über sie nach und orientiert sich an ihnen. Und genau darin sieht er seinen Vorteil sogar gegenüber denen, die ihm eigentlich überlegen sein müssten. Wirklich eine seltsame Liebe?

„Der Mensch lebt nicht vom Brot allein, sondern von einem jeden Wort, das aus dem Mund Gottes geht." *Matthäus 4,4*

Zuschnüren oder aufblühen

Matthäus 6,25-34 **Montag, 29.**

Mit „Sorge" meint Jesus nicht den Einkaufszettel fürs Wochenende, sondern das, was unser Leben zuschnürt und gefangen nimmt. „Woran du nun dein Herz hängst und dich darauf verlässt – das ist eigentlich dein Gott", so betont Luther in der Erklärung zum ersten Gebot. Spatz und Lilie können helfen. Mit seiner Lektion in Biologie zeigt uns Jesus: Hinter diesen Kreaturen steht euer himmlischer Vater. Er kümmert sich um all das, was euch unbedeutend erscheint – um wie viel mehr will und wird er für euch Menschen sorgen?! Die Heiden sind gefangen in ihren Sorgen und sehen kaum mehr darüber hinaus. Das ist das Kennzeichen von Menschen. Wir müssen daran denken: „Euer himmlischer Vater weiß, dass ihr all dessen bedürft." Wer Gott so umfassend vertraut, blüht auf.

„Alle eure Sorge werft auf ihn; denn er sorgt für euch!" *1. Petrus 5,7*

Mit Augenmaß

Matthäus 7,1-6 **Dienstag, 30.**

Das abschließende Urteil über das Leben anderer steht keinem Menschen, sondern allein Gott zu. Vor ihm wird unsere unermessliche Schuld offenbar. Wir sind es also, die den Balken im Auge haben. Es gibt daher keinen Anlass, den Stab über andere zu brechen. Dessen ungeachtet brauchen wir die freundliche Korrektur im gemeinsamen Leben: „Helft ihm zurecht mit sanftmütigem Geist", erinnert Paulus (Gal 6,1). Dies erfolgt jedoch stets in dem Wissen: Auch ich selbst benötige solche Ermahnung. Davon zu unterscheiden ist das Urteil über den Inhalt von Verkündigung: Der Gemeinde ist aufgetragen, Predigten oder Bibelauslegungen am Maßstab des Evangeliums zu prüfen: Handelt es sich um Menschenwort, in dem eigene Einfälle und Ideen zum Besten gegeben werden, oder um Gotteswort, in dem der lebendige Gott selbst zu Wort kommt (vgl. 1Thes 2,13)?

„Darum richtet nicht vor der Zeit, bis der Herr kommt ..."
1. Korinther 4,5

Wagt doch, ihn zu bitten!

Matthäus 7,7-11 **Mittwoch, 31.**

Wer um etwas bittet, zeigt an: Ich kanns nicht alleine; ich brauche Hilfe. Jesus macht uns Mut, Gott als unserem Vater grenzenlos zu vertrauen: „Bittet! Meint nicht, Gott sei euch etwas schuldig!" Nicht: „Klagt euer Recht ein!" Wir haben nichts zu verlangen;

aber wir haben alles zu erwarten; denn Gott gibt dem, der da bittet. „Suchet! Bleibt dran, auch über lange Zeiten hinweg. Haltet an im Gebet für Menschen. Euer Vater lässt euch nicht ins Leere laufen, sondern er lässt euch finden. Darum sucht mit Freude und mit Ausdauer." „Klopfet an! Jesus selbst ist die Tür zu Gottes Vaterhaus." Hier dürfen wir anklopfen und mit dem Vater sprechen. Wir dürfen bei ihm als Familienmitglied und willkommener Freund zu Tisch sitzen. Das ist das Wunder seiner überfließenden Liebe zu uns.

„Und er sprach zu ihnen: Als ich euch ausgesandt habe ohne Geldbeutel, ohne Tasche und ohne Schuhe, habt ihr je Mangel gehabt? Sie sprachen: Nein, keinen." *Lukas 22,35*

Monatsspruch August

**Geht und verkündet:
Das Himmelreich ist nahe.**

Matthäus 10,7 (E)

Den Weg zum Leben finden

Matthäus 7,12-23 **Donnerstag, 1.**

Die „Goldene Regel" (V. 12) bringt „Gesetz und Propheten" auf den Punkt: „Liebe Gott von ganzem Herzen – und deinen Nächsten wie dich selbst!" Dies hat Jesus in der Bergpredigt ausgeführt und mit seinem gesamten Leben bekräftigt. Das Gewicht seiner Worte wird zum Schluss aufs Neue spürbar: Entscheidend ist, sich durch die enge Pforte auf den Weg zum Leben zu begeben. Dieser lässt sich allerdings nicht erarbeiten, sondern nur „finden" – ein Wunder Gottes, für das wir ihm ein Leben lang unseren Dank zum Ausdruck bringen. Darum gibt es auch keinen Anlass, mit etwaigen geistlichen Taten zu prahlen: „Haben wir nicht in deinem Namen viele Wunder getan?" (V. 22). Jesus schärft uns ein: Reden und Tun sollen – wie Baum und Frucht – zusammenstimmen. „Gut" wird unser Leben dann, wenn Gottes Güte es in Ordnung bringt und so Neues schafft.

„Dein Wille geschehe wie im Himmel so auf Erden." *Matthäus 6,10*

Klugheit ist gefragt

Matthäus 7,24-29 **Freitag, 2.**

Ob unser Leben durch Klugheit oder Torheit charakterisiert wird, zeigt sich an der einen Frage: Wie verhalten wir uns zu den Worten von Jesus? Sein Anspruch ist einzigartig: „Himmel und Erde werden vergehen; aber meine Worte werden nicht vergehen" (Mt 24,35). Die einzig angemessene Reaktion unsererseits ist, ihm umfassend zu vertrauen, d.h.: auf seine Worte zu hören und sie zu tun. So gewinnt unser Leben das Fundament, das selbst im heftigsten Sturm noch trägt. Die Volksmenge nimmt fassungslos wahr, dass sich in der Predigt von Jesus kein Geringerer als Gott selbst zu Wort meldet. In ihm ist die angekündigte Gottesherrschaft bereits gegenwärtig. Darum der Ruf zur Umkehr von allen selbstherrlichen Wegen auf den Weg, den Jesus seligpreist: den Weg im Glanz der Güte, Vergebung und Gerechtigkeit Gottes.

„Meine Lehre ist nicht von mir, sondern von dem, der mich gesandt hat.“ *Johannes 7,16*

Großer Glaube

Matthäus 8,1-4 **Samstag, 3.**

Jesus steigt vom Berg herab. Er hat den Menschen seinen Willen gesagt. Viele folgen ihm. Da kommt es zu einem Zwischenfall. Ein Aussätziger stellt sich Jesus in den Weg. Genauer, er kniet sich ihm in den Weg. Unverschämt und verboten. Als Aussätziger muss er Abstand halten von den Gesunden. So bestimmt es das Gesetz. Aber das Gesetz interessiert ihn jetzt gerade nicht. Er will gesund werden. Von Jesus erhofft er Heilung. Kein Gesetz der Welt kann ihn von seinem Tun abhalten. Doch er fordert diese Hilfe nicht. „Wenn du willst“, sagt er. Es ist, als ob er Jesus zugehört hätte, als er die Hörer auf dem Berg das Vaterunser gelehrt hat. Darin heißt es: „Dein Wille geschehe“. Er weiß, dass er Jesus bitten, nicht zwingen kann. An seiner Macht zweifelt er nicht. Großer Glaube, ohne große Worte.

„Jesus aber sprach zu ihm: Du sagst: Wenn du kannst! Alle Dinge sind möglich dem, der da glaubt.“ *Markus 9,23*

Wochenspruch

So seid ihr nun nicht mehr Gäste und Fremdlinge, sondern Mitbürger der Heiligen und Gottes Hausgenossen.

Epheser 2,19

Hilfreiches Licht

Psalm 119,105-112 **Sonntag, 4.**

Der Beter des längsten Psalms der Bibel steht mit beiden Beinen im Leben, aber manchmal auch nahe an dessen Abgrund. Sein Leben ist in Gefahr. Er wird gedemütigt. Er fühlt sich denen ausgeliefert, die für seinen Glauben nur ein müdes Lächeln oder beißenden Spott übrig haben. Zu beneiden ist er nicht – oder doch? Er hat es mit allerlei Anfeindungen zu tun und doch stolpert er nicht hilflos und haltlos durch sein Leben. Gottes Wort ist ihm das Licht für seinen Lebensweg. An dieses Wort will er sich halten. Dieses Wort sagt er weiter. Von ihm fühlt er sich gestärkt. Beneidenswert, wer das sagen kann. Doch ohne eigene Anstrengung geht es nicht. Es klingt so, als ob er sich selbst ermutigt, nur ja an diesem Wort Gottes festzuhalten. Vor allem aber geht es nicht ohne Gottes Hilfe.

„Und er hat zu mir gesagt: Lass dir an meiner Gnade genügen; denn meine Kraft vollendet sich in der Schwachheit.“ *2. Korinther 12,9*

Nur ein Wort

Matthäus 8,5-13 **Montag, 5.**

Die Hörer der Bergpredigt bekommen Anschauungsunterricht in Sachen Glaube. Erst der unverschämte Glaube des Aussätzigen und nun der unerhörte Glaube des römischen Hauptmanns. Doch unerhört bleibt sein Glaube nicht, obwohl er Heide ist und der verhassten römischen Besatzungsmacht angehört. Jesus hat keine Berührungsängste. Sogar ins Haus des heidnischen Hauptmanns will er gehen, obwohl das für einen Juden undenkbar war. Der Hauptmann weiß das; er erwartet es auch nicht. „Sprich nur ein Wort“, du musst meinen Knecht nicht berühren, du musst auch keine geheimnisvollen Handlungen vollführen. Dein Wort reicht, um meinen Knecht gesund zu machen. Der unerhörte Glaube wird erhört. Jesus spricht sein heilendes Wort und bekennt: Dieser Heide steht Gott näher, als ihr meint. Klare Worte, die auch unsere klare Antwort wollen.

„Denn die Schrift spricht: ‚Wer an ihn glaubt, wird nicht zuschanden werden.‘“ *Römer 10,11*

Die Macht der Worte

Matthäus 8,14-17 **Dienstag, 6.**

Worte können niederdrücken oder aufrichten. Oft nisten sich Worte anderer in unseren Gedanken ein und prägen unser Denken und Tun. Welche Macht haben die Worte von Jesus? Die Kranken und die, die unter zerstörerischem Einfluss stehen und zu Jesus gebracht werden, erleben, dass sein Wort heilt und befreit. In Jesus erfüllen sich die Worte der Verheißung aus Jesaja 53. Jesus redet und handelt mit göttlicher Vollmacht. Er heilt. Mancher Kranke erlebt, dass es bei Jesus trotz Schwachheit Leben gibt. Das Ergriffenwerden von ihm, wie die Schwiegermutter des Petrus es erfährt, führt zurück ins Leben. Die Antwort der Schwiegermutter ist eindeutig: Sie steht auf und dient Jesus. So sieht Nachfolge bis heute aus. Aus der Freude über das geschenkte Heil und die Freiheit erwächst die Freude, für Jesus zu leben. Was trauen wir seinen Worten heute zu?

„Gott sprach: Es werde Licht! Und es ward Licht.“ *1. Mose 1,3*

Bereit zur Kurskorrektur?

Matthäus 8,18-22 **Mittwoch, 7.**

Die Jünger erleben den großen Erfolg ihres Meisters. Doch das scheint nicht das Ziel zu sein, das Jesus verfolgt. Vielmehr fordert er die Jünger zum Aufbruch auf. Ob sie das verstehen? Ein gebildeter Schriftgelehrter sieht in Jesus den größeren Theologen und will sich ihm anschließen. Doch Jesus konfrontiert ihn mit einem Leben in Unsicherheit und Unbequemlichkeit – wenig einladend! Ein Jünger, der noch Zeit erbittet, um seine Sohnespflicht zu erfüllen, erhält eine Absage. Die Aufforderung „Folge du mir!“ wirkt schroff. Als Christ zu leben, heißt auch heute nicht, auf der Erfolgswelle zu schwimmen, den neusten Trends oder den gängigen Traditionen zu folgen. Jesus fragt nach unserer Bereitschaft zum Umdenken. Bin ich gewillt, meine Einstellungen zur Disposition zu stellen, auf ihn zu hören und mich auf Überraschendes einzulassen?

„Samuel sprach: Rede Herr, denn dein Knecht hört." 1. Samuel 3,10

Lebenslanges Lernen

Matthäus 8,23-27 **Donnerstag, 8.**

Glaube bei heiterem Wetter wird den Jesus-Nachfolgern nicht versprochen. Und doch stehen wir in der Gefahr, oft genau das zu erwarten. Die Jünger folgen der Aufforderung ihres Meisters und erwarten nun eine ruhige Überfahrt mit dem Boot. Aber sie geraten in einen gefährlichen Sturm und fühlen sich den Naturgewalten ausgeliefert. Ihr Leben wird förmlich von der Angst erstickt. In ihrer Panik rufen sie Jesus, der mit im Boot ist und schläft. Jesus tadelt die Jünger nicht, weil sie ihn gerufen haben, sondern um ihren Kleinglauben offenzulegen. Staunend erleben die Jünger hautnah, wie Jesus der Gefahr Einhalt gebietet und wie Ruhe einkehrt. So erkennen sie, wie klein sie von seinen Möglichkeiten gedacht haben. Jesus schult seine Jünger in puncto Nachfolgen und Vertrauen. Sind wir bereit, Lernende zu werden und zu bleiben?

„Werft euer Vertrauen nicht weg, welches eine große Belohnung hat."
Hebräer 10,35

Befreit!

Matthäus 8,28-34 **Freitag, 9.**

Jesus hat sich als Heiland der Kranken und Retter aus lebensbedrohlichen Situationen erwiesen. Nun zeigt er seine souveräne Macht über Dämonen. Es ist, als öffne sich hier eine Szene, die jenseits unserer Realität liegt. Doch obwohl wir Geister und Dämonen eher dem Horror-Bereich zuordnen, erleben wir, dass es Menschen gibt, die selbstzerstörerisch leben oder das Leben anderer durch Manipulation, Gewalt und Machtausübung zu beherrschen versuchen. Egal, ob wir es als Kranksein, seelische Störung oder dämonische Besessenheit bezeichnen: Jesus hat die Kraft, Ketten zu lösen, in denen Menschen gefangen sind, und sie zu befreien. Im „Vaterunser“ bitten wir: „Erlöse uns von dem Bösen“. Wir rufen im Vertrauen zu Gott, der er uns und die Menschen, an die wir denken, in seine befreiende Gegenwart zurückbringen möchte.

„Wenn euch nun der Sohn frei macht, so seid ihr wirklich frei.“
Johannes 8,36

Vergebung

Matthäus 9,1-8 **Samstag, 10.**

Der Arzt hatte einem Patienten eine Tumorerkrankung mitgeteilt und ihm vorausgesagt, ihm blieben leider keine zehn Monate mehr; dann aber lebte der Totgesagte noch zehn Jahre lang; das war ein Geschenk Gottes! – Ein Mensch kam nach schwerem Herzinfarkt in die Klinik; dann aber ergaben auf der Intensivstation die Untersuchungen, dass keine Spuren mehr davon festzustellen seien; das war ein Geschenk Gottes! – Eine Familie hatte mich ins Hospital zur todkranken Mutter gebeten; im großen Kreis feierten wir das Abendmahl, bei dem Jesus der Frau – wie damals dem zu ihm gebrachten Gelähmten – sagte: „Dir sind deine Sünden vergeben!“; das war für sie erst recht ein Geschenk Gottes, das größte, die Krönung! Sie wurde nicht wieder gesund, aber sie konnte im Frieden Abschied nehmen.

„Lobe den Herrn, meine Seele, ... der dir alle deine Sünde vergibt, ... der dich krönt mit Gnade und Barmherzigkeit.“ *Psalm 103,2-4*

Wochenspruch

Wandelt als Kinder des Lichts; die Frucht des Lichts ist lauter Güte und Gerechtigkeit und Wahrheit. *Epheser 5,8.9*

Friede

Psalm 4 Sonntag, **11.**

„Du erfreust mein Herz mehr als zu der Zeit, da es Korn und Wein gibt in Fülle. Ich liege und schlafe ganz mit Frieden.“ Der Psalmbeter, der so betete, war vermutlich angeklagt, ausgesetzt, eingeschlossen, abgeschrieben. Ich erinnere mich an Johann Jakob Moser, der 1759 vom württembergischen Herzog Carl Eugen unschuldig und ohne Gerichtsverfahren in fünfjährige Haft in die Festung Hohentwiel gebracht wurde. Moser aber scheint meist ruhig und zuversichtlich geblieben zu sein. Bevor er vor den Herzog getreten war, hatte er sich Mut zugesprochen: „Unverzagt und ohne Grauen soll ein Christ, wo er ist, stets sich lassen schauen.“ Aus der Gefangenschaft schrieb er an seine Frau, „zu deiner Beruhigung zu melden, dass ... der Friede Gottes, welcher mich in meinen Arresten begleitet hat, bisher unverrückt bei mir geblieben ist.“

„Der Herr wird für euch streiten, und ihr werdet stille sein.“

2. Mose 14,14

Nähe

Matthäus 9,9-13 Montag, **12.**

Nah ist man einander auf der Schulbank. Näher in der Kirchenbank. Am nächsten auf der Bierbank. Nicht nur, weil man so eng zusammensitzt, sondern auch, weil man dort miteinander isst und trinkt. Es ist naheliegend und gut, dass wir nach dem Gottesdienst zum Kirchenkaffee einladen, dass wir einen Gemeindelunch anbieten, dass wir Menschen an unseren Tisch zu Hause mitnehmen – und dass wir uns mit der roten Wurst zu den Leuten beim Straßenfest gesellen. Nicht um uns anzubiedern und die Kirche beliebt zu machen, sondern um hilfsbedürftige Menschen erfahren zu lassen, dass Gott – durch uns – in ihrer Nähe ist und sie in Gottes lebensverändernde, heilsame Nähe kommen mögen. Jesus meidet nicht die, die sich vom Himmel entfernt haben, sondern sieht ihre Gottessehnsucht und teilt deshalb sein Leben mit ihnen.

„Kommt her zu mir, alle, die ihr mühselig und beladen seid; ich will euch erquicken.“ *Matthäus 11,28*

Freiheit

Matthäus 9,14-17 **Dienstag, 13.**

Damals war fest verfügt, was religiös rein und unrein war, was gegessen und nicht gegessen werden durfte und anderes mehr. Jesus sprengt diesen Rahmen, indem er sagt: „Nicht was zum Mund hineingeht, macht den Menschen unrein; sondern was aus dem Mund herauskommt ...“ (Mt 15,11). Dass der Mensch Böses in sich trage, habe nichts mit unerlaubtem Essen oder mangelnder Hygiene zu tun. Also: Volle Freiheit in diesen Fragen! „Neues Tuch!“ Später stieß Jesus im Tempelvorhof die Tische der Geldwechsler und Tierverkäufer um – und signalisierte damit: Der Opferkult hört auf! Weil Jesus selbst sein Leben gibt ein für alle Mal zur Versöhnung zwischen Mensch und Gott. Also: Erlösung vom Opferzwang! „Neuer Wein!“ Also kann auch Fasten kein „Muss“ mehr sein.

„Zur Freiheit hat uns Christus befreit! So steht nun fest und lasst euch nicht wieder das Joch der Knechtschaft auflegen!“ *Galater 5,1*

Aufsehenerregender Glaube

Matthäus 9,18-26 **Mittwoch, 14.**

Der Synagogenvorsteher Jairus, ein angesehener Mann in Kapernaum, fällt vor Jesus nieder und bittet ihn für seine soeben gestorbene Tochter: „Komm und lege deine Hand auf sie, so wird sie lebendig.“ Welch ein Glaube, dass Jesus aus dem Tod erretten kann! Gleichzeitig die Aktion der Frau, die bereits zwölf Jahre lang an Blutungen leidet. Unrein ist sie und alle, die mit ihr in Berührung kommen, sind es auch. Sie wagt es dennoch, an Jesus heranzutreten, ihn am Saum seines Gewandes zu berühren, um so geheilt zu werden. Der Mann aus der Oberschicht und die wie eine Aussätzige gemiedene Frau aus der Unterschicht – sie erfahren beide, wer zu Jesus kommt und sich ihm mit seiner ganzen Existenz anvertraut, der wird gerettet. Nicht unsere gesellschaftliche Stellung ist vor Gott entscheidend, sondern unser aufrichtiges Vertrauen, das ihn von ganzem Herzen sucht.

„Fürchte dich nicht, glaube nur!“ *Markus 5,36*

Durchblick des Glaubens

Matthäus 9,27-34 **Donnerstag, 15.**

Die beiden Blinden flehen Jesus als „Sohn Davids“ an. Sie „sehen“ in ihm den von Gott gesandten Messias, der heilen kann. Als sie ihm bis ins Haus folgen, hinterfragt er ihren Glauben. Sie antworten ihm mit einem klaren „Ja, Herr“. Nun berührt Jesus ihre Augen, schenkt ihnen die Sehkraft und den Durchblick des Glaubens an ihn. Verständlich, dass sie von diesem Herrn nicht schweigen können. Die anwesende Menge erlebt es staunend mit, wie die Blinden sehen und der stumme, okkult belastete Mensch wieder reden kann. Die Pharisäer aber führen in ihrer Ablehnung und Verblendung das offensichtlich machtvolle Wirken von Jesus auf dämonische, widergöttliche Inspiration zurück. Sind unsere Augen und unser Mund schon für sein wunderbares, befreiendes Wirken aufgetan und schauen wir mit klarem Durchblick des Glaubens auf ihn?

„Aber selig sind eure Augen, dass sie sehen, und eure Ohren, dass sie hören.“ *Matthäus 13,16*

Berufen und begabt

Matthäus 9,35–10,4 **Freitag, 16.**

Jesus zieht umher; er sucht die Menschen dort auf, wo sie leben und arbeiten. Er wendet sich ihnen zu mit Wort und Tat, Seel- und Leibsorge. Dabei sieht er, wie verängstigt und zerstreut sie sind, einer irregeleiteten und abgehetzten Schafherde gleich, die keinen Hirten hat. Es dreht sich ihm das Herz im Leib um, er leidet mit ihnen. Er als der gute Hirte erkennt die dringende Aufgabe, Hilfe und Heilung zu bringen. Seinen Jüngern sagt er dies im Bild von der großen Ernte, die viele Arbeiter braucht. Sie sollen Gott um solche Erntehelfer bitten und selbst Boten und Mitarbeiter werden. Dazu beruft er die zwölf Jünger und befähigt sie, als seine Gesandten zu helfen und zu heilen. Hat sein Erbarmen auch schon unsere Herzen berührt und uns in seine nachgehende Seelsorge berufen? Erstaunlich: Er gibt dazu immer mehr, als er uns aufgibt.

„Denn *Gott ist treu, durch den ihr berufen seid ...*" *1. Korinther 1,9*

Gesandt zu den Verlorenen

Matthäus 10,5-15 **Samstag, 17.**

Sieben Anweisungen gibt Jesus seinen Jüngern: 1. Geht zu den verlorenen Schafen des Hauses Israel. 2. Verkündet den Anbruch der Königsherrschaft Gottes. 3. Heilt und errettet Menschen. 4. Tut dies alles umsonst. 5. Nehmt kein Reisegepäck mit. 6. Macht Hausbesuche. 7. Bei Abweisung schüttelt den Staub von euren Füßen. – Ihre Sendung gilt zuerst Israel, dem ersterwählten Volk Gottes, und dort den „verlorenen Schafen", den Zöllnern und Sündern, den Kranken, die des Arztes bedürfen (9,10-13). Die Jünger sollen aus ihrem Dienst kein Geschäft machen, dürfen sich aber beköstigen lassen. Ihre Aufnahme beschert den Gastgebern Frieden. Ihre Ablehnung jedoch führt in ein schlimmeres Endgericht, als es Sodom und Gomorra treffen wird. Welch eine Verantwortung tragen Jünger bis heute! Sind wir uns dessen bewusst?

„So sind wir nun Botschafter an Christi statt, denn Gott ermahnt durch uns; so bitten wir nun an Christi statt: Lasst euch versöhnen mit Gott!" *2. Korinther 5,20*

Wochenspruch

Wem viel gegeben ist, bei dem wird man viel suchen; und wem viel anvertraut ist, von dem wird man umso mehr fordern.
Lukas 12,48

Psalm 70 im Jahr 2019

Psalm 70 **Sonntag, 18.**

Ich übertrage den Psalm ins Heute; Vers 2-4: Herr, lass mich jetzt bitte nicht im Stich! Mein Arbeitsplatz hat sich in einen Kampfplatz verwandelt! Die Lage spitzt sich für mich immer mehr zu. Ich weiß nicht mehr, wem ich noch trauen kann oder wer sich lästige Konkurrenz vom Halse schaffen will. So viele Intrigen, so viele aufgestellte Fallen. Vers 5: Herr, ich brauche dringend den Ortswechsel in diesem Wechselbad der Gefühle und Ängste. Ich werde zum Gottesdienst gehen – in deine Gemeinde. Da, wo du die Mitte bist! Da, wo du gelobt wirst mit Liedern! Da, wo gebetet wird! Da, wo nach deinem Willen gefragt wird! Da, wo dein Wort gilt! Da, wo du zu uns kommst in Brot und Kelch! Vers 6: Da werde ich auf dich warten. Mit offenem Herzen hören. Dann will ich getrösteten Mutes gehen: Du lässt mich nicht im Stich!

„Und rufe mich an in der Not, so will ich dich erretten, und du sollst mich preisen!“ *Psalm 50,15*

Klare Ansage

Matthäus 10,16-26a **Montag, 19.**

Was für ein Kontrastprogramm! Gerade noch hat Jesus seine Jünger mit besonderen Vollmachten versehen. Schon konfrontiert er sie damit, dass die Nachfolge in schmerzliche Zerreißproben führen kann. Sie werden unter falschen Anschuldigungen vor Gerichte gezerrt werden, mächtigen Gegnern ausgeliefert sein oder heimatlos innerhalb der eigenen Familie werden, Fremder im eigenen Land sein. Das gilt für Jesusnachfolger aller Zeiten. Uns will bei solchen Aussichten der Atem stocken. Wie sollen wir damit umgehen? Jesus ermutigt uns, klug, besonnen, vorsichtig und wachsam zu reagieren. Eigenes Nachdenken, Strategien entwickeln und Vorsicht walten lassen – das ist von unserem Herrn ausdrücklich erwünscht. Und er wird das Seine dazu tun: Der Heilige Geist wird auf seine Art und Weise unser Beistand sein in unterschiedlichen Krisenzeiten.

„Euer Herz erschrecke nicht! Glaubt an Gott und glaubt an mich!“
Johannes 14,1

Klare Grenze

Matthäus 10,26b-33 **Dienstag, 20.**

Dass Jesusnachfolger von Jesus reden, gehört zu ihrem Lebensstil und zu ihrem Auftrag. Das macht sie gegenseitig und für jedermann erkennbar; zugleich aber auch angreifbar in einer antichristlichen Umgebung. Viele mussten und müssen bis heute dafür sogar mit ihrem Leben bezahlen. Das macht uns Christen Angst. Deshalb weist Jesus uns auf den entscheidenden Unterschied hin: Das Leben, das wir als Geschöpfe Gottes von Natur aus mitbringen, bleibt antastbar und ist ohnehin vergänglich. Aber auf das neue Leben, das Gott uns in und mit Jesus, dem Auferstandenen, schenkt, haben andere Menschen keinen Zugriff; dem kann nicht einmal ein Haar gekrümmt werden! Dieses Leben zu verleugnen aus Angst, das wäre ein Totalverlust! Denn in Jesus gehören wir zu Gottes ewiger Welt! Deshalb:

„Lasst uns festhalten an dem Bekenntnis der Hoffnung und nicht wanken; denn er ist treu, der sie verheißen hat.“ *Hebräer 10,23*

Klarer Kostenvoranschlag

Matthäus 10,34-42 **Mittwoch, 21.**

Es wäre ein fatales Missverständnis, wollte man aus diesen Worten von Jesus eine gewaltsame Vereinnahmung von Menschen heraushören. Das stünde im krassen Widerspruch zu seiner gesamten Verkündigung und zu seinem Leben und Sterben. Aber umgekehrt kann es sein: Die Gegner der Jesusnachfolger greifen zu aggressiven Mitteln, selbst innerhalb der eigenen Familie, und machen ihnen das Leben schwer. Darauf bereitet Jesus seine Nachfolger nicht nur theoretisch vor – er selbst wird diesen Weg so vorausgehen. Allen, die sich trotzdem senden lassen, gilt sein großes Versprechen: „Wer sein Leben verliert um meinetwillen, der wird's finden" (V. 39b). Und wer diesem Druck von außen selbst nicht ausgesetzt ist, dem bleibt die hohe Aufgabe, diese Brüder und Schwestern mit allen zur Verfügung stehenden Mitteln zu unterstützen.

„Doch ihr habt wohl daran getan, dass ihr meine Bedrängnis geteilt habt." *Philipper 4,14*

Zweifel überwinden

Matthäus 11,1-19 **Donnerstag, 22.**

Johannes der Täufer ist im Gefängnis – eine harte Lebenskrise. Jesus schätzt ihn als Freund und Vorboten seines Kommens sehr. Er gibt ihm die höchste Anerkennung. Johannes ist unbestritten eine große geistliche Persönlichkeit mit hoher Überzeugungskraft im Leben und im Zeugnis. Gerade dieser bedeutende Mann wird von Zweifeln geplagt: Ist Jesus Christus wirklich der Messias? Hat er wirklich Gottes Kraft? Dieser ehrliche Bericht über Johannes ist für mich eine starke Ermutigung. Zweifel gehören mit zur Jesusnachfolge, gerade auch in Lebenskrisen. Entscheidend ist, wie Johannes mit seinen Zweifeln umgeht: Er wendet sich ehrlich an die richtige Adresse, an Jesus selbst, und erhält eine klare Antwort aus den messianischen Weissagungen der Bibel. Dies macht den Wüstenmann zu einem Vorbild für unseren Glauben – gerade heute!

„Selig sind, die nicht sehen und doch glauben!" *Johannes 20,29*

Klare Worte von Jesus

Matthäus 11,20-24 Freitag, **23.**

Klare und deutliche Worte spricht Jesus über die Hauptorte seines Wirkens am See Genezareth. Wir können diese Gerichtsworte nur schwer verstehen. Bis heute gibt es diese biblischen Orte nur noch als Trümmerhaufen und Ausgrabungsstätten. Gottes Gericht ist also Wirklichkeit geworden. Jesus hat den Menschen in diesen bekannten Städten als Heiland der Welt seine ganze Liebe gezeigt. Viele Texte des Neuen Testaments zeigen dies nachdrücklich. Doch die Bewohner haben ihn abgelehnt, sind ihre eigenen Wege gegangen. Von Umkehr – dies meint ja der Begriff Buße – ist wenig sichtbar. Jesus leidet sehr darunter. Dieser schwierige Bibeltext zeigt uns den Ernst des Gerichtes Gottes und ist zugleich eine Einladung an jeden von uns, Jesus nachzufolgen. Er will, dass wir echtes, ewiges Leben gewinnen. Das ist sein Auftrag:

„Denn der Menschensohn ist gekommen, zu suchen und selig zu machen, was verloren ist." *Lukas 19,10*

Die liebevolle Einladung

Matthäus 11,25-30 Samstag, **24.**

Es geht um die einmalige Vaterbeziehung zu dem lebendigen Gott, der uns das Leben schenkt. Keine Religion dieser Welt kennt eine solch enge Liebesbeziehung zu Gott, die uns durch Jesus ermöglicht wird. Wenn wir ihm folgen, uns ihm anvertrauen, erfahren wir die ganze Liebe des himmlischen Vaters. Nicht nur privilegierte fromme Menschen, sondern besonders müde, angeschlagene Christen können an jedem Tag erleben, wie Jesus erquickt, aufrichtet, neue Kraft schenkt. Er gibt uns eine neue Identität und Würde, hilft uns, auch schwere Lasten zu tragen, und schenkt uns bis in die Tiefe unserer Seele seinen Frieden, seinen Schalom. Diese persönliche Einladung, die Jesus überbringt, hilft uns auch heute, am „Vaterherzen Gottes" zu lernen, wie ein für Gott offenes und geöffnetes Leben aussieht und gelingt.

„Fülle uns frühe mit deiner Gnade, so wollen wir rühmen und fröhlich sein unser Leben lang.“ *Psalm 90,14*

Wochenspruch
Wohl dem Volk, dessen Gott der Herr ist, dem Volk, das er zum Erbe erwählt hat! *Psalm 33,12*

Mit Gottes Leitlinien leben

Psalm 101 **Sonntag, 25.**

Gute Führungskräfte haben Leitlinien für ihr Denken und tägliches Handeln festgeschrieben. So entdecken wir es auch bei dem alttestamentlichen König David. Er hat sein Leben an dem lebendigen Gott orientiert. Seine Lebensregeln beginnen damit, dass er Gott die Ehre gibt. Wer Gott ehrt, der weiß, dass wir nicht die letzte Instanz sind. Jeder lebt von Gottes Gnade und seinem Segen. Diese Haltung soll unsere ethischen Werte bestimmen, z. B. ehrliche Arbeit und das Ringen um ein gutes Familienleben. David will keine krummen Geschäfte machen, er meidet böses Geschwätz. Sein Leben soll nicht mit stolzer Überheblichkeit, sondern durch Treue überzeugen. Um mit solchen Idealen heute zu leben und verantwortungsvoll in unserer modernen Welt zu handeln, brauchen wir Gottes Geist, der uns eine neue Lebenshaltung schenkt.

„Seid so unter euch gesinnt, wie es der Gemeinschaft in Christus Jesus entspricht.“ *Philipper 2,5*

Alltag und Sonntag

Matthäus 12,1-14 **Montag, 26.**

Jesus gehört zu den Armen; er hat „nichts, wo er sein Haupt hinlege“ (Lk 9,58b); seine Jünger sind arm wie er. Oft wissen sie nicht, wann sie das nächste Mal etwas zu essen bekommen; dann sind sie hungrig. So auch an diesem Sabbat. Als sie durch ein Kornfeld gehen, greifen sie nach rechts und links, reißen Ähren ab, reiben sie, bis die Körner herausfallen, und essen sie. Das sehen besonders Fromme; sie protestieren: „Man soll am Sabbat nicht arbeiten!“ Aber hier schützt Jesus seine Jünger. Er ist nicht gekommen, um die Gebote Gottes zu missachten; er will, dass man sie hält: Wir Menschen brauchen den Wechsel von Alltag und Sonntag, Arbeit und Freizeit. Aber der Feiertag soll nicht von kleinlichen Zusatzgesetzen belastet werden. Wo er als der Menschensohn dabei ist, da darf das Nötige und Heilsame getan werden.

„Wohl denen, die ohne Tadel leben, die im Gesetz des Herrn wandeln!“
Psalm 119,1

Sein Leben – in der Heiligen Schrift vorgezeichnet

Matthäus 12,15-21 **Dienstag, 27.**

Wo Jesus auftritt, wird der Zwiespalt im Volk immer deutlicher sichtbar: Menschen drängen sich um Jesus, wollen von ihm geheilt werden. Zugleich sind diejenigen da, die ihm nach dem Leben trachten (V. 14). Da findet Jesus Weisung beim Propheten Jesaja in den Liedern vom Gottesknecht. Hier ist sein Leben vorgezeichnet. Er ist von Ewigkeit her der Erwählte. Gott hat ihn mit seinem Geist erfüllt. So führt er ihn Schritt für Schritt. Er soll nicht durch Geschrei Macht ausüben; nein, er ist zum Trösten der Schwachen gekommen. Wo sich ein Mensch wie ein verglimmender Docht vorkommt, da wird er in ihm das Feuer der Liebe entfachen. Überall auf Erden wird man auf ihn hoffen. Und dann heißt es: „Die Strafe liegt auf ihm, damit wir Frieden haben“ (Jes 53,5b). Mit diesen Worten im Rücken geht Jesus seinen Weg.

„Er erniedrigte sich selbst und ward gehorsam bis zum Tode, ja zum Tode am Kreuz.“
Philipper 2,8

Jesus – der Herr über die bösen Mächte

Matthäus 12,22-32 Mittwoch, **28.**

An die Frage „Was bedeutet Hilfe für Menschen, die mit bösen Mächten zu tun haben?" gehe ich mit großer Scheu. Und doch: Vor Jahren besuchten einige Pfarrer den Chefarzt einer Nervenklinik in christlicher Trägerschaft. Im Gespräch legte er dar: Es gibt drei Wege, Menschen in seelischer Not zu helfen: Wir können mit dem Menschen seelsorgerlich reden und dann beten. Zum anderen: Ein Psychotherapeut kann und soll, so wie er es in seinem Studium gelernt hat, mit dem Notleidenden aufarbeiten, was in seiner Lebensgeschichte geschehen ist. Und drittens: Wenn es bei schweren psychischen Belastungen zu einer tieferen Durchdringung all dessen kommt, was gewesen ist, stoßen Patient und Therapeut möglicherweise auf okkulte Machenschaften in der Familiengeschichte. Hier heißt es, den bösen Mächten zu befehlen. Jesus ist größer als sie!

„Am Abend ... brachten sie zu ihm alle Kranken und Besessenen."

Markus 1,32

Jahreslosung 2019

„Suche Frieden und jage ihm nach!" (Psalm 34,15)

Wo nichts zu holen ist

Im Ringen um den Frieden spricht Jakobus einmal von den Ursachen für Streit und Krieg (Jak 4,1). Das Chaos in uns gefallenen Menschen greift in der Gier nach Leben um sich. Wir verbreiten dieses Chaos um uns. Obwohl wir das Gute, das Leben, Erfüllung, Sicherheit, Ausweitung unserer Grenzen wollen, vermehren wir Schlimmes, Tod, Leere, Angst und Abhängigkeit. Wie in einem Teufelskreis sind wir in unserer Sucht nach Leben selbst gefangen, ziehen andere wie in einem Strudel hinab und vermehren das Böse in der Welt. Unser Misstrauen erzeugt

neues Misstrauen. Wir wollen Sicherheit und Frieden für uns und bewirken doch Streit und Unfrieden mit anderen.
Jesus spricht davon, dass Frieden gestiftet, zielgerichtet geschenkt werden muss. Aus naturgemäßen Unruhestiftern sollen Friedensstifter werden. Doch wir können nicht weitergeben, das wir selbst nicht (empfangen) haben. Frieden muss geschaffen werden (wie aus dem Nichts, wie in der Schöpfung am Anfang von Raum und Zeit), weil in unserer Welt nichts zum Frieden vorhanden ist; weil wir von uns aus, aus uns heraus, aufgrund unserer gefallenen Natur friedlose Wesen sind, muss Gott das Chaos in uns überwinden. Er macht uns nicht nur vor, wie man mit Rebellen, Streithähnen, Gottlosen – uns – umgehen soll. Er gibt nicht nur ein Beispiel, indem er den ersten Schritt zum Frieden geht, ohne Anlass freundlich, grundlos barmherzig und ungerechtfertigt gnädig uns gegenüber ist. Ein Beispiel wäre zu wenig – das würde ich zwar sehen, könnte es aber doch nicht nachahmen. Gott gibt uns zum Friedenmachen nicht nur ein Beispiel, sondern ein verändertes Herz, ein neues Leben, das Gottes unbegründetes Vertrauen, Vorschussfrieden, einseitige Abrüstung uns gegenüber erfährt, „als wir noch Sünder waren" (Röm 5,8). Nur als so Beschenkte können wir aus dem Frieden mit Gott heraus Streitsüchtigen und Habsüchtigen als Friedenssüchtige mit offenen Händen begegnen. Wir erwarten Gutes, haben Hoffnung für Hoffnungslose, sind vergebungsbereit, lassen uns den Frieden etwas kosten und warten geduldig, bis Gott in uns und auch im anderen sein Werk tut. Dazu sind wir beauftragt und beschenkt.

FGr

Jesus, der Lehrer, unser Lehrer

Matthäus 12,33-37 **Donnerstag, 29.**

Jesus lebt gemeinsam mit seinen Schülern, den Jüngern, in einer Wanderbibelschule, wie Rabbiner es tun. Wir werfen einen Blick in eine Unterrichtsstunde, die Jesus gibt: Was ein Baum enthält, das kommt auch heraus. So einer seiner Sätze. Alle nicken mit den Köpfen. Logisch. Feigenbaum bringt Feigen. Jesus spricht weiter: „Denn was das Herz erfüllt, davon redet ein Mensch." Das „Herz" ist in der hebräischen Sprache mehr als ein biologisches Organ.

Das Herz ist Verstand, Geist, Seele, Gefühl. Also das, was einen Menschen in seiner Persönlichkeitsmitte ausmacht, wie er reagiert, welche Worte er spricht. Wir sind heute auch die Betroffenen, nicht nur seine Schüler damals. Seine Schüler und wir haben seine Zusage: „... ich bin in meinem Vater und ihr in mir und ich in euch“ (Joh 14,20b).

„Denn nicht ihr seid es, die da reden, sondern eures Vaters Geist ist es, der durch euch redet.“ *Matthäus 10,20*

Nichts kapiert

Matthäus 12,38-42 **Freitag, 30.**

Schriftgelehrte und Pharisäer fordern ein Zeichen, dass Jesus wirklich der verheißene Messias ist. Hatten sie nichts kapiert? Sie kannten doch die Thora. „Ihr fordert noch ein Zeichen? Einen Knaller, der überzeugt?“ Christlicher Glaube ist nicht die Kenntnisnahme von Wissen, sondern persönliches Vertrauen in die Person Jesus. Jesus reagiert auffällig scharf: „Ihr seid Täuscher. Ihr werdet ein Zeichen bekommen, das Zeichen des Propheten Jona.“ Nicht die Predigten des Jona haben die Leute in Ninive überzeugt, sondern dass ein Ertrunkener, Verstorbener wieder da ist, „auferstanden“, und zu ihnen redet. Somit ist also Jesus selbst das Zeichen des Jona: Geredet zu uns, gestorben für uns, auferstanden für uns. Für die religiösen Besserwisser unterstreicht Jesus dies mit Worten über einen großen König Israels: „Hier ist mehr als Salomo.“

„So wollest du deinem Knecht ein gehorsames Herz geben ...“
1. Könige 3,9

Es ist immer etwas im Herzen

Matthäus 12,43-45 **Samstag, 31.**

Jesus bleibt beim Thema: Entscheidend ist, was im Menschen ist. Wenn ich meine „inneren Räume“ (Herz, Verstand, Gefühl) anschaue, wer wohnt da eigentlich? Wer oder was hat sich eingeschlichen? Welchen Einflüssen und Einreden bin ich ausgesetzt? Wollte ich das sein, was ich jetzt bin? Man kann im Leben vor vielem davonlaufen, nur nicht vor sich selbst. Egal, wohin du gehst, du nimmst dich selbst und was in dir ist immer mit. Eine totale Leere gibt es im Herzen – in den inneren Räumen eines Menschen – nicht. Jesus sagt denen, die ihm nachfolgen: „Wir werden zu ihm kommen und Wohnung bei ihm nehmen“ (Joh 14,23). Der Gedanke, dass Gott in mir wohnt, verschlägt mir den Atem. In mir? Gott in mir gegenwärtig in dieser Welt? Ja! Gott in fehlerhaften Menschen. Es gibt ja keine anderen Leute.

„Denn wir wissen nicht, was wir beten sollen, wie sich's gebührt, sondern der Geist selbst tritt für uns ein mit unaussprechlichem Seufzen.“
Römer 8,26

Monatsspruch September

Was hülfe es dem Menschen, wenn er die ganze Welt gewönne und nähme doch Schaden an seiner Seele?

Matthäus 16,26

Wochenspruch

Gott widersteht den Hochmütigen, aber den Demütigen gibt er Gnade. *1. Petrus 5,5*

Zum Lob Gottes geschaffen

Psalm 113 **Sonntag, 1.**

„Vom Aufgang der Sonne bis zu ihrem Niedergang sei gelobt der Name des Herrn!" Dieser beliebte Kanon wird gerne in unseren Gemeinden gesungen. Ohne auf die Errettung aus einer konkreten Not zurückzublicken, singen und jubilieren Menschen im Volk Israel zur Ehre ihres Gottes. Dabei ähneln einzelne Sätze des Psalms dem, was Hanna, die Mutter Samuels (2Sam 2,1ff.), und Maria, die Mutter von Jesus (Lk 1,46ff.), nach bzw. vor der Geburt ihrer besonderen Söhne gesagt und gesungen haben. Gott ist hoch zu loben! Denn wer ist wie der Herr, unser Gott! (V. 5). Er thront ganz oben und schaut doch ganz nach unten in die Tiefe, ist uns Menschen nahe auf Erden. Gott sieht hinein in die Abgründe unseres Herzens, in denen sich unsere Nöte eingegraben haben. Dort setzt er mit seiner Hilfe an und lässt nicht locker, bis wir konkrete Hilfe erfahren.

„Der Herr macht arm und macht reich; er erniedrigt und erhöht."
1. Samuel 2,7

O Mann, o Mann!

Matthäus 12,46-50 **Montag, 2.**

Jesus in einem Haus. Leute, die zuhören. Dann die Information: Deine Brüder und deine Mutter sind draußen, sie wollen mit dir reden. O Mann! Ausgerechnet jetzt. Passt gar nicht. Die Antwort, die Jesus gibt, verblüfft. Ein bisschen mehr Respekt, ja Wertschätzung seiner Mutter gegenüber hätte man schon erwartet. Doch Jesus zeigt in die Runde, auf seine Jünger. Sie sind meine Brüder geworden. Sein himmlischer Vater ist somit ihr Vater. So sind auch sie gesandt. Jesus ist ihre neue Identität geworden. Eine krasse Geschichte. Eine dicke Herausforderung. Es geht hier nicht um die Beziehung, die Jesus zu seiner Mutter hat, sondern um die Beziehung zu seinen Jüngern und uns. Um seine Mutter kümmert er sich noch.

„Als nun Jesus seine Mutter sah und bei ihr den Jünger, den er lieb hatte, spricht er zu seiner Mutter: Frau, siehe, das ist dein Sohn! Danach spricht er zu dem Jünger: Siehe, das ist deine Mutter.“

Johannes 19,26.27a

Zugehört!

Matthäus 13,1-9.18-23 **Dienstag, 3.**

„Zum einen Ohr rein, zum anderen raus“, so kommentierte meine Mutter unser Verhalten, wenn sie uns gerade ermahnt hatte und wir Kinder wenige Minuten später das angemahnte Verhalten bereits wieder vergessen hatten. Jesus spricht hier davon, dass es so auch mit dem Wort Gottes ist: Wir können es hören und gleich wieder vergessen. Wir können es hören und es nicht wirklich in uns aufnehmen, sodass es in unserem Leben nichts bewirkt. Wie hören wir auf Gottes Wort? Sind wir dazu bereit, es unser Leben verändern zu lassen? Ich bete immer wieder, wie es in einem Lied von Jörg Swoboda heißt, „Dass dein Wort in meinem Herzen starke Wurzeln schlägt und dein Geist in meinem Leben gute Früchte trägt ... Herr, du kannst dies Wunder tun.“ Gott will es uns schenken, dass wir sein Wort hören und verstehen, dass wir danach handeln und es auch anderen weitersagen.

„Höret, was der Herr zu euch redet ...“ *Jeremia 10,1a*

Hören und Verstehen

Matthäus 13,10-17 **Mittwoch, 4.**

„Ihr könnt mich einfach nicht verstehen!“, so lautet der klassische Vorwurf pubertierender Jugendlichen gegenüber ihren Eltern. Von einem noch viel wichtigeren Nicht-verstehen-Können spricht der Prophet Jesaja. Er ist verzweifelt, dass er Gottes Wort verkündigt und das Volk Israel es einfach nicht verstehen kann und will, so, als ob er gegen eine Wand predigt. Es ist schrecklich, wenn die Augen, Ohren und Herzen für Gott verschlossen sind. Jesus Christus aber ist das fleischgewordene Wort Gottes (Joh 1,14), er selbst ist die Frohe Botschaft. In ihm können wir erkennen, wie sehr Gott uns Menschen liebt, wie barmherzig er ist und dass er mit uns leben möchte. Die Jünger, die damals Jesus begleiteten, durften das als Erste verstehen, aber Jesus will allen Menschen, auch uns heute, Augen und Ohren öffnen für seine Worte.

„Höre, Israel, der Herr ist unser Gott, der Herr ist einer.“ *5. Mose 6,4*

Kein vorschnelles Urteil

Matthäus 13,24-30.36-43 **Donnerstag, 5.**

Ein guter Held kämpft gegen das Böse oder zumindest gegen einen bösen Gegenspieler und gewinnt – so sieht das Drehbuch für viele Filme aus. Wie im Film kennen wir auch in unserem Leben gute und schlechte Menschen, gutes und böses Verhalten. Manchmal zeigt sich erst im Rückblick, wer oder was gut oder böse war. Jesus spricht davon, dass erst am Ende der Welt, wenn er wiederkommt, klar wird, welche Menschen gut und welche böse sind, genau wie im Gleichnis erst bei der Ernte zwischen Weizen und Unkraut getrennt wird. Wenn aber Gott allein das letzte Urteil über Gut und Böse fällen wird, dann sollten wir nicht vorschnell über andere Menschen urteilen! Und: Wir müssen uns auch selbst die Frage stellen: Wie stehe ich vor Gott da?

„Wer an den Sohn glaubt, der hat das ewige Leben. Wer aber dem Sohn nicht gehorsam ist, der wird das Leben nicht sehen, sondern der Zorn Gottes bleibt über ihm.“ *Johannes 3,36*

Kleiner Same, große Wirkung

Matthäus 13,31-35 **Freitag, 6.**

Es war nicht unser erster sanierungsbedürftiger Pfarrgarten. Er sah aus wie der Dschungel in Zentralkongo. Die Gartenbaufirma rodete, pflügte und säte Rasen ein: winzige Samenkörner. Lange sah alles nach braunem Brachland aus. Inzwischen ist eine ganz ansehnliche Wiese daraus geworden. Auch die Lücken würden noch grün werden, tröstete uns der Gärtner. Wie winzig war der Anfang des Christentums damals in der verachteten Gegend Galiläa! Wie gewaltig ist die weltumspannende Christenheit heute mit Aufbrüchen in China und Saudi-Arabien! Also lassen wir uns nicht entmutigen, wenn nur dreiunddreißig ältere Leute in den Gottesdienst kommen, dreizehn Kinder in die Jungschar und drei Mitstreiter zum Gebetstreff. Der Herr benützt, was schwach und unscheinbar aussieht. Durch unseren kleinen Dienst entsteht großer Segen.

„... und was gering ist vor der Welt und was verachtet ist, das hat Gott erwählt ..." 1. Korinther 1,28a

Gib alles!

Matthäus 13,44-46 **Samstag, 7.**

Der Triathlet trainiert regelmäßig Tag und Nacht. Er will bei der Weltmeisterschaft in Hawaii unter die besten Hundert kommen. Ein Erfinder vom Typ Thomas Alva Edison steckt jeden Cent in langwierige Experimente. So schafft er den Durchbruch zu einer genialen Erfindung wie der Glühbirne. „Du willst das Kostbarste gewinnen?", fragt uns Jesus. „Dann widme dein Leben ganz und gar dem Reich Gottes!" Das ist etwas anderes als ein bisschen christliches Interesse. Der Christ reduziert den Zeitaufwand für Fernsehen, Fitnessstudio und die Wochenenden in den Bergen. Er arbeitet sich durch ein geistliches Buch, bietet sonntags Gottesdienst für Teenies an. Er verschönert bei der Gartenaktion die Grünanlage ums Gemeindehaus. Bring dich ganz ein! Gib alles! Dann hast du alles – das ganze Gottesreich!

„Ich vergesse, was dahinten ist, und strecke mich aus nach dem, was da vorne ist.“ *Philipper 3,13b*

Wochenspruch
Das geknickte Rohr wird er nicht zerbrechen, und den glimmenden Docht wird er nicht auslöschen. *Jesaja 42,3*

Glaube ist mehr als Wissen

Psalm 78,1-31 **Sonntag, 8.**

Für die Menschen damals war es wichtig, dass Ereignisse der Geschichte immer wieder erzählt und so auch an die nächsten Generationen weitergegeben wurden. So war es für Israeliten eine heilige Pflicht, die Großtaten Gottes in Ägypten und während der Wüstenwanderung ihren Kindern und Enkeln zu erzählen, ja einzuschärfen. Geschichtsvergessenheit führt häufig in Krisenzeiten zu vermeidbaren Fehlentscheidungen. Also: Hört genau hin, habt ein offenes Ohr für meine Worte! Aber Wissen allein macht noch keinen Glauben. Deshalb ist der Psalm eine Einladung, Gott zu vertrauen, gerade weil er sich in der Geschichte als Herr erwiesen hat. Religionsunterricht ist heute wichtig gegen das Unwissen über Gott, aber die Einladung zum Vertrauen auf diesen Gott gehört durch Gottesdienst, Jungschar und Kinderkreis unbedingt dazu.

„So kommt der Glaube aus der Predigt, das Predigen aber durch das Wort Christi.“ *Römer 10,17*

Die große Scheidung

Matthäus 13,47-52 **Montag, 9.**

Auf dem Flughafen checkt eine Familie ein. Der Servicemann schüttelt den Kopf: „Mit diesen Papieren kommen Sie nicht nach Peru!“ Lange Diskussion, schockierendes Ergebnis: Einchecken nicht möglich. „Es war wie beim Jüngsten Gericht“, kommentiert der Bekannte, der es erlebt hat. Kann das sein, dass Gott am Ende bei Herrn X und Frau Y den Kopf schüttelt – kein Zugang!? „Das wird passieren", prägt uns Jesus ein. So sicher, wie die Fischer Unrat und Unliebsames aus ihren Netzen aussortieren. Der Herr des Himmels ist nicht bereit, sich am Ende die Gottesverächter ins Boot bzw. ins Haus zu holen. Aber kommt dann alles darauf an, mit ihm ins Reine zu kommen? Gewiss! „Willst du, so kannst du mich reinigen", erkennt der Aussätzige. Jesus will es bei jedem Bittsteller tun. Das ist das Visum für die Reise in den Himmel.

„So gibt es nun keine Verdammnis für die, die in Christus Jesus sind."
Römer 8,1

Gott aus der hinteren Brunnengasse?

Matthäus 13,53-58 **Dienstag, 10.**

Jesus versetzt sein Heimatdorf in Staunen. Doch man bleibt skeptisch. Wie kann dieser ehemalige Rotzbengel aus der Zimmermannswerkstatt so göttlich auftreten? Seit wann kommt ein Gottesmann aus der hinteren Brunnengasse? Wir rechnen nicht mit dem Gott, der mitten in unserem Alltag auftaucht, in unserer Nachbarschaft, in unserem Freundeskreis, in unserer Familie. Jesus will dort wirken, wo wir zu Hause sind. Er kann durch die eigenen Eltern ein wegweisendes Wort sagen. Er kann durch den eigenen Bruder, der im Jugendkreis die Bibelarbeit hält, eine Sünde aufdecken. Er kann durch den guten Freund im Gemeindeleitungskreis eine ungewöhnliche Idee platzieren, die die Gemeinde zuerst ärgert, aber dann sehr belebt. Blocken wir ab? Halten wir am Alten fest? Oder haben wir den Glauben, der vor Ort Wunder erlebt?

„... sondern wir erweisen uns als Diener Gottes ... in bösen Gerüchten und guten Gerüchten ..." *2. Korinther 6,4a.8b*

Wenn das schlechte Gewissen plagt

Matthäus 14,1-12 **Mittwoch, 11.**

Schlechtes Gewissen, Herodes? Du weißt, dass es nicht richtig war, dass du mit der Frau deines Bruders zusammenlebst. Und vor allem, wie du mit Johannes dem Täufer umgegangen bist. Du hast versucht, dich seiner elegant zu entledigen. Du hast ja nur deiner Nichte einen – zugegebenermaßen ungewöhnlichen – Wunsch erfüllen wollen. Ja, wozu Hass und Schwäche führen! Johannes ist tot – und du fühlst dich schuldig. Zu Recht! Und daran erinnert dich dieser Jesus von Nazareth – an Johannes und an deine Schuld. Hast du den Mut, dich dem zu stellen, Herodes? Vor Gott, der dir zuerst in Johannes und jetzt in Jesus begegnet ist? Als König kannst du vieles vertuschen, dazu hast du die Macht – doch vor dir selbst und vor Gott hilft nur Ehrlichkeit. Jesus ist deine zweite Chance, dein Leben mit Gott zu klären. Aber ich fürchte, du wirst sie nicht nutzen. Und wir?

„Und vergib uns unsere Schuld!“ *Matthäus 6,12a*

Wie Zumutung zur Ermutigung wird

Matthäus 14,13-21 **Donnerstag, 12.**

„Gebt ihr ihnen zu essen!“ (V. 12). Eine Zumutung! Mit dem wenigen, was sie haben, sollen die zwölf Jünger 5000 Menschen sättigen? Reicht nicht! Das überfordert jeden. Und wenn Christsein immer eine Zumutung ist? Nicht nur bei den Jüngern, sondern auch bei uns? Wir schaffen nicht, was Jesus uns aufträgt. Es geht über unsere Kräfte. Es übersteigt unsere Möglichkeiten. Wir können es nicht – allein. Als die Jünger ihm sagen, was sie zur Verfügung haben – nur fünf Brote und zwei Fische – fordert er sie auf: „Bringt sie mir her!“ (V. 18). Er betet – die Gaben der Jünger in seinen Händen; sie teilen aus – und es reicht für jeden! Unmöglich? Ja, wenn wir nur mit unseren menschlichen Möglichkeiten rechnen. Aber es ist nicht unmöglich, wenn wir Jesus das geben, was wir haben, damit er durch uns Menschen satt macht. So wird aus einer Zumutung eine Ermutigung.

„Denn bei Gott ist kein Ding unmöglich.“ *Lukas 1,37*

Wagen – versinken – gehalten werden

Matthäus 14,22-36 **Freitag, 13.**

Nein, das ist unmöglich. Niemand geht über Wasser. Niemand besiegt die Naturgewalten. Schlagartig hat die mächtige Welle, die auf ihn zurollt, Petrus wieder auf den Boden der Tatsache zurückgeworfen. Wo er es doch gerade wagt, auf dem Wasser zu gehen. Hin zu Jesus, den Naturgewalten trotzend. „Komm her!“ (V. 29), ruft ihm Jesus zu. Und er geht los. Das Wort, das Jesus zu ihm spricht, trägt ihn. Er glaubt und erfährt, dass auf Gottes Wort Verlass ist. Doch dann: die Welle. Der Zweifel. Das Versinken. Und ... die Hand seines Herrn, die ihn festhält (V. 31). Manchmal machen wir im Glauben außergewöhnliche Erfahrungen. Wir stehen über allem, was uns verunsichert. Als wenn wir über Wasser gehen. Manchmal erscheint uns das alles zu groß, zu unwahrscheinlich und plötzlich lässt uns die Unsicherheit wieder sinken. Aber keine Angst: Er hält uns fest!

„... denn du hältst mich bei meiner rechten Hand.“ *Psalm 73,23b*

Von Äußerlichkeiten und inneren Werten

Matthäus 15,1-20 **Samstag, 14.**

„Warum passt ihr euch nicht an. Du, Jesus, und deine Jünger. Alle halten sich an die Überlieferung der Ältesten. Alle waschen sich die Hände vor dem Essen. Nur ihr kümmert euch nicht um das, was schon immer galt und was gut ist.“ Jesus antwortet: „Haltet euch nicht an Äußerlichkeiten fest. Tut nicht etwas, weil man es immer schon so gemacht hat. Denn nicht das, was in den Mund hineingeht, macht unrein, sondern was aus dem Mund herauskommt. Was aus dem Herzen kommt! Darum muss das Herz rein werden – nicht die Hände. Öffnet deshalb euer Herz für Gott. Meint nicht, Gott durch äußere Rituale zu ehren. Versucht nicht durch euer Handeln vor Gott rein dazustehen. Im Herzen fallen die Entscheidungen. Darum lasst eure Herzen von Gott bestimmt werden, – und ihr seid rein!“ Es geht nicht darum, ob wir uns anpassen, sondern darum, wie wir Gott die Ehre geben.

„Gebt unserm Gott allein die Ehre!“ *5. Mose 32,3b*

Wochenspruch

Christus spricht: Was ihr getan habt einem von diesen meinen geringsten Brüdern, das habt ihr mir getan. *Matthäus 25,40*

Wer vergisst, verliert sich selbst

Psalm 78,32-55 **Sonntag, 15.**

Erneut werden der große Aufwand und das tiefe Engagement Gottes bei der Befreiung aus Ägypten vor Augen gemalt, die Plagen, die Pharao und die Mächtigen Ägyptens zermürben und das Zugeständnis zu Israels Abzug bewirken. Alles ist vergessen, unwichtig geworden, vom Winde verweht. Man verleugnet, dass die Befreiung aus Ägypten und die Einnahme des Landes Israels Existenz ermöglichten und für ihre Identität bis heute grundlegend sind. Vergessen, wem man sein Leben und Überleben verdankt. Unglaublich! Und wie ist es mit uns? Bei all dem Negativen leuchtet Gottes Geduld, Vergebung und Treue umso heller auf. Was für ein Gott, der es mit Israel und jetzt auch mit uns aushält, sein Rettungswerk durch Jesus, den Retter aller, noch übertrifft, der seine Menschen zu sich zurücklieben und ihnen ein neues Herz geben will.

„Herr, deine Güte ist ewig. Das Werk deiner Hände wollest du nicht lassen.“ *Psalm 138,8b*

Eine coole Emanze

Matthäus 15,21-28 **Montag, 16.**

Jesus war das Pflaster in Galiläa zu heiß geworden. Er zog sich mit seinen Freunden ins heidnische Küstenland zurück. Auch dort hat man von ihm gehört; er ist kein Unbekannter. Eine Mutter kämpft leidenschaftlich um ihre kranke Tochter, doch Jesus lässt sie abblitzen. Er hat Gründe dafür, die zunächst sogar seinen Begleitern rätselhaft sind. Sie raten zur Heilung, damit endlich wieder Ruhe herrscht. Doch dann wird die Frau richtig lästig; sie versperrt den Weg und gewinnt schließlich mit genialen Argumenten die Diskussion. Davon ist Jesus so begeistert, dass er handelt, heilt und die Tür zu den Nichtjuden öffnet. Ich frage mich bei dieser Geschichte, wie oft ich kleinlich und kleingläubig in meinen Gebeten bin. Wir haben ja – im Gegensatz zu dieser Frau – die Zusage, dass wir Gottes Kinder sind, denen er gerne hilft.

„Da sagt er zu ihnen: Ihr Kleingläubigen, warum seid ihr so furchtsam?"
Matthäus 8,26a

Wohin sehen wir zuerst?

Matthäus 15,29-39 **Dienstag, 17.**

Zurück im Stammland der Juden setzt eine regelrechte Heilungsorgie ein. Von weit her schleppen die Menschen ihre Kranken, ihre von Gebrechen geplagten Freunde und Verwandten auf den Berg zu Jesus. Die Freude und der Jubel über die Heilungen sind unüberhörbar. Drei Tage werden sie sich wie im Himmel gefühlt haben. Lobpreislieder für den Gott Israels sind überall zu hören. Doch dann meldet sich ganz irdisch der Hunger. Sicher auch bei Jesus, aber ihm tun in erster Linie die Leute leid. „Es jammert ihn." Seine Freunde blicken hilflos nach unten auf die jämmerlichen Reste an Proviant. Jesus aber sieht nach oben und dankt, dass Gott ganz irdisch helfen wird. Und tatsächlich, alle werden satt. Die Blickrichtung scheint entscheidend zu sein. Ob das auch ein Maßstab für unsere Krankheiten und Probleme sein kann?

„... lasst eure Bitten in Gebet und Flehen mit Danksagung vor Gott kundwerden!“ *Philipper 4,6b*

Lass uns ein Zeichen sehen!

Matthäus 16,1-12 **Mittwoch, 18.**

Obwohl Pharisäer und Sadduzäer oft in ihrer Auffassung weit auseinanderliegen, stehen sie in ihrer Kritik an Jesus eng beieinander. In ihrer Feindschaft gegen Jesus bilden Menschen oft überraschende Bündnisse. Warum lehnt Jesus ihre Zeichenforderung ab? Weil sie so die Wunder, die sie miterlebt haben, entwerten? Beide Gruppierungen nehmen es sehr ernst mit Gottes Wort, doch beiden fehlt das offene Herz für Jesus. Statt ihn selbst wollen sie nur etwas vom ihm. Sie verlangen unbezweifelbare Beweise, während er doch in ihrer Mitte steht. Und so übersehen sie, dass Jesus selbst das Zeichen der Liebe Gottes ist. Jesus lässt diese Unbeweglichen stehen und geht weg. Später warnt er die Jünger vor dem „Sauerteig“ der Pharisäer und Sadduzäer. Ein Sauerteig kann schnell einen ganzen Teig durchsäuern, wie ein Virus, der krank macht. Dennoch:

„... wer ist der, dass ihm Wind und Meer gehorsam sind!“

Markus 4,41b

Meinungsumfrage oder Bekenntnis?

Matthäus 16,13-20 **Donnerstag, 19.**

Was wäre meine Antwort? Jesus – ein von Gott besonders auserwählter Mensch? Jesus – ein Vorbild, dem man folgen kann oder nicht? Der Gekreuzigte, Gottessohn, Freund, Bruder und Wohltäter? „Stimmt“, würde Jesus sagen, „aber wer bin ich für dich?“ Die Frage geht tiefer. Jesus ist mir Gesprächspartner; Begleiter meiner Kinder, wenn sie abends unterwegs sind. Jesus ist derjenige, der mir vergibt, wenn ich es verbockt habe. Mal ist er für mich Tröster und Helfer, dann wieder Erlöser und Herr. Je nach Situation und eigener Verfassung. Nur – davon will ich mich nicht abhängig machen, sondern von Jesus allein: Er ist der Herr! Ihm gebührt die Ehre für das, was er ist: „Christus, des lebendigen Gottes Sohn!" So die Antwort des Petrus. Eingegeben von Gott, bewegt durch seinen Geist. Selbst wäre er nie darauf gekommen. Ich auch nicht.

„Thomas antwortete und sprach zu ihm: Mein Herr und mein Gott!"
Johannes 20,28

„Es gibt keine Ferien vom Kreuz"

Matthäus 16,21-28 **Freitag, 20.**

„Keine Ferien vom Kreuz", so der Theologe Hans Joachim Iwand. Jesus macht keine falschen Versprechungen. Ihm nachzufolgen ist kein Spaziergang. Aber er verspricht: Auf dem Weg der Selbstverleugnung gewinnt ihr das Leben. Das gilt besonders heute, wo es vorrangig darum geht, dass es uns gut geht, jeder möglichst viel aus seinem Leben macht. Die Worte von Jesus provozieren. Doch er hält dagegen: Nur wer auch den Gegenpol seiner glänzenden Seiten annimmt, wird wahrhaft Mensch. Das Kreuz will mich befreien in meinem Scheitern und den Brüchen meines Lebens, um das Bild zu finden, das Gott von mir hat. Wer sein Kreuz auf sich nimmt, dessen Leben zerbricht nicht, auch wenn noch so vieles in ihm und um ihn in die Brüche geht. In allen Irrwegen und Umwegen gilt es, seiner Spur zu folgen, die zu wahrem Leben führt.

„Wer mir nachfolgt, wird nicht wandeln in der Finsternis, sondern wird das Licht des Lebens haben." *Johannes 8,12b*

Gipfeltreffen

Matthäus 17,1-13 **Samstag, 21.**

Diese Leidensankündigung wird die Jünger niedergeschlagen haben. Und nun diese Gottesbegegnung! Einerseits sind sie starr vor Schreck, andererseits wollen sie hier nicht mehr weg. Die Reaktion von Petrus ist menschlich verständlich. Und doch geht es um viel mehr als eine persönliche Gotteserfahrung. Auf diesem Gipfeltreffen ist die Machtfrage geklärt: Gott bestätigt Jesus Christus. Mit dieser Vollmacht geht Jesus in die Tiefe seines Todes. Auch wir brauchen ab und zu unseren „Berg der Verklärung". Auch uns schickt Gott vom Berg gestärkt wieder ins Tal zurück. So schön und segensreich diese Augenblicke auf dem Berg auch sind, in den Niederungen des Lebens muss sich das Erlebte bewähren. Gott schickt uns hinab, aber nicht allein. Jesus begleitet seine Jünger zurück in den Alltag und im Alltag.

„Die auf ihn sehen, werden strahlen vor Freude, und ihr Angesicht soll nicht schamrot werden." *Psalm 34,6*

Wochenspruch
Lobe den Herrn, meine Seele, und vergiss nicht, was er dir Gutes getan hat. *Psalm 103,2*

Lernen statt vergessen

Psalm 78,32-55 **Sonntag, 22.**

Geschichte muss sich nicht wiederholen – das ist die zentrale Aussage von Psalm 78. Im Mittelpunkt dieses Abschnitts geht es um die Befreiung des Volkes Israel aus Ägypten (2Mo 7–14). Es wird erinnert an die Plagen und das Unglück, das Gott über die Ägypter kommen ließ. So viel Leid lässt er zu, weil er Freiheit für sein Volk will. Er will ihre Herzen gewinnen (V. 37). Sechzehnmal erschallt das „Er", und jeweils wird aufgezählt, was Gott getan hat. Diesem werbenden, ringenden Handeln Gottes stellt der Psalm das Versagen und die Schuld Israels gegenüber: Sie sündigen, betrügen, lügen, halten den Bund nicht, trotzen Gott, betrüben, versuchen und vergessen ihn. Trotzdem ist und bleibt Gott barmherzig (V. 38). All das soll das Volk Gottes nicht vergessen und daraus lernen für die Zukunft (V. 6 ff.).

„Er handelt nicht mit uns nach unsern Sünden und vergilt uns nicht nach unsrer Missetat." *Psalm 103,10*

Ich glaube

Matthäus 17,14-21 **Montag, 23.**

Den Jungen hat es schwer getroffen. Er leidet unter verschiedenen Symptomen, von denen Schlafwandel („mondsüchtig") noch das harmloseste ist. Er hat offensichtlich epileptische Anfälle und ist taubstumm (vgl. Mk 9,14 ff.). Ein Teil dieser Symptome scheint dämonischen Ursprungs. Sein Leben ist oft in Gefahr. Aber keiner kann ihm helfen. Auch die Jünger nicht. Weil ihr Glaube nicht „groß" genug ist. Ein Urteil, das sich die Jünger auch in anderen Situationen von Jesus anhören müssen. Aber kann man Glaube eigentlich messen? Gibt es eine Größentabelle für Glauben? In Millimetern oder Millilitern? Mir geht es jedenfalls fast immer wie den Jüngern. Mein Glaube schwächelt, mein Glaube hat anscheinend nicht einmal die Größe eines Senfkorns. Aber ich halte mich an Jesus. Und an seinen Glauben an Gott den Vater. Und an seine Hilfe trotz meines Kleinglaubens.

„Ich glaube; hilf meinem Unglauben!" *Markus 9,24b*

Was das kostet!

Matthäus 17,22-27 **Dienstag, 24.**

Einen Tempel zu unterhalten ist nicht gerade billig. Man denke allein schon an die täglichen Opfer, die dafür benötigten Tiere. Wein, Mehl, Früchte und Öl kosten viel Geld. Dazu kommen Räuchermittel, die Kleidung für die Priester und vieles mehr. In 2Mo 30,13 ist festgelegt, wie viel jeder Jude an jährlicher Tempelsteuer zu entrichten hat: einen halben Schekel. Für die Erhebung der Tempelsteuer gab es in Israel ein ausgeklügeltes System. Jesus scheint diese Zwangsbesteuerung zu kritisieren (oder indirekt die Verwendung der Steuer, man denke an die Tempelreinigung), ist aber aus besonderen Gründen zur Zahlung bereit (V. 27a). Die Anweisung an Petrus mit dem Fisch könnte (neben dem Wunder an sich) auch ein Hinweis sein, dass und wovon wir Menschen unsere Steuern zahlen sollen: von unserer Arbeit.

„Wisst ihr nicht, dass ihr Gottes Tempel seid und der Geist Gottes in euch wohnt?“ *1. Korinther 3,16*

Was ist Thema 1 in unserem Leben?

Matthäus 18,1-14 **Mittwoch, 25.**

Thema 1 in dieser Welt: Wer ist am angesehensten? Wer hat am meisten zu sagen? Kürzer gesagt: Das Ego ist unser Thema 1. Leider ist das auch bei Christen oft genauso (V. 1). Das Thema 1 bei Jesus lautet anders: Wer ist klein und unbedeutend? Wer ist verloren? Auf die muss unser ganzes Augenmerk gerichtet sein, damit sie nicht durch unser egoistisches Verhalten zum Unglauben verführt werden (V. 6). Jesus fragt uns: Wer nimmt sich der Schwachen an (V. 4)? Wer sucht die verlorenen Menschen (V. 12-13)? Wie oft beten wir im Vaterunser „Dein Wille geschehe wie im Himmel so auf Erden“? Was aber ist Gottes Wille? Dass denen, die schwach sind im Glauben und denen, die den Glauben verloren haben, geholfen werde (V. 14). Also: Orientiert euch um, ihr Jünger! Sorgt euch nicht zuerst um euer Ego; sorgt, dass die Schwachen und Ungläubigen Glauben lernen!

„Trachtet zuerst nach dem Reich Gottes ...!“ *Matthäus 6,33a*

Sünde auf den Tisch legen

Matthäus 18,15-20 **Donnerstag, 26.**

Sünde wird bei uns gern unter den Tisch gekehrt. Darüber redet man nicht. Noch beliebter: Sie wird hinter dem Rücken des Betroffenen verbreitet. Jesus gibt uns andere Spielregeln an die Hand: Sünde muss offen auf den Tisch gelegt werden. Dazu ein Drei-Schritte-Plan: 1.) Ein Vieraugengespräch. Die Sache nicht mit anderen, sondern mit dem Betroffenen selbst besprechen: Vielleicht ist er für ein Bekennen und Bereinigen zu gewinnen. 2.) Wenn das Vieraugengespräch nichts bringt, so nimm einen oder zwei weitere Zeugen zu einem neuen Gespräch mit. 3.) Wenn der Betroffene auch nicht auf die anderen Zeugen seiner Sünde hören will, bringt die Sache vor die Gemeinde(leitung). Wichtig bleibt: Sünde darf nicht geduldet und unter den Tisch gekehrt werden! Das schadet der Gemeinde. Auch heute!

„Wenn wir unsere Sünden bekennen, dann ist er treu und gerecht, dass er uns die Sünden vergibt.“ *1. Johannes 1,9a*

Das Gewonnene nicht wieder verspielen

Matthäus 18,21-35 **Freitag, 27.**

Ein Pastor sagte mir einmal, er habe sonntags beim Beten des Vaterunsers an einer Stelle seine Schwierigkeiten. Ich ahnte schon, welche Stelle er meinte. Dann sagte er es aber auch selbst: „Wie auch wir vergeben unseren Schuldigern.“ Ja, ein bisschen Vergebung ist für Christen selbstverständlich – obwohl siebenmal schon mehr als „ein bisschen“ ist (V. 21). Doch Jesus erwartet mehr von uns, viel mehr. Am Gleichnis vom Schalksknecht (Mt 18,23 ff.) macht er jedem deutlich: Unser Vergeben gegenüber anderen soll Maß nehmen am Vergeben, das Jesus uns erweist. Das ist nicht nur ein guter Rat, sondern ein absolutes Gebot. Jesus gab seinen Jüngern viele Gebote. Worte aus diesem allein hat er mit in sein Vaterunser aufgenommen. So wichtig ist es ihm. Denn es geht dabei um unser eigenes Heil (V. 35).

„Wenn ihr aber den Menschen nicht vergebt, so wird euch euer Vater eure Verfehlungen auch nicht vergeben.“ *Matthäus 6,15*

Neues Herz statt neuer Ehepartner

Matthäus 19,1-12 **Samstag, 28.**

Schon zu den Zeiten von Mose und Jesus war das mit der Ehe nicht ganz einfach. Wenn ein Mann seine Frau leid war, verstieß er sie einfach aus dem Haus. Um den armen Frauen zu helfen, erfand Mose den Scheidebrief. So konnte die Frau beweisen, dass nicht sie die Ehe gebrochen hatte, als sie ihren Mann verließ. Das war für die Frauen aber nur eine kleine Hilfe, denn dadurch wurde zugleich das Recht des Mannes auf Scheidung bestätigt. Doch so einfach lässt Jesus das den Männern damals (und ebenso den Frauen heute) nicht durchgehen. Er erinnert an Gottes ursprüngliches Wollen und zugleich an das wahre Problem: Nicht der Ehepartner, sondern unser verhärtetes, egoistisches Herz ist das Problem (V. 8). Jesus sagt: Ihr braucht keinen neuen Ehepartner, sondern ein neues Herz! Ist das möglich? Ja, durch Jesus ganz gewiss!

„Und ich will euch ein neues Herz und einen neuen Geist in euch geben." *Hesekiel 36,26a*

Wochenspruch

Alle eure Sorgen werft auf ihn; denn er sorgt für euch.
1. Petrus 5,7

Das neue Lied

Psalm 40 **Sonntag, 29.**

Klagelieder kennen wir alle. Immer wieder finden wir Grund, uns zu beklagen. David kann da auch einstimmen. Er hat Feinde, die ihn umbringen wollen. Sein Herz verzagt, weil er keinen festen Boden mehr unter den Füßen spürt. Er schreit zu Gott um Hilfe. Immer wieder wird er errettet. Manchmal beweist Gott bei ihm und seinen Vorfahren durch Wunder seine Macht. David will anderen davon erzählen. Er fordert sie auf, mit ihm Gottes Barmherzigkeit und Treue zu loben, statt das Elend und die eigene Not zu beklagen. Gott selbst hat David diese neue Sicht geschenkt: Er legt ihm das neue Lied in den Mund (V. 4). Dieses Lied von Gottes rettender Liebe müssen alle hören, die klagen und verzagen in ihrer Not. Wir sollten Gott bitten, auch uns ein neues Lied zu schenken, damit auch wir andere ermutigen können.

„Meine Seele soll sich rühmen des Herrn, dass es die Elenden hören und sich freuen." Psalm 34,3

Bringt Jesus schon den Kindern nahe!

Matthäus 19,13-15 **Montag, 30.**

Schon vor einigen Tagen hatten wir gelesen, wie ernst Jesus die Kinder nimmt (Mt 18,1-5). Darum wollen einige Erwachsene ihre Kinder schon in jungen Jahren Jesus nahe bringen. Sie sind überzeugt, dass das Gebet für sie und über ihnen ihr Leben auf den Weg zu und mit Gott bringt. Ausgerechnet die Jünger halten davon nichts. Warum? Trauen sie dem Gebet nichts zu? Oder meinen sie, dass Kinder noch zu wenig verstehen vom Glauben? Wir wissen es nicht. Aber wie ernst nehmen wir heute die Aufgabe, schon Kindern Jesus nahe zu bringen? Wir wissen doch, wie sehr Kindheitserlebnisse noch die Seele des erwachsenen Menschen prägen (im Guten wie im Schlechten). Erleben unsere Kinder bei uns ein tiefes Vertrauen zu Jesus? Erleben sie, wie wir über ihnen und für sie beten? Gerade die Menschen mit kindlichem Jesusvertrauen haben Teil am Reich Gottes.

„Lasset die Kinder zu mir kommen!" Lukas 18,16b

Monatsspruch Oktober

Wie es dir möglich ist:
Aus dem Vollen schöpfend –
gib davon Almosen!
Wenn dir wenig möglich ist,
fürchte dich nicht, aus dem
Wenigen Almosen zu geben!

Tobit 4,8 (E)

Bei Gott ist es möglich!

Matthäus 19,16-30 **Dienstag, 1.**

Die Kernfrage fast aller Religionen ist: Was muss ich tun, wie muss ich mich verhalten, was muss ich leisten, um in das Himmelreich, in die göttliche Welt zu kommen, um das ewige Leben zu erlangen. Die Frage führt den frommen Musterschüler aber in eine Sackgasse. Das macht Jesus ihm deutlich. Jesus will nicht irgendwelche fromme Leistungen – was Menschen häufig unter Religion verstehen. Das ewige Leben, die Nähe zu Gott können wir uns nicht erarbeiten; das ist uns Menschen nicht möglich. Und genau das ist eine Hauptgefahr des Wohlstands: die Wahnvorstellung, dass ich mir alles – selbst die Beziehung zu Gott – kaufen oder erarbeiten kann. Jesus will, dass wir Menschen uns ihm anschließen, in eine Vertrauensbeziehung zu ihm eintreten. Dazu lädt er den reichen jungen Mann und jeden von uns heute herzlichst ein.

„Bei den Menschen ist's unmöglich; aber bei Gott sind alle Dinge möglich." *Matthäus 19,26b*

Gottes Güte kontra menschliches Aufrechnen

Matthäus 20,1-16 **Mittwoch, 2.**

„Solch ein Schwachsinn – den gleichen Lohn zu zahlen für eine wie für zwölf Stunden Arbeit. Da arbeitet doch morgen keiner mehr den ganzen Tag!" Jesus provoziert mit seinen Beispielen absichtlich den Widerspruch, um Größeres, Wichtigeres deutlich zu machen. Was unter Menschen notwendig ist, z. B. die der Arbeitszeit entsprechende Entlohnung in einem Betrieb, kann nicht auf Gott und sein Handeln übertragen werden. Bei seinem Umgang mit uns Menschen steht nicht die Entlohnung für erbrachte Leistungen in Zentrum, sondern vorrangig seine Güte, Liebe und Fürsorge – auch und gerade für die „Letzten". Sie sind weniger gefährdet als die „Ersten"; sie wissen ja, dass sie Gott nichts vorweisen können. Die „Ersten" aber müssen umdenken, wenn sie meinen, sie könnten sich Gottes größere Wertschätzung verdienen. Sie scheitern an Gottes Großzügigkeit gegenüber allen.

„Oder bist du neidisch, weil ich so gütig bin?"
Matthäus 20,15b (NGÜ)

Echte Größe

Matthäus 20,17-28 **Donnerstag, 3.**

Alle Achtung! Jakobus und Johannes verstehen zuletzt, dass Jesus am Kreuz sterben und wieder auferstehen wird. Die beiden Jünger sind bereit, Jesus in den Tod zu folgen, den „Kelch zu trinken", um dann in seiner Nähe zu sein, vor allem aber in seinem Reich die höchsten Posten einzunehmen. Die anderen Jünger sind empört. In die Neid-Debatte unter ihnen greift Jesus sofort ein. Anhand seines Weges zum Kreuz und seines Stellvertretungstodes erklärt er, dass der tiefste Sinn seines Kommens das Dienen bis zum Tod ist, um das Leben anderer zu fördern, zu bewahren, zu retten. Und dieses Dienen soll uns alle anstecken. Das wäre echte Größe: bereit sein, für das Leben anderer einzustehen, auch wenn es das eigene Leben kostet, und engagiert dem Miteinander aller zu dienen.

„... so wie der Menschensohn nicht gekommen ist, dass er sich dienen lasse, sondern dass er diene und gebe sein Leben als Lösegeld für viele."
Matthäus 20,28

Hoffnungsvoll rufen – konkret bitten – dankbar mitgehen

Matthäus 20,29-34 **Freitag, 4.**

Jesus verlässt Jericho. Jetzt wäre volle Konzentration auf den letzten Kampf in Jerusalem dran, aber Jesus sieht Menschen in Not, in Blindheit und Ausgrenzung. Zu ihnen ist er gesandt. Trotz Lärm und Gedränge hört er den Hilferuf derer, die all ihre Hoffnung auf ihn setzen, sich nicht am Schreien hindern lassen. Ihre Anrede: „Sohn Davids" verweist auf seine menschliche Abstammung (1,1), „Kyrios" („Herr", so der Gottesname in der griechischen Übersetzung des Alten Testaments) auf seine göttliche Herkunft. Er, der Gottesgesandte will dienen, andere zum heilen Leben befreien, erlösen (V. 28). Er lässt die Blinden sagen, was sie von ihm wollen, achtet ihre Person wert! Er handelt nicht über ihren Kopf hinweg. Sie „sehen", wer sie liebevoll ansieht. Sein Heilen und seine Menschenfreundlichkeit bewegen zur Nachfolge, zum Bleiben bei Jesus. So entsteht Glaube.

„... und rufe mich an in der Not, so will ich dich erretten, und du sollst mich preisen." *Psalm 50,15*

Friedlicher Einzug mit Todesfolge

Matthäus 21,1-11 **Samstag, 5.**

Einzug! Viele freuen sich, endlich ins eigene Haus einziehen zu können, ein eigenes Reich zu haben, die eigenen vier Wände in ihrem Sinne gestalten zu können. Das ist jetzt mein, unser Zuhause! Jesus hat den Einzug in Jerusalem mit dem Tempel Gottes von Anfang an zum Ziel. Von hier will er sein Reich gestalten mit Akzenten der Güte, Gerechtigkeit, Versöhnung und Wertschätzung aller. Der Einzug auf einem Esel, dem Tier der kleinen Leute, setzt bereits einen deutlichen Farbtupfer seines Regierungsstils. Er, unten inmitten der Leute! Er wird mit Sanftmut, Behutsamkeit und Respekt regieren, Friedenswillen Gottes Raum schaffen. Er wird nicht zurückschlagen, wenn jene, die jetzt jubeln, ihn später mit Worten und Fäusten schlagen und ans Kreuz nageln werden. Sein Einzug mit Todesfolge soll zur Wohltat, zum Segen, zum Zuhause für viele werden.

„... lernt von mir, denn ich bin sanftmütig ..." *Matthäus 11,29b*

Wochenspruch

Christus Jesus hat dem Tode die Macht genommen und das Leben und ein unvergängliches Wesen ans Licht gebracht durch das Evangelium. *2. Timotheus 1,10b*

Wo ist ein Gott wie du?

Psalm 104 **Sonntag, 6.**

Der Psalm blickt über unser Menschsein hinaus in die Weite und Vielfalt der Schöpfung. Aus der Fülle und Großartigkeit alles Geschaffenen schließt man zurück auf den Schöpfer. Er kann nur herrlich und prächtig sein. „Licht ist sein Kleid." Wo Licht ist, da ist Leben. Das Erdreich ist fest gegründet. Gott hält das All in seiner Hand; es wird nicht wieder ins Chaos zurückfallen. Gott ist ins Detail verliebt. Das Große und auch das ganz Kleine sind zu bestaunen. Er hat die riesige Vielfalt genial zusammengefügt, unser Schöpferlob muss deshalb die Bewahrung der Schöpfung in seiner Vielfältigkeit beinhalten. Der Mensch und die übrige Schöpfung gehören eng zusammen. Der Schöpfer versorgt sie alle, öffnet seine fürsorgende Hand. Doch allem Leben setzt er eine Grenze. Der Psalm endet aber nicht mit unserer Vergänglichkeit, sondern mit der Gewissheit:

„Du machst neu das Antlitz der Erde." *Psalm 104,30b*

Zwischen Gott und Kommerz

Matthäus 21,12-17 **Montag, 7.**

Religiöses als Geschäftsmodell ist kein neuzeitliches Phänomen. Bereits vor 2000 Jahren zeigte sich der Standortvorteil direkt im Tempelbezirk als geschickte Marketingstrategie. Begegnet Jesus diesem Gebaren nun als eine Art Aktivist, der ein aufrüttelndes Zeichen gegen die zunehmende Profitorientierung setzen möchte? Sein demonstrativer Fingerzeig reicht noch weiter: Er zeigt sich als der verheißene Messias, der in sein Haus einzieht und das Prophetenwort aus Mal 3,1-2 erfüllt. Er reinigt den Tempel, um den

Zugang zu Gott wiederherzustellen. Blinde und Lahme erfahren Heilung und sind nicht länger ausgeschlossen. Kinder dürfen kommen und die Gemeinde Gottes wächst über ihre Grenzen (Jes 56,3-8).

„Denn durch ihn haben wir alle beide in einem Geist den Zugang zum Vater. So seid ihr nun nicht mehr Gäste und Fremdlinge, sondern Mitbürger der Heiligen und Gottes Hausgenossen." Epheser 2,18-19

Schein statt Sein

Matthäus 21,18-22 **Dienstag, 8.**

Erneut setzt Jesus ein prophetisches Zeichen: Der Messias kommt in seine Stadt und sucht am Feigenbaum, einem Sinnbild für das Volk Israel, nach Frucht. Doch die im Frühjahr üblichen Vorfeigen sind nicht zu finden. Selbst der Tempel gleicht einer „Räuberhöhle" (V. 13). Wie beim Sündenfall kaschieren Feigenblätter die nackte Blöße der Verfehlung. Verflucht muss der Baum nun bis ans Ende das bleiben, was er ist, nämlich fruchtlos. Dann wird Gott Berge ebnen und sich Israels erbarmen (Jes 49,11-13). Jesus wirbt für einen Glauben, der mehr ist als traditionelle Rituale. Er zielt auf eine Vertrauenshaltung, die Berge versetzen kann, wenn sie unser Beten und Handeln so bestimmt, dass sich Gottes Wille erfüllt.

„Bleibt in mir und ich in euch. Wie die Rebe keine Frucht bringen kann aus sich selbst, wenn sie nicht am Weinstock bleibt, so auch ihr nicht, wenn ihr nicht an mir bleibt." Johannes 15,4

Echt oder Mogelpackung?

Matthäus 21,23-27 **Mittwoch, 9.**

Ganz klar: Wie Jesus in Jerusalem auftritt, provoziert. Die religiöse und politische Elite wird nervös. Ob Falle oder ernstes Interesse: Sie stellen die Gretchenfrage nach seiner Autorisierung. Die Antwort darauf führt bis heute ins Epizentrum des Glaubens. Ist

Jesus Gottes Sohn, dann kann das nicht ohne Auswirkungen auf unser Leben bleiben. Diese Frage polarisiert: Wie stelle ich mich zu ihm? Das erfahren auch seine Gesprächspartner. Durch seine Gegenfrage müssen sie sich positionieren, denn Johannes war ein klarer Wegweiser hin auf den verheißenen Messias (Joh 1,29-34). Doch sie scheuen die Konsequenzen. So bleiben sie in ihrer Antwort diplomatisch vage und schließen sich selbst von einem Neubeginn aus.

„Er kam in sein Eigentum; und die Seinen nahmen ihn nicht auf. Wie viele ihn aber aufnahmen, denen gab er Macht, Gottes Kinder zu werden: denen, die an seinen Namen glauben.“ *Johannes 1,11-12*

Ja oder Nein?

Matthäus 21,28-32 **Donnerstag, 10.**

Jesus ist im Gespräch mit Hohepriestern und Ältesten. In Israel sind sie hoch angesehen. Zöllner und Huren hingegen werden verachtet. Beide Gruppen entsprechen je einem der Söhne im Gleichnis. Beide fordert Gott (der „Mann“) auf: Gehe in den Weinberg! Doch keiner der Söhne ist von vornherein gehorsam. Der eine sagt „Nein“, der andere tut „Nein“. Als Wegbereiter für Jesus rief Johannes der Täufer die Menschen auf, zu Gott umzukehren (Buße zu tun) und sich von Gott in Dienst nehmen zu lassen. Der Begriff dafür heißt „Nachfolge“. Die Liebe zu Gott drückt sich in der Liebe zum Nächsten aus, der meine Hilfe benötigt. Jesus verdeutlicht das im „Doppelgebot der Liebe“ (Mt 22,37-40). Die Frage, die Jesus zu Beginn des Gleichnisses stellt, erfordert meine Antwort: Wem gleiche ich? Denen, die nur „Ja“ sagen, oder denen, die das „Ja“ leben?

„Was nennt ihr mich ‚Herr, Herr‘, und tut nicht, was ich euch sage?“
Lukas 6,46

An der Schwelle zu Neuem

Matthäus 21,33-46 **Freitag. 11.**

Im Weinberg-Gleichnis erzählt Jesus Gottes Geschichte mit Israel. Gott selbst gründet und bewahrt es wie einer, der voller Liebe und mit großen Investitionen einen Weinberg anlegt. Dann übergibt er die Verantwortung an Priester, Älteste, Könige (die Pächter). Immer wieder sendet Gott Boten zu seinem Volk, um die erwartete „Frucht" einzufordern: Israel soll aus Liebe und mit der Tat Gott zugewandt sein. Doch die Verantwortungsträger gehen mit den Boten um, wie Jesus es im Gleichnis beschreibt. Dann schickt der Herr seinen Sohn. Jesus spricht von sich und von seinem Ende am Kreuz. Die Ablehnung Gottes wird Israel das Gericht bringen, das 70 n. Chr. zur Zerstörung Jerusalems führte. Gleichzeitig kommt Gottes Reich (der Weinberg) zu den Heiden (V. 41). Nun sind wir es, die Gott nach der „Frucht" fragt, nach Liebe und Frieden (Gal 5,22).

„Und ich ... will euer Gott sein und ihr sollt mein Volk sein."

3. Mose 26,12b

Komm zum Fest des Lebens!

Matthäus 22,1-14 **Samstag. 12.**

Wir gehen davon aus, dass Gott mit dem „König" und Jesus mit dem „Sohn" gemeint sind. Zu aller Zeit ruft Gott Menschen zu sich, zu seinem Fest: zuerst Israel (V. 3-4), dann die Völker (V. 8-11), „Gute und Böse". Sicher ist: Der Festsaal wird voll besetzt werden. Bei aller Unterschiedlichkeit haben alle eines gemeinsam: das Festgewand. Ohne hochzeitliche, saubere Gewänder kann nicht mitgefeiert werden. Hier wird deutlich auf das „neue Kleid" angespielt, das durch den Tod von Jesus am Kreuz von allem Schmutz befreit, reingewaschen ist (Offb 7,14). Deshalb wird der Ruf zum Glauben, zu einem Leben mit Christus oft auch mit einem Kleiderwechsel verdeutlicht. „Zieht den Herrn Jesus an!" (Röm 13,14), – oder: „Ihr alle, die ihr auf Christus getauft seid, habt Christus angezogen!" (Gal 2,27). Es stimmt: „Kleider machen Leute!"

„Erneuert euch ... und zieht den neuen Menschen an, der nach Gott geschaffen ist ...!“ *Epheser 4,23.24a*

Wochenspruch
Unser Glaube ist der Sieg, der die Welt überwunden hat.
1. Johannes 5,4c

Gottes Wege sind gute Wege

Psalm 25 **Sonntag, 13.**

Der Beter beeindruckt durch sein tiefes Vertrauen zu Gott und sein intensives Bitten um Hilfe. Er befindet sich in einer verzweifelten Lage: Er wird von Feinden verfolgt, die ihn ohne Grund hassen; da steigen Jugendsünden in ihm auf, die er als Schuld erkennt und bekennt. Er ist einsam; die Angst schnürt ihm fast die Kehle zu. Vers 4 fasst alle seine Bitten zusammen: Er sucht bei Gott für sich den richtigen Weg, weil er weiß und schon erfahren hat, dass Gottes Wege gut sind, ihn nicht in die Irre führen. Sein Vertrauen auf Gott und seine Wegweisung wird ihn nicht enttäuschen. Der Beter weiß, dass er in Gott einen großartigen Freund hat, der ihn nicht hängen lässt. Und deshalb sieht er gespannt nach oben, um genau mitzubekommen, wie Gott ihn aus all den Netzen ziehen wird, die ihn jetzt so sehr gefangen halten.

„Er führt mich auf rechten Wegen und verbürgt sich dafür mit seinem Namen.“ *Psalm 23,3b (NGÜ)*

Worauf es ankommt: Gott Herr sein lassen

Matthäus 22,15-22 **Montag, 14.**

Jesus soll eine Falle gestellt werden. Die Frage ist nicht nur ausgedacht. Ob ein gottesfürchtiger Jude wirklich dem Kaiser gegenüber steuerpflichtig ist, darüber gibt es unterschiedliche Meinungen. Fanatischen Eiferern für das Reich Gottes ist die Herrschaft des Kaisers ein Dorn im Auge. Es handelt sich also nur scheinbar um eine Gewissensfrage. Wenn die Münze das Bild des Kaisers trägt, hat er Anspruch darauf. Gott aber erhebt Anspruch auf das, was sein Bild trägt – und das sind wir Menschen. Entscheidend ist, wie die Frage „ersten Ranges“ beantwortet wird: Ob wir Gott geben, was ihm gehört. Von da aus lassen sich die Fragen der vergänglichen Welt dann verantwortungsbewusst und gelassen beantworten. Ob Gott die ihm gebührende Ehre erhält, entscheidet sich nicht allein am Umgang mit geprägten Münzen.

„Ob ihr nun esst oder trinkt oder was ihr auch tut, das tut alles zu Gottes Ehre.“ 1. Korinther 10,31

Doppelter Irrtum

Matthäus 22,23-33 **Dienstag, 15.**

Beim zweiten Streitgespräch liegt der Fall anders. Die Sadduzäer kommen mit keiner Frage aus dem Alltag, sondern mit einer fantasiereichen Idee für eine theologische Diskussion. Vielleicht wollen sie Jesus auch lächerlich machen. Das Ganze baut jedoch auf einem Irrtum auf. Zum einen fehlt die Kenntnis des Wortes Gottes, zum anderen das Wissen um die göttliche Kraft. Hier wird versucht, Gott und seine Offenbarung aus den eigenen Vorstellungen heraus zu erklären. Das Richtige ist aber, Gottes Weisung zu hören und seiner schöpferischen Macht zu vertrauen. Auch dann ist „die Auferstehung der Toten und das ewige Leben“ immer noch eine Herausforderung für unser Denken und Vorstellen, aber kein Problem für Gott. In der Gegenwart des lebendigen Gottes gibt es nur Leben.

„Jesus sah sie an und sprach: Bei den Menschen ist's unmöglich, nicht aber bei Gott; denn alle Dinge sind möglich bei Gott.“ Markus 10,27

Jesus als Gott lieben und ehren

Matthäus 22,34-46 **Mittwoch, 16.**

Ermutigt durch die Antwort, die Jesus gibt, wagt ein Schriftkundiger eine weitere Frage. Diesmal geht es um das Verhältnis, das Jesus zum Gesetz hat. Fragen dieser Art an Jesus tauchen in verschiedenen Varianten häufiger auf. Die Antwort müsste der Fragesteller längst kennen (siehe Lk 10,27). Die Lösung liegt in der Liebesbeziehung zu Gott, nicht im richtigen Verhalten. Alles entscheidet sich an der Liebe zu Gott, nicht an einzelnen Taten. Jesus stellt nun umgekehrt eine Frage; doch diese wollen bzw. können die Pharisäer nicht wirklich beantworten. Wer ist Jesus – Mensch und/oder Gottes Sohn? Ihre Antwort ist nur halb richtig, weil sie die göttliche Herkunft von Jesus bestreiten. Entscheidend ist, ob Jesus der Christus ist, uns von Gott zum Erlöser und Herrn gegeben.

„Als Mensch aus Fleisch und Blut ist er ein Nachkomme von König David. Durch die Kraft des Heiligen Geistes wurde er von den Toten auferweckt; so bestätigte Gott ihn als seinen Sohn …“

Römer 1,3b-4a (HfA)

So nicht unter euch!

Matthäus 23,1-12 **Donnerstag, 17.**

Am Beispiel der Pharisäer und Schriftgelehrten verdeutlicht Jesus wichtige Aspekte der Nachfolge. Er bestätigt überraschend die Autorität der Schriftgelehrten in ihrer Schriftauslegung. Auf sie ist zu hören, aber an ihrem Leben soll man sich nicht orientieren; da widerspricht das Leben der Lehre. Wie kennzeichnet Jesus den typischen Pharisäer von damals (und heute)? Eine nach außen gekehrte Frömmigkeit, eine zur Schau getragene „Eitelkeit“, hinter der das Vertrauen zu Gott und die Wertschätzung der Menschen weit zurückbleiben. Steile Forderungen an andere, erbärmliche persönliche Umsetzung. Im Umgang mit anderen zählen zudem nicht angemaßte Posten oder Titel, sondern nur ein dienendes Verhalten, das fördert und ermutigt. Wer sich dabei aber seiner eigenen Demut rühmt, steht sich damit selbst im Weg.

„Niemand suche das Seine, sondern was dem anderen dient."
1. Korinther 10,24

Außen hui und innen pfui!

Matthäus 23,13-28 **Freitag, 18.**

Redegewandt und seriös in ihrem Auftreten stelle ich mir die Leute vor, an die sich Jesus hier wendet. Sie haben durch ihr Wissen und ihre Stellung eine große Verantwortung für andere Menschen. Jesus stellt sich dieser geistlichen Elite ausgesprochen hart und scharfzüngig entgegen. „Wehe euch!", so droht er. Wagt es nicht, eure Macht weiter zu missbrauchen! Wer Verantwortung trägt, muss sich dieser stellen und danach suchen, ihr gerecht zu werden. Es ist kein Leichtes, in seinem Herzen aufrichtig zu bleiben, das Recht zu sehen und danach zu handeln, wenn man Einfluss gewinnt. In der Kommunität Zionsberg beten die Schwestern regelmäßig für einzelne politische und kirchliche Verantwortungsträger. Ein stilles Zeugnis, sich nicht mit herrschenden Umständen abzufinden, sondern glaubend die Herzen zu bewegen.

„Wohl den Menschen, die dich für ihre Stärke halten und von Herzen dir nachwandeln!"
Psalm 84,6

Wann werden wir sehen?

Matthäus 23,29-39 **Samstag, 19.**

Wer einmal die heiligen Stätten Jerusalems besucht hat, wird die große Dichte biblischer Geschichte gespürt und geatmet haben. Gleichzeitig spürt man die Spannung zwischen den Konfessionen und Religionen, welche die Orte für sich allein beanspruchen – alles höchst verstörend. In der Gemengelage mit weltpolitischen Interessen wird Jerusalem immer wieder zum Pulverfass, was befürchten lässt, dass die Aussage „Euer Haus soll euch wüst gelassen werden" jederzeit erneut in greifbare Nähe rücken könnte. Es scheint tatsächlich so zu sein, dass die Menschheit blind ist für das Friedensreich Gottes, solange sie Christus nicht erkennt. Seine

Klage über Jerusalem ist die Klage darüber, dass der Mensch nur sich selbst sieht und nur seine eigene Wahrheit kennt. Aber Jesus lässt nicht ab, sein Volk zu sammeln, uns zu sich zu versammeln.

„Und als er nahe hinzukam und die Stadt sah, weinte er über sie."
Lukas 19,41

Wochenspruch
Dies Gebot haben wir von ihm, dass, wer Gott liebt, dass der auch seinen Bruder liebe. *1. Johannes 4,21*

Geschenktes Leben

Psalm 16 **Sonntag, 20.**

Was kommen einem bei dem Wort „Erbteil" doch für wunderbare Bilder in den Sinn. Ein Haus, ein kleines Vermögen, ein schönes Kunstwerk oder ein schickes Auto. Alles Dinge, mit denen sich das Leben gut genießen lässt, ohne etwas dafür getan zu haben. Ganz anders bei David. Er lässt ein Lied erklingen, welches von der Bedeutung Gottes in seinem Leben singt. Er begreift das Leben an sich als Erbe, weiß sich unverdient in Gottes Hand. Und er weiß auch, dass ein bewusster Umgang mit diesem Erbteil nötig ist, damit es seinen Wert entfaltet. Aus Vertrauen, Glauben, Gebet und dem Fragen nach Gottes Ratschluss wird der Weg durch dieses Leben erst sichtbar. Ein Weg, der sicher nicht immer einfach ist, aber an dem er sich freut, auf dem er zuversichtlich vorangeht. Weil er weiß, dieses Leben ist ein Geschenk.

„Wer mein Wort hört und glaubt dem, der mich gesandt hat, der hat das ewige Leben ..." *Johannes 5,24b*

Das Buch Hiob

Das Buch Hiob gliedert sich in eine Rahmenerzählung (1–2+42), drei Wechselreden zwischen Hiob und seinen Freunden (4–23), eine Sammlung von Klagen und Anklagen Hiobs (3+29–31), die Rede des Elihu (32–37) und zuletzt in zwei Gottesreden (38–41). Nirgends sonst in der Bibel wird so intensiv nach Grund und Sinn des Leidens gefragt wie hier. Hiobs Worte erinnern an Klagepsalmen, gehen aber weit darüber hinaus; sie werden zu massiven Anklagen gegen Gott und zur Nötigung, sich direkt zu persönlichem Leid zu erklären. Die Freunde vertreten das alte Weisheitsschema eines Zusammenhangs zwischen Tat und Folge, Tun und Ergehen. Wer leidet, muss vorher gesündigt haben. Hiob ist sich keiner Schuld bewusst und lässt sich auch keine Schuld einreden. Die Freunde reagieren mehr und mehr aggressiv und reden so an Hiobs Fragen vorbei. Hiob antwortet zuletzt nicht mehr auf Elihus Versuch, das Leid als Erziehungshandeln Gottes zu verstehen. Hiob will von Gott selbst Klarheit bekommen, da die Freunde ihre Sichtweise als Gottes Antwort darstellen. Später wird Gott zornig, weil „sie nicht richtig von mir geredet haben" (42,7). Sie meinten, über Gottes Handeln genau Bescheid zu wissen. Ihre ständigen Versuche, Hiobs Lage gegen den Augenschein entsprechend ihrer Lehre umzuinterpretieren, zeigt, wie unmenschlich gut gemeinter „Trost" sein kann.
Hiob wird von Gott rehabilitiert, die Frage nach dem Leid bleibt offen. Er erkennt aber, dass wir oft von der Voraussetzung ausgehen, als könnten wir Menschen Gottes Tun in begreifbare, handhabbare Regeln fassen – und dass die von Gott gesetzte und beherrschte Ordnung der Schöpfung viel mehr umfasst als menschliche Einzelschicksale.
Im Buch Hiob geht es nicht um Gottes Liebe, sondern um seine Macht über das Leid und den ohnehin begrenzten Spielraum des Satans. Auch wenn uns vieles unklar bleibt, ermutigt das Hiobbuch dennoch zum Vertrauen auf Gott.

Unfassbares Leid

Hiob 1,1-22 **Montag, 21.**

Was für ein Drama! Da verliert ein Mensch seine Kinder auf einen Schlag, seinen Besitz auf drei Schläge. Alles weg. Von einem Moment auf den anderen. Was für eine unfassbare Tragödie! Und was für ein Himmelsdrama! Da müssen wir sogar hinter die Kulissen blicken und sehen, wie der Teufel um die Seelen schachert und das Misstrauen auch noch im Himmel verbreitet. Niemand kann das verstehen. Eins aber nehmen wir doch aus diesem Himmelsblick mit: Alles muss an Gott vorbei! Nichts gleitet ihm letztlich aus der Hand. So unlösbar die Frage nach dem „Warum" bleibt – das Leid hat eine letzte Grenze: Gottes Kraft selbst. Ich konnte nicht wie Hiob mitten in unsagbarem Leid aufrecht bleiben. Da ist mir Hiob ein herausforderndes Vorbild; er versteht nichts und betet dennoch: „Der Herr hats gegeben – und genommen!"

„Sogleich schrie der Vater des Kindes: Ich glaube; hilf meinem Unglauben!" *Markus 9,24*

Lebensleid

Hiob 2,1-10 **Dienstag, 22.**

Sei getrost, es kommt noch schlimmer! Kennen Sie solche Situationen? Man meint, schon alles habe sich über einem zusammengebraut, und jetzt auch das noch! Wieder lässt der Widersacher Gottes in der Himmelsversammlung seinem Groll freien Lauf. Nie hat er genug. Hin und her durchstreift er die Erde und sammelt widerliche Eindrücke. Jetzt schüttet er sie aus. Und scheinbar wehrt ihm niemand, auch Gott nicht. Doch halten wir aus diesem dramatischen Himmelseinblick fest: Gott leidet mit. Ohne Grund wird Hiobs Leben zerstört; das lässt Gott nicht kalt. Hiob wird bleiben, selbst in Schutt und Asche sitzend. Er wird an Gott festhalten. Doch Gott wird nicht an sich selbst festhalten. Er wird sich loslassen, wird sich selbst zermalmen lassen, um alles Leid, alle Schuld, allen Schutt dieser Erde ans Kreuz zu tragen. Er wird am Kreuz alle Warums aushalten.

„Mein Gott, mein Gott, warum hast du mich verlassen?“

Markus 15,34b

Geteiltes Leid

Hiob 2,11–3,26 **Mittwoch, 23.**

Das sind gute Freunde! Geteiltes Leid ist halbes Leid, so sagen wir. Als die Freunde von Hiob hören, kommen sie. Sie sind informiert. Sind wir das auch, wenn es um Not und Leid anderer geht? Sie nehmen sich Zeit, haben einen langen Atem. Sieben Tage schweigen sie, weil es Hiob so schlecht geht. Was für eine zerreißende Stille. Wie unerträglich mag das wohl innerlich gewesen sein. Aber sie haben durchgehalten. Geduld ist der rote Faden der Seelsorge. Sieben Tage, damals die Zeit einer Totenklage. Die Freunde zerreißen ihre Kleider, weil es ihnen angesichts des Unglücks Hiobs das Herz zerreißt. Und Hiob schreit sein Leid hinaus. Die Klage bricht aus ihm heraus, und sie findet die richtigen, harten Worte. Kein Frieden, keine Rast, keine Ruhe (3,26), so sieht es in ihm aus. Und das darf raus, gerade vor Gott.

„Hoffet auf ihn allezeit, liebe Leute, schüttet euer Herz vor ihm aus; Gott ist unsre Zuversicht.“ *Psalm 62,9*

Schlecht erklärtes Leid

Hiob 4,1-21 **Donnerstag, 24.**

Das Hiobbuch fasziniert mich. Es dokumentiert kapitellang sogar Schwachsinnsreden. Nachdem die Freunde sieben Tage geschwiegen haben, haben sie jetzt umso mehr Rededruck. Der erste, Elifas von Teman, traktiert unbekümmert sein Thema: Wer Böses erlebt, muss Schuld in seinem Leben haben. Falsch! Aber über Jahrtausende wird es tausendmal wiederholt. Wie viele Freundinnen und Freunde haben uns das schon ins Stammbuch geschrieben. Und wie oft hat unser Herz uns schon zugeflüstert oder vorgeschrien: „Was habe ich nur falsch gemacht, dass mich das so trifft?“ Biblische Antwort im Hiobbuch: „Nichts!“ Damit bleiben das Leid und alles Unverständliche dieser Welt unverständlich. Es ist aber auch nicht aufrechenbar mit dem, was ich falsch mache. Wie entlastend!

„Jesus antwortete: Es hat weder dieser gesündigt noch seine Eltern, sondern es sollen die Werke Gottes offenbar werden an ihm."
Johannes 9,3

Leidlich erklärtes Leid

Hiob 5,1-27 **Freitag, 25.**

Wer lange redet, spricht deshalb noch lange nichts Gutes. Immer noch hat Elifas nicht recht, wenn er wortreich erklärt, warum sich Hiob in einer so grausigen Lage befindet. Er sieht nicht: Es gibt keine Antwort auf die Warum-Frage. Doch selbst mitten in solch selbstgefälligen Reden falscher Tröster verbirgt sich auch der Trost der guten Botschaft Gottes. Hier scheint sie mehrmals auf – und tröstet mich im Blick auf alles, was heute so auf mich zukommt an Schwierigem und Bösem, erwartet und unerwartet. Bei Gott ist meine Sache am besten aufgehoben, er kann alles ändern (V. 8+9). Gott kehrt alle sonst geltenden Maßstäbe um: Reiche verkümmern, Arme werden reich an Hoffnung (V. 11-16). Und es wird eine Zeit kommen, in der „deine Hütte Frieden hat". Das Leid hat nie das letzte Wort, auch heute nicht.

„Gelobt sei der Herr täglich. Gott legt uns eine Last auf, aber er hilft uns auch."
Psalm 68,20

Ein Herz für die Armen!

Hiob 6,1-30 **Samstag, 26.**

Hiob ist schwer enttäuscht. Er hatte von seinem Freund Elifas Trost erhofft, Ermutigung, Aufbauendes für seine schreckliche Lage. Stattdessen hat der nichts anderes getan, als ihm Vorwürfe zu machen. Diese lieblose und anklagende Rede macht die Verzweiflung Hiobs nur noch größer. Aber dabei belässt er es nicht:

Statt sich auf die besserwisserischen Vorschläge des Freundes einzulassen, dreht Hiob den Spieß um und sieht seine Freunde im Unrecht. Sie sollen umkehren! Und er fügt hinzu: „Wer seinem Nächsten Barmherzigkeit verweigert, der gibt die Furcht vor dem Allmächtigen auf“ (6,14). Das sollen sich alle die sagen lassen, auch heute, die nur mit dem erhobenen Zeigefinger herumlaufen. „Barmherzig sein“ heißt, ein Herz für die Armen haben. Darum geht es, wenn Menschen am Boden liegen.

„Denn wer sich selbst erhöht, der wird erniedrigt werden, und wer sich selbst erniedrigt, wird erhöht werden.“ *Lukas 18,14b*

Wochenspruch
Heile du mich, Herr, so werde ich heil; hilf du mir, so ist mir geholfen. *Jeremia 17,14*

Die Rettung

Psalm 22,1-22 **Sonntag, 27.**

Hier spricht sich einer vor seinem Gott aus, den es schwer getroffen hat. Er weiß sich von Gott verlassen, und das ist schrecklich. Verlassen sein, heißt verloren sein. Aber er gibt nicht auf und schreit Gott entgegen: „Warum hast du mich verlassen?“ Er bleibt ein Beter und hört nicht auf, um Rettung zu bitten. Dieses Gebet verbindet Hiob und Jesus. Es lässt erkennen, dass auch ein Hiob nicht allein ist in seinem Leiden. Aber der Psalm lässt auch erkennen, von wem allein Hilfe zu erwarten ist. Die Leidensgeschichte von Jesus im Neuen Testament ist voll von Anklängen an Psalm 22. Den Eingangsschrei (V. 2) nimmt Jesus in seiner Todesstunde auf. Ihm ist geholfen worden; er ist von den Toten auferweckt worden. Seitdem gilt: Wer sich zu Jesus bekennt, ist nicht verloren. Hier nicht und in Ewigkeit nicht.

„Gott aber sei Dank, der uns den Sieg gibt durch unseren Herrn Jesus Christus!“ *1. Korinther 15,57*

Kein erhobener Zeigefinger!

Hiob 8,1-22 **Montag, 28.**

Hiob ist am Boden zerstört wegen des Leides, das ihm widerfahren ist. Er sucht Trost. Darum wird er mit stillen Erwartungen der Rede seines Freundes Bildad entgegengesehen haben. Aber was tut auch dieser Freund? Statt Hiob zu trösten und aufzubauen, sucht er nach Gründen für sein Leiden. Haben etwa die Söhne Hiobs Schuld auf sich geladen? Oder war da etwa bei Hiob selbst eine verborgene Schuld? Auf jeden Fall will er Hiob einprägen, dass er Gott nicht vorwerfen darf, dass er ungerecht richtet. Wo Leid ist, da muss auch eigene Schuld sein! Leider gibt es solche Vorwürfe auch unter Christen heute. Der erhobene Zeigefinger verhindert den Arm um die Schulter. Dabei ist es doch so: Leid lässt sich nicht immer erklären. Oft kann man nur beten: „Herr, ich verstehe dich nicht, aber ich vertraue dir“ (Basilea Schlink).

„Und führe uns nicht in Versuchung, sondern erlöse uns von dem Bösen.“ *Matthäus 6,13a*

Nicht aufgeben!

Hiob 9,1-35 **Dienstag, 29.**

Es kommt, wie es kommen musste. Hiob fühlt sich völlig missverstanden. Sein Freund Bildad hatte vermutet, dass Hiobs Leid nicht von ungefähr kommt. Da musste Schuld dahinterstecken. Statt zu trösten, macht er alles nur noch schlimmer. Das wird nun deutlich! Mit unglaublicher Ehrlichkeit wagt es Hiob, dem lebendigen Gott sein Leid zu klagen, ja, ihn anzuklagen und seine eigene Ohnmacht zu beklagen. Was stehen doch für tief menschliche Sätze in der Bibel! Wie tröstlich, dass auch solche Anklagen zum Gebet gehören! Aber wirklich tröstlich ist: Hiob gibt nicht auf. Er hofft auf einen Vermittler, der ihm vor Gott Gerechtigkeit widerfahren lässt. Im Neuen Testament erfahren wir, wer es ist. Jesus ist unser einziger Trost im Leben und im Sterben.

„Denn es ist ein Gott und ein Mittler zwischen Gott und den Menschen, nämlich der Mensch Christus Jesus, der sich selbst gegeben hat als Lösegeld für alle ..." *1. Timotheus 2,5-6a*

Jahreslosung 2019

„Suche Frieden und jage ihm nach!" (Psalm 34,15)

„So viel an euch ist, haltet mit allen Menschen Frieden!" (Röm 12,18)
Wie viel ist an uns? Einige Friedensschritte:
(1) Wer Versöhnung will, muss die Gräben kennen. Nur wo Trennendes gesehen und klar ausgesprochen wird, besteht Hoffnung auf mehr Miteinander.
(2) Zur Friedenssuche muss ich wissen, was auf der anderen Seite geglaubt, gehofft und gelebt wird, wo Ängste sitzen, Verletzungen schmerzen. Der Friedensweg ist oft so mühsam, weil wir so wenig voneinander wissen, gefragt oder nachgehakt haben. Die Folge: feste Feindbilder.
(3) Wer dem Frieden nachjagt, muss auch kritisch mit sich selbst und dem eigenen Lager umgehen. Wir sind oft „unfähig zu trauern", im eigenen Bereich umzukehren, Schuld einzugestehen. Wenn jeder immer nur Recht hat, keine Fehler macht, stockt jeder Friedensprozess. Sollten Christen, die von Gottes Vergeben leben, nicht freier sein zum Eingestehen von Schuld, Vorurteilen und Verurteilungen?
(4) Und wir müssen wissen, wer wir selbst sind, was wir selbst wollen, was uns wert ist und was nicht. Spannungen rühren oft daher, dass wir nicht genau wissen, was wir wirklich wollen. Um was geht es eigentlich beim Streit in der Familie, mit Nachbarn, mit anderen Völkern? Was macht Angst? Wenn wir das deutlich auszudrücken lernen, kann sich der andere darauf einstellen, sind wir in gutem Sinne kalkulierbar.
(5) Wer Frieden sucht, muss Fremde, Gegner, Feinde wertachten lernen. Ohne Gottes versöhnende Kraft bleiben wir im Sumpf von Feind-

seligkeiten. Wenn ich nur meine Sympathie, Freundlichkeit und Nettigkeit habe, resigniere ich bald. Jesus ermutigt zur Feindesliebe und bietet sich zugleich als lebendige Quelle der Liebe an. Je mehr wir Versöhnung versuchen, umso schneller erleben wir unsere mangelnde Friedensfähigkeit. Deshalb lasst uns Jesus bitten um die Kraft zur Wertachtung des Feindes, um Vertrauensvorschuss gegenüber Fremden und Andersdenkenden. Wir brauchen den, der unser Friede ist.

FGu

In Untersuchungshaft

Hiob 11,1-20 **Mittwoch, 30.**

Als wäre Hiob in Untersuchungshaft – so hört sich die Rede des dritten Freundes an. Der bohrt gnadenlos darin herum, dass da irgendeine Schuld bei Hiob sein muss, die der Grund für sein Leiden ist. Er benutzt sogar eine gemeine Wenn-dann-Konstruktion: Wenn du deine Sünden bekennst, dann steht dir eine wunderbare Zukunft bevor. Das klingt wie das Sprichwort: „Mit Speck fängt man Mäuse." Aber da ist keine Maus, und hier vom Speck zu reden, ist grausam. Hiob lernt, dass ihm seine Freunde kein wirklicher Trost sind. Sie sind nur darauf aus, ihr Bild von Gottes Gerechtigkeit zu zementieren. Gott sei Dank wissen wir von einem Gott, der ein „glühender Backofen voller Liebe" (Luther) ist. Der verurteilt Hiob nicht. Der will nur eins: dass wir ihm die Ehre geben und Jesus Christus unser Leben anvertrauen.

„So halten wir nun dafür, dass der Mensch gerecht wird ohne des Gesetzes Werke, allein durch den Glauben." Römer 3,28

Gottes Weisheit ist höher als alles

Hiob 12,1-25 **Donnerstag, 31.**

Hiob setzt sich zur Wehr. Die Anklagen, die Zofar vorgetragen hat, sind nichtig angesichts der Weisheit Gottes. Dass Gott anders denkt und handelt als in dem schwarz-weißen Weltbild seines Freundes, lehrt schon ein Blick auf die geschaffene Welt. Vieh,

Vögel und Fische zeigen, dass Gottes Gedanken höher sind als unsere Vorstellungen. Auch die unbelebte Schöpfung und die Geschichte lehren, dass Gottes Handeln nicht in menschlichen Gedankengängen zu erfassen und zu erklären ist. Seine Weisheit und Allmacht überragen alles. Er allein kann erhöhen und erniedrigen, in seiner Hand allein liegt unser Schicksal. Für Hiob ist diese Erkenntnis die Zuflucht gegenüber allen Anklagen. Der Blick auf Gott allein gibt ihm die Kraft zum Weiterleben und Weiterhoffen.

„Niemand betrüge sich selbst. Wer unter euch meint, weise zu sein in dieser Welt, der werde ein Narr, dass er weise werde.“ 1. Korinther 3,18

Monatsspruch November
Aber ich weiß, dass
mein Erlöser lebt.
Hiob 19,25

Hoffnung über den Tod hinaus

Hiob 14,1-22 **Freitag, 1.**

Ganz grundlegend rechnet Hiob hier ab. In immer neuen Bildern beschreibt er die Vergänglichkeit des Lebens. Voller Unruhe ist es, gefährdet, zerbrechlich. Damit bleibt er ganz im Rahmen der Weisheitsdichtung, die auch in anderen Kulturen zu finden war. Dennoch ist hier etwas grundlegend anders. Hiobs Gegenüber ist Gott selbst. Ihm kann er klagen, was ihn betrübt. Gott, Herr über Leben und Tod, sieht ihn, den Einzelnen. Er herrscht zugleich über das Totenreich. Und so erwacht – noch zaghaft – die Hoffnung auf ein Leben über den Tod hinaus. Dass dies kein natürlicher Vorgang ist, weiß er. Doch bei Gott ist kein Ding unmöglich. Das hält Hiob aufrecht im Wissen um seine Grenzen und die Erfahrung von Schuld und Leid.

„Aber ich weiß, dass mein Erlöser lebt, und als der Letzte wird er über dem Staub sich erheben. Nachdem meine Haut noch so zerschlagen ist, werde ich doch ohne mein Fleisch Gott sehen." Hiob 19,25-26

Vertrauen auf Gott selbst

Hiob 19,1-22 **Samstag, 2.**

Hiobs Freunde haben sich als falsche Tröster erwiesen. Sie sehen die ganze Schuld für sein Elend allein bei Hiob. Doch der dreht in seiner Verzweiflung den Spieß herum. Gott selbst ist es, der ihn in die Enge getrieben hat, der ihn wie in einem Jagdnetz gefangen hat. Noch einmal klagt er eindrücklich sein Leid und das Unrecht, das ihm widerfahren ist. Er weiß sich als unschuldig und steht so klagend und anklagend vor Gott. Doch dann wendet sich sein Ton: Gott, der ihn verfolgt wie einen Feind, ist doch sein Erlöser. Daran klammert sich Hiob mit allem, was er ist. Weder in sich selbst noch in den Worten seiner Freunde findet er Gewissheit und Kraft zur Hoffnung und neuem Vertrauen. Gott selbst wird ihm zu seinem Recht verhelfen. In dieser Gewissheit bündelt sich die Botschaft des Buches Hiob.

„Ich harre des Herrn, meine Seele harret, und ich hoffe auf sein Wort."
Psalm 130,5

Wochenspruch
Es ist dir gesagt, Mensch, was gut ist und was der HERR von dir fordert: nichts als Gottes Wort halten und Liebe üben und demütig sein vor deinem Gott. *Micha 6,8*

Die Treue und Schönheit Gottes

Psalm 19 **Sonntag, 3.**

Wie eine glänzende Medaille so besteht der Text aus zwei klar unterschiedenen Abschnitten. Beide Seiten sind wunderschön gestaltet. Aber nur gemeinsam entfalten sie den vollen Glanz des Gotteslobes. Im ersten Teil wird die Schönheit der Schöpfung beschrieben. Das Universum ist erfüllt von Gottes Herrlichkeit. Besonders gewaltig zeigt sich dieser Glanz im Siegeszug der Sonne über das Himmelszelt. Genauso strahlend und schön ist Gottes Gesetz, die gute Weisung für sein Volk. Diese Worte Gottes zeigen den Weg zu gutem, gerechtem Leben. Doch selbst dort, wo der Mensch gegen Gottes Willen schuldig wird, darf er vertrauensvoll mit der Bitte um Vergebung zu ihm kommen. Denn Gottes Treue zeigt sich an allen Stellen: in der Schöpfung, in seinem Wort, in seiner persönlichen Zuwendung. Er ist der Fels, auf den wir bauen können.

„Herr, unser Herrscher, wie herrlich ist dein Name in allen Landen!"
Psalm 8,10

Ein Spiegel der Gerechtigkeit

Hiob 31,1-40 **Montag, 4.**

Hiobs letzte Rede fasst seine Klage vor Gott noch einmal zusammen. Er empfindet, dass ihm niemand beisteht und ihn verteidigt. So meldet er sich selbst zu Wort. Stück um Stück entfaltet er, was es heißt, gut und gerecht zu leben. Er hat für die Armen und Schwachen gesorgt, sein Gut mit allen geteilt, niemanden abgewiesen. Er hat Fremde aufgenommen, sogar für seine Feinde gebetet. Seine Fehler hat er zugegeben und im Frieden mit seiner Umwelt gelebt. Es ist, als ginge Hiob hier Punkt um Punkt einen Beichtspiegel durch. Auffällig ist dabei die starke Betonung sozialer Gerechtigkeit. Das Ergebnis dieser Selbstprüfung ist klar: Hiob steht vor Menschen und Gott gerecht da. Jetzt bleibt ihm nur noch, auf Gottes letztgültiges Urteil zu warten und zu hoffen, dass er ihn auch gerecht richten wird.

„Denn das Gesetz ist durch Mose gegeben; die Gnade und Wahrheit ist durch Jesus Christus geworden.“ *Johannes 1,17*

Reden zur rechten Zeit

Hiob 32,1-22 **Dienstag, 5.**

Ich sehe den zornigen jungen Mann vor mir. Er platzt schier vor Ungeduld. Dabei war doch eigentlich schon alles gesagt (Hi 31,40; 32,1). Und es war so fruchtlos gewesen! Vor allem müsste jetzt Gottes Antwort kommen. Trotzdem hat Elihu gewartet, wie es sich gehört. Es wäre äußerst unhöflich gewesen, die Älteren nicht ausreden zu lassen. Aber er weiß auch: Letztlich liegt es nicht am Alter, ob man etwas zu sagen hat, sondern am Geist Gottes (V. 8). Jetzt ist der Augenblick da. Elihu sagt, wie er sich fühlt. Er bringt die Sache auf den Punkt: Die Freunde spielen sich als Richter auf, obwohl sie Hiob nicht widerlegen können. Manchmal muss man sagen, „was das Rechte ist“ (V. 9). Und manchmal sind es die Jungen, die etwas zu sagen haben! Elihu bedeutet: Mein Gott ist er (allein) – fassen wir Mut mit Elihu!

„Ein jeder Mensch sei schnell zum Hören, langsam zum Reden, langsam zum Zorn.“ *Jakobus 1,19b*

Dein bin ich, o Gott

Hiob 38,1-11 und 40,1-5 **Mittwoch, 6.**

Hiob litt, klagte, forderte Gott heraus, wollte die Anklage hören, die gegen ihn vorzubringen war. Wie konnte Gott ihn so behandeln, wo er sich doch nichts hatte zuschulden kommen lassen? Er sah sich im Recht und Gott im Unrecht, ja sogar als seinen Feind. Und Gott antwortet tatsächlich! Doch ganz anders, einerseits schockierend befremdlich, andererseits mit souveräner Ironie. „Weißt du, kannst du, warst du dabei? Du bist ja so klug!" Das Zurechtweisen, das Besserwissen Hiobs ist das Problem (40,2). Das ganze Universum legt Zeugnis für Gott ab. Alles gehört zu Gott, auch das unbegreifliche Leiden ist da hineingewoben, geborgen in seiner Hand. Das Schweigen am Ende ist nicht resigniert, sondern das Ja, dass nichts aus Gottes guter Hand fällt.

„Gott, der Herr, der Mächtige, redet und ruft der Welt zu vom Aufgang der Sonne bis zu ihrem Niedergang. Unser Gott kommt und schweiget nicht." *Psalm 50,1+3a*

Gott kennenlernen

Hiob 40,6–41,3 und 42,1-6 **Donnerstag, 7.**

Da ist nun also die lang ersehnte Antwort Gottes. Ist sie das? Hiob hatte das Recht Gottes und damit Gottes Freiheit infrage gestellt – nämlich an ihm zu handeln, wie er es getan hatte. Hiob hatte nur den Angriff auf sich selbst gesehen. Deshalb musste die Antwort völlig anders ausfallen als erwartet. Gott erläutert nicht, wie sein Wille zu verstehen sei und warum er das Leiden zulässt. Überhaupt keine Theorie! Vielmehr fordert er Hiob extrem heraus. Diese Rede ist härter, bedrohlicher als die erste. Nicht nur das Geordnete (griech. „Kosmos") und Erhabene, sondern auch das Urgewaltige und Beängstigende, das die Grenzen des Vorstellbaren überschreitet (der Leviatan), ist in Gottes Hand. Was bekommen wir schon hin? So ist auch das rätselhaft Schwere in Gottes Hand. Es ist nicht immer Strafe für Sünden – so viel ist sicher.

„Es ist alles durch ihn und zu ihm geschaffen." *Kolosser 1,16b*

Echt Freund sein

Hiob 42,7-9 **Freitag, 8.**

Hiobs Freunde haben alles so deutlich wie möglich vorgebracht, was man (damals) theologisch korrekt sagen konnte. Genau das ist am Ende das Problem. Sie hören Hiob im Grunde überhaupt nicht zu, nehmen nicht wirklich Anteil. Sie wissen viel über Gott, wenden sich aber nicht für ihren Freund und mit ihm zusammen an Gott. Ihr Rechthaben, ihre Theologie wird zum Ausdruck ihrer Teilnahmslosigkeit, ja sogar ihrer zynischen Menschenverachtung. Der, der durch das tiefe Tal des Leidens geht, braucht nicht so sehr Erklärungen als vielmehr das teilnehmende „Mit-Leiden", das Dasein der Freunde, vielleicht ohne viele Worte. Theologische Richtigkeiten können tief verletzen. Ob das Leid eine Prüfung ist, kann nur jeder für sich selbst entscheiden. Es kommt nicht darauf an, das Leid zu verstehen, sondern im Schauen auf Gott zu bestehen.

„Freut euch mit den Fröhlichen, weint mit den Weinenden."

Römer 12,15

Offen für Gottes Wirken

Hiob 42,10-17 **Samstag, 9.**

Ja, es ist ein Happy End! Wir wissen auch, dass viele so etwas nicht erleben. Aber das ganze Buch trägt die Botschaft: Der Schmerz, der Zweifel, die an Gott gerichtete (An-)Klage müssen nicht unterdrückt werden. Im Gegenteil. Die Erlösung ist noch nicht vollkommen da, die ganze Kreatur wartet sehnlich darauf (Röm 8,19). Achten wir darauf, wann Gott das Geschick Hiobs wandte: „als er für seine Freunde bat". Vielleicht war es nur ein unaussprechliches Seufzen (Röm 8,26). Aber er öffnete sich aus der Selbstbezogenheit, die ihn in sich selbst verschloss, die ihn selbstgerecht und abweisend machte für Gottes wunderbares

Wirken im ganzen Universum. Die Wende geschieht, als Hiob von sich wegsehen lernt. Das segnet Gott, das kommt in dem doppelten Glück und der überreichen Erstattung seines Wohlstands zum Ausdruck.

„Die Schöpfung ist ja unterworfen der Vergänglichkeit ... doch auf Hoffnung." *Römer 8,20*

Wochenspruch

Siehe, jetzt ist die willkommene Zeit, siehe, jetzt ist der Tag des Heils! *2. Korinther 6,2b*

Gott gehört das Lob

Psalm 22,23-32 **Sonntag, 10.**

Mitten in allen Leid-Erfahrungen hat hier ein Mensch seinen Gott als Tröster und Helfer kennengelernt. Deshalb verspricht er mit Nachdruck, diesen Gott vor den Menschen zu rühmen, damit alle Geschlechter – früher, heute und morgen (V. 28-32) – ihn anbeten werden. Hatte er in der ersten Hälfte des Psalms noch über das Leid und die Gottesferne geklagt (V. 2), so schlägt ab V. 23 alles um in Lob, Anbetung und Dank. Auch wir können es heute erleben, dass in allen Tiefschlägen unseres Lebens keiner allein bleiben muss. Jesus selbst hat am Kreuz erlebt und erfahren, dass Gott zu ihm steht, ihn nicht verlässt, sondern dass er ihn durchträgt. Wir dürfen darum bitten, dass Jesus in schweren Zeiten auch unsere Tränen abwischt und unseren Mund wieder zum Lob Gottes auftut.

„Dich will ich preisen in der großen Gemeinde, ich will mein Gelübde erfüllen vor denen, die ihn fürchten." *Psalm 22,26*

Der Prophet Nahum

Nahum (= Tröster) ist Zeitgenosse Jeremias unter König Josia (639–609 v. Chr.). Im Unterschied zu Jeremia hat Nahum nur ein Ereignis im Blick: Er kündet den Untergang Ninives an (1,1), Hauptstadt der damaligen Weltmacht Assyrien, was auch 612 v. Chr. eintritt. Er ist somit ein Heilsprophet für Juda: „Ninive ist verwüstet; wer will Mitleid mit ihr haben?“ (3,7). Gott selbst hatte einst die Assyrer über sein ungehorsames Volk kommen lassen. Er ist es aber auch, der sein Volk von den brutalen und gierigen Assyrern befreit (1,12 f.; 2,13 f.; 3,1.4 f.). Babylon wird Ninive erobern. Kein noch so mächtiges Reich wird ewig bestehen können, denn Gott, Schöpfer der Welt, lenkt auch die Geschichte der Völker (1,2-10). Und er lenkt sie so, dass die bei ihm Zuflucht finden, die auch in Zeiten großer Not auf ihn vertrauen (1,7). Nahum ruft Juda schon auf: „Feiere deine Feste ... es wird der Arge nicht mehr über dich kommen; er ist ganz ausgerottet“ (2,1). Vermutlich deshalb ein Psalm am Anfang.

Einmal ist Schluss!

Nahum 1,1-14 **Montag, 11.**

Ninive, Zentrum des damaligen Weltreichs Assyrien, am Tigris gegenüber dem heutigen Mossul im Norden des Irak gelegen. Assyrien, die brutalste Macht im Vorderen Orient, erobert 722 v. Chr. das Nordreich Israel, belagert 701 v. Chr. Jerusalem, herrscht grausam bis hinab nach Ägypten. 612 v. Chr. wird Ninive von den Babyloniern erstürmt und dem Erdboden gleichgemacht. Nahum kündigt den Leuten in Juda dieses Geschehen als göttliche Rettungstat an. Ein Loblied (V. 2-8) besingt die überlegene Macht Gottes. Seit Langem lässt er Ninive wegen Unmenschlichkeit und Verherrlichung seiner Führer als Götter ermahnen, jetzt ist damit aber Schluss. Worte wie Vergeltung, Rache, Zorn, Grimm benennen diesen Endpunkt. Eigentlich ist er ein gütiger Gott, ein Helfer in Not (V. 7), zugleich eifert er um die Anerkennung als einziger Gott und barmherziger Herr.

„Der Herr ist gütig und eine Feste zur Zeit der Not und kennt, die auf ihn trauen.“ *Nahum 1,7*

Raum zum Leben und Feiern

Nahum 2,1-14 **Dienstag, 12.**

Eine Friedensbotschaft und der Aufruf zur Freude stehen am Anfang. Mit dem „Argen“ (V. 1) könnte König Assurbanipal gemeint sein, dessen Tod 627 v. Chr. den Niedergang Assyriens einläutet. Eindrücklich malt Nahum den Untergang Ninives. Die glänzenden Rüstungen und Kriegswagen nützen nichts mehr, der Hofstaat wird verschleppt, die gewaltsam eroberten Schätze gehen verloren, wer kann, flieht, kein Ruf hält sie auf. Wie eine Löwenfamilie hatte Assyrien gewütet und ausgebeutet (V. 12-14). Das ist nun vorbei. Gott gibt seinem Volk wieder Raum zum Leben, zum Feiern, zu neuer Treue. Das verweist uns auf den Sieg von Jesus am Kreuz. Alles, was niederdrücken will, hat seine Kraft verloren. Alles, was uns ängstigt, kann im Licht von Ostern überwunden werden. Deshalb darf schon heute gefeiert und zuversichtlich gelebt werden.

„[Du] übergibst mich nicht in die Hände des Feindes; du stellst meine Füße auf weiten Raum.“ *Psalm 31,9*

Menschliches Tun wird vor allen aufgedeckt

Nahum 3,1-19 **Mittwoch, 13.**

Kapitel 3 verstärkt nochmals das ganze Ausmaß des Untergangs von Ninive. Neu ist, dass Assyrien nicht nur durch Gewalt und Blutvergießen groß geworden ist, sondern auch durch Täuschung und verführerische Verlockungen (Hurerei) im Umgang mit anderen Völkern. Alle sehen sich von Ninive betrogen, keiner hat Mitleid, niemand will Ninive helfen oder trösten. V. 8 erinnert an den Fall von Theben (No-Amon), dem heutigen Luxor. Seine günstige Lage am Wasser und seine Macht über Ägypten und Äthiopien halfen nichts, als es 663 v. Chr. die Übermacht Assyriens erlebt. Jetzt ergeht es Ninive ebenso. Wie groß der Hass der ausgebeuteten Länder auf Assyrien ist, zeigt die Schadenfreude über Ninives Absturz (V. 19). Gott handelt, indem er die Machtgier und Brutalität vor aller Welt aufdeckt (V. 5-7).

„Gott lässt sich nicht spotten. Denn was der Mensch sät, das wird er ernten.“ *Galater 6,7b*

Der Prophet Obadja

Obadja ist mit 21 Versen die kürzeste Schrift des Alten Testaments. Sie enthält keine Gerichtsworte gegen Israel, wohl aber gegen Edom. Von Obadja (= Knecht Jahwes) und seiner Zeit wissen wir nichts Genaues. Da sich die Gerichtsworte (V. 1-14) teilweise auch in Jer 49 finden und V. 11 auf die Zerstörung Jerusalems durch Nebukadnezar 586 v. Chr. hindeutet, ist am ehesten an sein Reden als Prophet um 580 v. Chr. zu denken. Die Edomiter sind Nachfahren Esaus, also mit Jakob/Israel verwandt, aber häufig tief verfeindet (V. 10). Sie leben in gebirgiger Gegend südöstlich des Toten Meeres (Felsenstadt Petra). Edom, zunächst an einer antibabylonischen Koalition beteiligt, zeigt sich später schadenfroh über den Untergang Jerusalems, verfolgt Flüchtende aus Juda oder liefert sie sogar aus (V. 14). Nun fällt ihr Verhalten (V. 10-16) wie ein Bumerang auf sie zurück. Am „Tag des HERRN über alle Heiden“ wird Gott Israel wiederherstellen, die Gefangenen aus dem Exil zurückrufen, aber alle anderen Völker vernichten (V. 17-21).

Verrat unter Verwandten

Obadja 1-11 **Donnerstag, 14.**

Das Gerichtswort gilt den Edomitern, den Nachfahren Esaus. Jakob und Esau waren Brüder – wegen der Erstgeburtsfrage aber verfeindet. Dennoch bleiben sie Verwandte. Das meint Verantwortung, Beistand, Hilfe füreinander. Doch Edom steht Juda gegen Babylon am Anfang des 6. Jahrhunderts nicht bei, unterstützt die Feinde sogar, demonstriert offen seine Freude über den Untergang Jerusalems 598 und 587 v. Chr. Hochmut und Stolz über Judas Niederlage wird ihnen zum Verhängnis. Sie halten sich im Felsengebiet östlich des Toten Meeres und in der Felsenstadt Petra für unbesiegbar. Doch Gott wird sie erreichen am „Tag des Herrn". Jubeln wir über die militärischen Verluste, den wirtschaftlichen Niedergang, die Krisen anderer Völker oder sind wir in der Fürbitte um Frieden für all diese Staaten und ihre Machthaber vor Gott vereinigt?

„So ermahne ich nun, dass man vor allen Dingen tue Bitte, Gebet, Fürbitte und Danksagung für alle Menschen." *1. Timotheus 2,1*

Einführung ins Matthäusevangelium s. S. 75

Kein bitteres Ende

Matthäus 24,1-14 **Freitag, 15.**

Jesus beschreibt keine Idylle beim Anblick der schönen Stadt Jerusalem; er mahnt zur Wachsamkeit, da alles Schöne einmal zerbrechen wird, was 70 n. Chr. auch zeichenhaft für alle schon so geschah. Die Jünger fragen nach dem Ende dieser Welt. Jesus antwortet nicht mit spekulativen Andeutungen, sondern redet von den „Zeichen der Zeit" als reale Wirklichkeit. Es werden viele Menschen den Verführungen – und seien sie noch so fromm – nicht widerstehen können. Christen können „in die Enge getrieben" und verfolgt werden. Wer sich nicht von einer guten Gemeinschaft gehalten weiß, wird sein Vertrauen zu Gott verlieren und ins kalte Wasser der Lieblosigkeit fallen. Wer aber in den Fußspuren von Jesus bleibt, der braucht sich nicht an den Spekulationen des „Warum, Wann und Wie" zu beteiligen, sondern kann zielgerichtet glauben und leben.

„Wer aber beharrt bis ans Ende, der wird selig." *Matthäus 24,13*

Nicht zu übersehen

Matthäus 24,15-28 **Samstag, 16.**

Jesus kommt erneut sichtbar, für alle erkennbar wieder auf diese Erde! Das ist die tiefe, vertrauensvolle Hoffnung aller Glaubenden. Dennoch gibt es Fragen, Anfechtungen, Zweifel, denn viele „falsche Christusse und Propheten" haben zu allen Zeiten versucht, Menschen in die Irre zu führen. Doch Jesus führt seine Leute aus allen Ängsten heraus. Denn die selbst ernannten menschlichen Erlöser können nicht im Geringsten erfüllen, was Jesus anbietet: getrostes und geborgenes Leben mit Ewigkeitswert! Wer heute diesem Jesus sein Leben anvertraut, der braucht nicht ängstlich in die Zukunft sehen. Wir dürfen auf den wiederkommenden Herrn warten, der einmal alles neu machen wird. Sein Kommen wird nicht zu übersehen sein (V. 27). Dagegen werden die „Irrlichter der falschen Propheten" alle verglühen und nur Verwirrung und Verwüstung hinterlassen.

„Denn sehet, das Reich Gottes ist mitten unter euch." *Lukas 17,21b*

Wochenspruch

Wir müssen alle offenbar werden vor dem Richterstuhl Christi.
2. Korinther 5,10a

Ehre, wem Ehre gebührt

Psalm 115 **Sonntag, 17.**

Nicht uns, sondern dir alle Ehre! Warum: Deine Gnade, Vergebung und deine Treue, Verlässlichkeit allein geben uns Grund unter die Füße. Gottes Volk ist umringt von heidnischen Völkern und deren Göttern. Umso dringlicher erscheint eine geistliche Ausrichtung und Stärkung im Tempelgottesdienst. Die erste Strophe des Psalms kämpft für Gottes Ehre. Im Vaterunser beten wir bewusst: „Dein Name werde geheiligt." Wir hören auf, uns einen Namen machen zu wollen. Wir trauen Gott alle Macht im Kampf gegen Götzendienst, Gleichgültigkeit und Gottlosigkeit zu. Die zweite Strophe lädt Israel und uns zu neuer Hoffnung ein. Wer dem Herrn vertraut, tritt in den Segenskreislauf Gottes ein. Er wird seine Nähe und Durchhilfe erfahren. Mit anderen zusammen wollen wir nicht aufhören, ihn allein zu ehren und zu loben. Loben steckt an, Loben hilft zum Leben.

„Lobet den Herrn, alle Heiden! Preiset ihn alle Völker!" *Psalm 117,1*

Lichter aus – Spot an!

Matthäus 24,29-31 **Montag, 18.**

Eine kosmische Veränderung ungeahnten Ausmaßes wird stattfinden, wenn Jesus – der Menschensohn – erscheint. Physikalische Gesetze geraten ins Wanken. Die Lichter auf der Weltbühne verlöschen. Nur ein großer Strahler ist an und er ist allein auf Jesus gerichtet. Alle Menschen werden ihn sehen – zum Erschrecken der einen, zur Freude der anderen. Mit „Menschensohn" ist nach Daniel 7,13 der Weltenrichter gemeint. Himmlische Sendboten kündigen sein Kommen, sein Sichten und Richten mit Posaunen an. Aus allen Himmelsrichtungen, allen Völkern und Nationen werden seine Leute zusammengebracht. Keiner wird übersehen. Wer zu Jesus gehört, braucht sich nicht zu fürchten; er wird voll Dank sein Kommen begrüßen. Diese getroste Hoffnung sollte uns mutig nach vorne und nach oben blicken lassen, weil sich er – unser Erlöser – naht.

„... seht auf und erhebt eure Häupter, weil sich eure Erlösung naht."
Lukas 21,28b

Allzeit bereit!

Matthäus 24,32-44 **Dienstag, 19.**

Jesus verweist uns auf Zeichen der Zeit. Wenn der Saft in die Zweige des Feigenbaumes steigt, die Blätter sprießen, dann ist der Sommer nahe. Wenn wir die Zeichen seines Kommens bedenken, kann seine Wiederkunft jederzeit geschehen. Bis dahin fallen die Reaktionen so unterschiedlich aus wie zu Noahs Zeiten: Die einen leben weiter selbstgefällig, ohne an Gott zu denken, in den Tag hinein. Die anderen sind bereit, so auf sein Wort zu hören, dass sie es tun und seiner Zusage trauen. Sie wissen: Was Gott verheißen hat, das wird geschehen. Bereit sein, heißt für uns heute: Wir bleiben an Jesus, seinen Zusagen und seinen Orientierungen dran. Wir beteiligen uns nicht an fragwürdigen Spekulationen über das Ende der Zeit, sondern bleiben hellwach für seine Winke und Wegweisungen heute.

„Wachet und betet, dass ihr nicht in Anfechtung fallt! Der Geist ist willig; aber das Fleisch ist schwach.“ *Matthäus 26,41*

Nur treu – nur treu!

Matthäus 24,45-51 **Mittwoch, 20.**

Jesus vergleicht seine Mitarbeiter mit einem treuen und klugen Diener in einem großen Haushalt. Dieser hat die Aufgabe, gewissenhaft und treu und zur rechten Zeit Speisen und Getränke auszuteilen oder aufzutischen. Was Jesus uns in die Hände legt, sollen wir anderen weitergeben: sein Wort, sein Mahl, seine Gaben. Das ist unsere Verantwortung. Das Gegenbild des untreuen Dieners fordert zur Selbstbesinnung auf: Welche Rolle spielt Jesus und sein Kommen in meinem Alltag? Wo neige ich zu Lässigkeit oder Verschwendung? Wie gehe ich mit meinen Mitmenschen und Mitarbeitern Gottes um? Wer solche Anfragen zulässt, kann umkehren (Buße tun), bekennen (beichten) und den Mut machenden, befreienden Neuanfang durch Gottes Vergebung erfahren.

„Erforsche mich, Gott, und erkenne mein Herz; prüfe mich und erkenne, wie ich's meine. Und sieh, ob ich auf bösem Wege bin, und leite mich auf ewigem Wege." *Psalm 139,23-24*

Bereit sein

Matthäus 25,1-13 **Donnerstag, 21.**

Sind wir bereit? Besser gefragt: Rechnen wir damit, dass Jesus wiederkommt? Wer fest davon ausgeht, also tatsächlich ernst nimmt, was Gott sagt, der wird sich auch danach ausrichten. Der Bibeltext heute will uns wachrütteln für das, was Gott will. In der Bergpredigt (Mt 5–7) gibt Jesus Handlungsimpulse dafür. Er geht ganz selbstverständlich davon aus, dass Christen sich in dieser Welt von anderen Menschen unterscheiden und etwas bewirken. Anders gesagt, dass sie einen Kontrast bilden zu landläufigen Überzeugungen und Lebensweisen der gesellschaftlichen Mehrheit. Wer nur mit der Masse mitrudert, den würde Jesus wahrscheinlich als „töricht" bezeichnen. Er erzählt das Gleichnis, damit niemand die offene Tür in sein himmlisches Reich verpasst. Er lädt uns ein, den Blick erwartungsvoll zu heben, wenn wir im Alltag zu versinken drohen.

„Jesus trat zu ihnen, rührte sie an und sprach: Steht auf und fürchtet euch nicht!" *Matthäus 17,7*

Mach was draus!

Matthäus 25,14-30 **Freitag, 22.**

Mal angenommen, wir haben alle Möglichkeiten, um in dieser Welt etwas zu bewirken. Müsste es dann auf Erden nicht anders aussehen? Vielleicht bleibt deshalb vieles so, wie es ist, weil zu viele Menschen nicht mit dem arbeiten, was Gott von Anfang an in sie hineingelegt hat. Natürlich bleibt niemand absichtlich hinter dem zurück, was für ihn vorgesehen ist oder was Gott ihm zutraut. Aber allzu leicht erliegt man den Stimmen, die flüstern: „Es gibt jemanden, der das besser kann", „Jemand anderes hat bestimmt mehr Zeit“ oder „Es gibt Leute, die haben sicher mehr Freude daran“. Und so bleibt alles beim Alten. Bei Jesus hat jedoch das Neue Vorrang. Deshalb: Denken wir neu über uns selbst nach. Gott traut uns mehr zu, als wir meinen. Wenn wir ihm das glauben, wird auch etwas daraus.

„Jetzt ist die Zeit gekommen, Gottes Reich ist nahe. Kehrt um zu Gott und glaubt an die rettende Botschaft!“ *Markus 1,15 (HfA)*

Jesus kommt wieder

Matthäus 25,31-46 **Samstag, 23.**

Das ist die gute Nachricht. Jesus kommt wieder, und er wird unterscheiden, was recht und unrecht ist. Er hält Gericht. Darüber müssen wir uns zum Glück nicht den Kopf zerbrechen, denn allein sein Urteil gilt. Diejenigen, die ihre Mitmenschen in ihren oft schwierigen Lebenssituationen wahrnehmen, ihnen dienen, etwas für sie tun, werden hier positiv hervorgehoben. Oft ist es keine große Sache, wenn es um Menschen geht, die sich in gleicher sozialer Stellung befinden, auf gleicher Stufe stehen wie man selbst. Aber was ist mit denen, die am Rande stehen; mit denen man keinen Blumentopf mehr gewinnen kann; für die es keinen Applaus zu ernten gibt? Das wirft die Frage auf, ob und wie wir handeln, wenn niemand zusieht. Täglich gibt es Gelegenheiten, etwas zu bewirken. Mit kleinen Dingen ist oft schon viel getan.

„Alles nun, was ihr wollt, dass euch die Leute tun sollen, das tut ihr ihnen auch!“ *Matthäus 7,12a*

Wochenspruch

Lasst eure Lenden umgürtet sein und eure Lichter brennen.
Lukas 12,35

Die Wende

Psalm 126 Sonntag. **24.**

Davon zu träumen, dass sich etwas grundlegend verändert, ist das eine – es tatsächlich mitzuerleben, gleicht einem Wunder. Wer hätte in den Achtzigerjahren schon damit gerechnet, dass Deutschland einmal wieder vereint sein könnte. Es war ein Wunder, als die Mauer fiel. Viele Menschen hatten dafür gebetet und die Wende wurde Wirklichkeit. In den Psalmen ist immer wieder etwas zu spüren von der Veränderung, die sich in den Betenden ereignet, wenn sie sich ganz in die Beziehung mit Gott hineinbegeben. Als das Volk Israel aus dem Exil zurückkehrte, war das ihre Wende, die sie Gottes Eingreifen verdankten. Gott greift ein. Daran will uns der Psalm erinnern. Damit zu rechnen, verändert unseren Blick und damit auch die Wirklichkeit.

„Gelobt sei Gott, der Vater unseres Herrn Jesus Christus, der uns nach seiner großen Barmherzigkeit wiedergeboren hat zu einer lebendigen Hoffnung durch die Auferstehung Jesu Christi von den Toten."

1. Petrus 1,3

Der Prophet Jesaja (Kap. 40–55)

605 v. Chr. lösen die Babylonier mit König Nebukadnezar die Assyrer als stärkste Macht im Vorderen Orient ab. Juda/Jerusalem wird 597 v. Chr. erobert, Teile der Ober- und Mittelschicht in die Babylonische Gefangenschaft vertrieben. Ein Befreiungsversuch aus den Fängen Babylons scheitert. Die Truppen Nebukadnezars erobern 586 v. Chr. Jerusalem erneut, zerstören den Tempel, beenden das Königtum; weitere Bevölkerungsteile werden nach Babylon deportiert.

Man hofft anfangs auf eine baldige Rückkehr, doch bald überwiegen Resignation und Trauer (Ps 137). Die babylonischen Götter scheinen stärker zu sein als Israels Gott. Doch die Nachfolger Nebukadnezars (gestorben 562 v. Chr.) sind schwach. Persien mit König Kyros wird immer stärker. In diese Situation hinein (ca. 550–540 v. Chr.) redet der Prophet; Gott lässt Neues ankündigen (43,14-21): Die Zeit der Gefangenschaft ist zu Ende, die Schuld ist vergeben (40,2). Es sind Worte des Trostes, der Ermutigung, der Zuversicht. Der Prophet wird zum Seelsorger an resignierten, müden, verzweifelten Israeliten.

Der Prophet ruft zum Aufbruch aus dem Exil auf (48,20), darum die vielen Worte, in der Wüste einen Weg in Richtung Jerusalem vorzubereiten (40,3; 41,18; 43,19). Diesen befreienden Neuanfang schafft Gott durch den heidnischen Perserkönig Kyros, den er zu seinem Werkzeug bestimmt für den zweiten Exodus der Geschichte Israels nach dem Auszug aus Ägypten (44,24–45,6).

Kyros besiegt 539 v. Chr. die Babylonier; wenig später gibt er den jüdischen Gefangenen die Freiheit, sie können nach Jerusalem zurückkehren.

Der Prophet zeigt die Nichtigkeit aller anderen Götter, er spottet kräftig über die „Götzenmacher" (44,9-20; 45,16; 47,20 f.; 46,5-7). Zugleich betont er, dass Gott nicht nur der Gott Israels ist, sondern der Gott aller Völker; nicht nur der Erlöser Israels, sondern der Erlöser aller Welt (43,11 f.; 45,5-7.22-24). Israels Gott ist beides: Schöpfer und Erlöser.

Vier Abschnitte reden vom „Gottesknecht", den Gott zu einem besonderen Dienst beruft: 42,1-7; 49,1-6; 50,4-9; 52,13–53,12.

- Er wird das Licht Gottes zu den Heiden bringen (42,1.4.6; 49,6; 52,15).
- Er wird Verachtung, Schmerzen und einen gewaltsamen Tod erleiden (50,6; 53,3 ff.).
- Er wird nicht umsonst arbeiten, leiden und sterben, sondern stellvertretend die Schuld der „Vielen" (= aller Menschen) auf sich nehmen und wegtragen (49,3 f.; 53,10-12).

Der stellvertretende Tod Jesu am Kreuz und die Heidenmission leuchten hier bereits auf.

Wieder bei Trost

Jesaja 40,1-11 **Montag, 25.**

Ein revolutionärer göttlicher Beschluss als Anfangswort des Exilpropheten an die Gefangenen in Babylon: Schuldenerlass, Ende des Exils! Der zweite Jesaja-Teil beginnt mit einem „Lauf-Feuer" vom Himmel zur Erde! Alle sind aktiv. Wer befiehlt was an wen? Wofür Straßen in der Wüste? Für die Rückkehr? Eins ist klar: Statt Gericht Gnade, statt Ende Neuanfang: „Tröstet, tröstet mein Volk", spricht euer Gott! Da ist sie wieder, die alte Bundesformel: „Ich euer Gott – ihr mein Volk." Die Zerstörung von Jerusalem und Tempel (587 v. Chr.) war nicht Gottes letztes Wort. Wer sagt: „Der ist nicht ganz bei Trost", meint: Der ist nicht ganz dicht; da ist etwas kaputt. „Wieder-bei-Trost-Sein" meint: Da ist jemand heil geworden, Lebensrichtung, Durch- und Überblick stimmen wieder. Trösten heißt Heilen, Ganzmachen, Aufrichten, Zukunft eröffnen.

„Ich, ich allein bin euer Tröster." *Jesaja 51,12a*

Der Götze wackelt

Jesaja 40,12-25 **Dienstag, 26.**

Eine neue Zeit ankündigen, die große Freiheit verheißen – solche Parolen lassen sich leicht auf Plakate drucken. Aber Ankündigen heißt noch nicht Umsetzen. Vor allem: Wer soll das denn schaffen? Erinnern an früher, hilft da wenig. Wie kann der Prophet die Gefangenen gewinnen, dem Beschluss Gottes und seiner Realisierung zu vertrauen? Die Erinnerung an Gottes frühere Taten schießt angesichts der machtvollen Götter Babylons zu kurz. Der Argumentationsrahmen muss größer sein. Er findet ihn im Aufblick zu Gott, dem Schöpfer, der keine Ratgeber braucht, der allem Geschaffenen weit überlegen ist – und im Spott über die mühsam gezimmerten Götzenbilder, die man befestigen muss, damit sie nicht wackeln. Was vergängliche Menschen schaffen, verdorrt, verfliegt im Wind. Da steckt keine dauerhafte Schöpferkraft dahinter!

„Der Herr ist hoch über alle Völker … Wer ist wie der Herr, unser Gott …?“ *Psalm 113,4a.5a*

Nicht schlapp machen. Kopf hoch!

Jesaja 40,26-31 **Mittwoch, 27.**

Kampf gegen eine Haltung, die nach unten sieht, die von Gott zu klein denkt. Der Buchtitel „Dein Gott ist zu klein“ stimmt. Wenns schwer wird, reduzieren wir Gott oft auf unser Maß, grenzen ihn ein. Doch Gott ist immer noch größer. Wir sind müde und erschöpft, also wird es Gott auch sein. Wenn ich nicht aktiv bin, ist Gott arm dran. Wer soll den Karren denn ziehen?! Luther sagt: Während ich mein „wittembergisch Bier trinke, geht Gottes Werk weiter“. Gott ist anders. Wir werden müde – Gott nicht. Wir stoßen an Grenzen – Gott nicht. Seine Gedanken und Wege sind höher als unser Denken und Planen. Also weg mit der Kleinkariertheit! Seht nach oben! Gott zeigt uns seine Sternenwelt wie damals Abraham (1Mo 15,5) und weitet uns so Kopf und Herz! Vertraut dem Gott von Ostern, der Tote lebendig macht und tief Resignierte neu zum Aufsehen, Aufstehen und Laufen bringt.

Der Herr … wird nicht müde noch matt.“ *Jesaja 40,28b*

Gott schreibt Geschichte

Jesaja 41,1-7 **Donnerstag, 28.**

Wie in einer Gerichtsverhandlung ruft Gott die Völker herbei und spricht Recht. Damit ist für alle sichtbar: Er hat die Dinge in der Hand, nicht die handgemachten Götter der Völker (V. 7). Worte voller Hoffnung müssen das für die Israeliten gewesen sein: In den Wirren der Geschichte ist es der Gott Israels, der regiert. Die Verse 2-3 spielen auf einen Blitzkrieg des Perserkönigs Kyros 550 v. Chr. an. Selbst hier hat Gott die Fäden in der Hand. Wir können Gottes Handeln in der Geschichte oft nicht eindeutig erkennen. Dennoch spannt sich die Perspektive der Hoffnung auch über unser Leben: Gott schreibt Geschichte. In unserer Welt und in unserem Leben. Am Anfang unseres Lebens steht er. Und am Ende ist er da, wenn unsere letzten Tage angebrochen sind. Gott schreibt Geschichte. Wo entdecke ich seine Handschrift in meinem Leben?

„Ich bin der Erste und der Letzte und der Lebendige!“
Offenbarung 1,17b.18a

Gott nimmt die Lebensangst

Jesaja 41,8-13 — Freitag, **29.**

Was nimmt die Angst und trägt unser Leben? Sicher keine platten Durchhalteparolen: „Alles wird gut!“ Es gibt Dinge, die nicht gut werden. Es gibt Angst, die bleibt. Gegen Angst hilft nur, dass einer da ist, der stärker ist. „Fürchte dich nicht, ich bin mit dir!“ Das sind Worte gegen die Angst. Nicht weil sich alle Lebensangst in Luft auflöst, sondern weil Gott da ist und unsere kleine Hand in seiner großen Hand ist! Dass Gott uns erwählt, begleitet, festhält in allem Auf und Ab, das trägt. Das ist die Grunderfahrung Israels und durch Jesus gilt es auch für uns: Wir gehören zu Gott wie ein Knecht zu seinem Herrn. Wir sind voraussetzungslos angenommen, erwählt wie Jakob, trotz allem was uns trennt von Gott. Wir sind Freunde Gottes wie Abraham (V. 8). Darauf zu vertrauen, lässt uns fröhlich und getrost vorwärtsgehen.

„Nicht ihr habt mich erwählt, sondern ich habe euch erwählt ...“
Johannes 15,16a

Den Herzschlag Gottes hören

Jesaja 41,14-20 — Samstag, **30.**

In diesen Worten hören wir den Herzschlag Gottes: Er lässt den nicht im Stich, der am Ende ist. Der „Wurm“ als Bild für Israel ist der Inbegriff der Hilflosigkeit. Zudem passt ein Wurm als unreines Tier nicht zum heiligen Gott. Gerade solchen Menschen wendet sich Gott zu. Für diejenigen ist er da, die keine Hoffnung haben. Er löst uns los aus dem, was uns in uns selbst gefangen hält. Das ist der Herzschlag Gottes. In Jesus hat er gezeigt, dass sein Herz für uns schlägt. Wenn Gott handelt, geschieht, was keiner für möglich hält: Durch Gottes Kraft überwindet Israel die Berge der Hoffnungslosigkeit (V. 15-17). Mit den Bergen unseres Lebensweges lässt Gott uns nicht allein. Unseren Durst nach Leben kennt er (V. 18). Für welche Berge brauchen wir im Moment sein Versprechen: „Ich helfe dir!“ (V. 14)? Wie tröstlich, dass er Berge versetzen kann (Mt 17,20)!

„Fürchte dich nicht, glaube nur!“ *Markus 5,36b*

Monatsspruch Dezember

Wer im Dunkel lebt und wem kein Licht leuchtet, der vertraue auf den Namen des Herrn und verlasse sich auf seinen Gott.

Jesaja 50,10 (E)

Wochenspruch
Siehe, dein König kommt zu dir, ein Gerechter und ein Helfer.
Sacharja 9,9b

Gott loben – kurz, aber ehrlich!

Psalm 117 **1. Sonntag im Advent, 1.**

Das ist der kürzeste Psalm im Alten Testament. Das Gotteslob braucht nicht viele Worte, keine endlosen Lieder, wenn es ehrlich ist und von Herzen kommt. Es fällt auf, dass Israel nicht erwähnt wird. Das bedeutet aber nicht, dass Israel außen vor ist. Im Gegenteil, dort wird das Lob Gottes vorausgesetzt. Der Sänger riskiert einen weiten Blick in die Zukunft. Er sieht alle Völker über alle Schranken, Gegensätze und Klassen hinweg vereint im Lob des lebendigen Gottes. Noch proben wir „solo“, aber das gemeinsame Konzert wird kommen, wenn Gott sein Reich auf Erden aufrichtet. Warum können wir Gott loben? Weil seine Gnade und Treue an jedem Morgen neu ist – neu für uns da ist. Gnade bedeutet: Es kommt nicht auf meine Leistung an, sondern nur auf Gottes Erbarmen. Seine Liebe ist größer als mein Verhalten.

„Ich habe dich je und je geliebt, darum habe ich dich zu mir gezogen aus lauter Güte.“ *Jeremia 31,3b*

Der seelsorgerliche Gottesknecht

Jesaja 42,1-9 **Montag, 2.**

Dies ist der erste von vier Texten bei Jesaja, die vom „Gottesknecht“ reden. Der „Gottesknecht“ handelt in Gottes Auftrag. Ab jetzt gelten neue Maßstäbe. Er wird das schon Geknickte nicht zerbrechen, das nur noch Flackernde nicht auslöschen, er wird behutsam aufrichten und nicht strafen. Gott hat sich eine heilsame Horizonterweiterung vorgenommen. Sein Heilshandeln zielt auf alle Völker, nicht nur auf Israel. Wer ist mit dem „Gottesknecht“ gemeint? Christen glauben, dass in Jesus Christus diese Verheißungstexte Wirklichkeit geworden sind. Das Evangelium ist durch Jesus auch zu uns gekommen. Wir können im Glauben erfahren, dass Jesus – das Licht der Welt – auch unserem Leben neuen Glanz verleiht.

„Blinde sehen, Lahme gehen, Aussätzige werden rein und Taube hören, Tote stehen auf, Armen wird das Evangelium gepredigt; und selig ist, wer sich nicht an mir ärgert“. *Lukas 7,22b.23*

Fürchte dich nicht!

Jesaja 43,1-7 **Dienstag, 3.**

Nach Krieg und Verbannung ist jetzt der Zeitpunkt für das neue Reden und Handeln Gottes mit seinem Volk gekommen. Israel braucht nicht mehr in panischer Angst zu fliehen, wird bei Gott Schutz finden. Mit dem Wort „erlösen“ ist gemeint, dass Gott sein Volk freikauft, alle Schulden für Israel übernimmt. Wir sind durch Jesus freigekauft, er, der Unschuldige, zahlt für uns Schuldige. Israel kann sich jetzt, gestützt auf Gottes Zusage, zurück in sein Land aufmachen. Auch wenn es auf dem Weg Gefahren geben wird (Wasser/Feuer), gibt Gott die Kraft, diese Bedrohung zu meistern. Für Menschen von heute hat Dietrich Bonhoeffer diese Gewissheit so formuliert: „Ich glaube, dass Gott uns in jeder Notlage so viel Widerstandskraft geben will, wie wir brauchen.“

„Denn ihr wisst, dass ihr nicht mit vergänglichem Silber oder Gold erlöst seid ..., sondern mit dem teuren Blut Christi als eines unschuldigen und unbefleckten Lammes.“ *1. Petrus 1,18-19*

Jahreslosung 2019

„Suche Frieden und jage ihm nach!" (Psalm 34,15)

„Jagt dem Frieden nach!" – „Verfolgt die Gastfreundschaft!"

„Haltet Frieden!" „Übt Gastfreundschaft!" Diese Übersetzungen drücken nicht wirklich aus, was Psalm 34,15 bzw. was Paulus in Röm 12,13 beabsichtigen. Die Worte „nachjagen", „verfolgen" zielen auf ein ganzes Engagement und auf etwas, das mit allen Kräften erreicht werden soll. Das war übrigens der Grund, warum wir uns 2016 bei der Tagung der „Ökumenischen Arbeitsgemeinschaft für Bibellesen" (ÖAB) nach viel Abwägen und Beten für diese Jahreslosung 2019 entschieden haben (Ich habe als Vertreter des CVJM daran mitgewirkt): Um Frieden und Gastfreundschaft muss man sich mühen, und diese Mühe kostet Kraft. Trotz Rückschlägen und Enttäuschungen gilt es dranzubleiben. Unser Problem ist die „Friedesunwilligkeit". Der Wille zum Gespräch, zu friedlichem Streit ist bei vielen unterentwickelt – aus Bequemlichkeit, aus fragwürdigem Harmoniebedürfnis, aus Angst, doch keine überzeugende Meinung zu haben? Proteste für Frieden in der Welt, unser Engagement im Großen bleiben unglaubwürdig, wenn wir im Kleinen, in unserer nächsten Umgebung den Streit um den Frieden nicht wagen, üben und durchhalten.

Friedensarbeit wird konkret u. a. in der Gastfreundschaft (Röm 12,13 u. ö.). Paulus weiß um die Tendenz, sich abzukapseln, das Eigene zu sichern, Fremdes abzuwehren. Die Begegnung mit anderen Generationen, mit anderen Kulturen und Weltanschauungen fordern uns heraus, die Angst vor dem Fremden zu überwinden, der Abkapselungstendenz zu widerstehen. Paulus ermutigt: Setzt euch an einen Tisch! Hört einander zu! Versucht zu verstehen, warum andere so denken und handeln. Schafft eine Atmosphäre der Wertschätzung, wo andere sich trotz Meinungsverschiedenheit als Gast, als Freund erleben.

Gottes Friede ist nicht defensiv, abwehrend, ausgrenzend, sondern offensiv, einladend. Haben wir unsere Herzen, Hände, Arme, Türen, Räume schon genügend geöffnet für Friede und Gastfreundschaft?

FGu

Vertrauenswürdig

Jesaja 43,8-13 **Mittwoch, 4.**

Man kann spüren, wie Gott um seine Menschen ringt. Er ruft die, die an ihn glauben, auf, seine Zeugen zu sein, nicht weil er uns als Zeugen nötig hätte, sondern um zu zeigen, dass er im Gegensatz zu allen anderen Göttern vertrauenswürdig ist. Konkret zeigt sich das da, wo Gott Rettung ankündigt und dann auch rettet (V. 11-12)! Das können andere Götter nicht nachweisen, und so fehlen dann auch die Zeugen, die es bestätigen könnten. Weil Gott schon vor all den selbst gebastelten Göttern da war und auch nach ihnen immer noch da sein wird, deshalb können wir ihm vertrauen. Wem vertrauen wir uns an? Können die selbst gemachten Götzen, die Glück, Gesundheit und Sicherheit versprechen (Reichtum, Medizin, Versicherungen ...) am Ende wirklich helfen und befriedigen?

„Herr, wohin sollen wir gehen? Du hast Worte des ewigen Lebens; und wir haben geglaubt und erkannt: Du bist der Heilige Gottes.“

Johannes 6,68b-69

In Erinnerung

Jesaja 43,14-21 **Donnerstag, 5.**

Kurioserweise erinnert Gott Israel an seine Vergangenheit, um dann den Befehl auszusprechen, sich nicht an die Vergangenheit zu erinnern: „Gedenkt nicht an das Frühere und achtet nicht auf das Vorige!“ (V. 18). Wie passt das zusammen? Gott erinnert in V. 16-17 an die Befreiung aus Ägypten, an den Durchzug durchs Schilfmeer (2Mo 14). Auch wir sollten uns an das erinnern, was Gott für uns getan hat! Vermutlich will er Israel davor bewahren, dauernd nur an die Unterdrückung im Exil zu denken, weil er sie befreien will und etwas ganz Neues mit ihnen im Sinn hat. Die Frage ist: Worauf richten wir unseren Blick? Auf die aktuellen Schwierigkeiten oder auf den Erlöser, für den in unsren konkreten Situationen Unmögliches möglich ist, z. B. Wasserströme in der Wüste zu schaffen? In dieser gewissen Hoffnung sollten wir schon jetzt Gottes Ruhm verkündigen.

„Gedenke an den Herrn, deinen Gott ..." *5. Mose 8,18a*

Um Gottes Willen ... erlöst!

Jesaja 43,22-28 **Freitag, 6.**

Nicht erst bei Jesus, sondern schon hier im Alten Testament wird klar, dass fromme Werke (Opfergaben oder Ähnliches) nicht geeignet sind, um vor Gott als rein bestehen zu können. Gott vergibt und errettet, aber in Freiheit, nur aus seiner eigenen Entscheidung heraus. Um seinetwillen handelt er an uns! Deshalb steht in V. 25 am Anfang zweimal „ich" direkt hintereinander: Gott handelt, wir können nichts dazu beitragen. Schon hier, lange vor Jesus, wird klar, dass wir Gott mit unseren Sünden Mühe und Arbeit machen (V. 24). Sündenvergebung ist auch für ihn keine leichte Sache, und mir wird klar, dass ich das Thema nicht auf die leichte Schulter nehmen darf. In Jesus vollendet Gott seine Sündenvergebung und er ist bereit, dafür am Kreuz zu sterben.

„Denn aus Gnade seid ihr gerettet durch Glauben, und das nicht aus euch: Gottes Gabe ist es, nicht aus Werken, damit sich nicht jemand rühme." *Epheser 2,8-9*

Vertrauen einüben

Jesaja 44,1-8 **Samstag, 7.**

Ein Volk fern der Heimat, seiner Wurzeln beraubt, seiner Identität unsicher. Alte Gewissheiten und Prioritäten gelten nicht mehr. Das Bekenntnis zum einen Gott ist keine Selbstverständlichkeit mehr, Götzenanbetung allgegenwärtig. Doch Gott ringt um sein Volk: Er vergibt Israels Sünden und bekennt sich zu seinem Volk (Kap. 43), verweist auf seine Wunder und Verheißungen (V. 6-8) und zeigt die Unwirksamkeit der Götzen auf (V. 9 ff.). Vor allem aber entwirft er nun eine Vision des zukünftigen gemeinsamen Weges! Er spendet Leben (V. 3-4) und er schenkt Vertrauen (V. 5). Trotz aller Verfehlungen hat er keinerlei Zweifel – Israel wird sich zu ihm bekennen! Zusage und Vertrauen, auch und gerade, wenn der andere dies nicht zu verdienen scheint – sie sind eine bedenkenswerte Richtschnur auch für unser alltägliches Miteinander.

„Darum werft euer Vertrauen nicht weg, welches eine große Belohnung hat.“ *Hebräer 10,35*

Wochenspruch
Seht auf und erhebt eure Häupter, weil sich eure Erlösung naht. *Lukas 21,28b*

Das Geschenk des Gebets

Psalm 80 **2. Sonntag im Advent, 8.**

Wie schwer Vertrauen gerade in schwierigen Zeiten sein kann, zeigt dieser Psalm. Der Psalmbeter fühlt sich und sein Volk von Gott verlassen (V. 5-8). Die Vergewisserung von Gottes Zusagen und heilspendendem Handeln (V. 9-12) ist hierbei nur eingeschränkt hilfreich. Im Gegenteil: Die aktuellen Schwierigkeiten treten nur noch deutlicher zutage; er klagt Gott weiter an, den äußeren Feinden schutzlos ausgeliefert zu sein (V. 7.13.14). Doch es endet nicht beim Klagen, er fordert von Gott aktiv Hilfe und Unterstützung ein (V. 8.16-18) – Vertrauen beruht im besten Fall auf Gegenseitigkeit (V. 19). Gott nimmt uns das Durchleben schwerer Zeiten nicht ab, jedoch haben wir im Gebet die Möglichkeit, mit ihm gemeinsam zu klagen, fordern, hoffen, loben! Tiefes Vertrauen braucht diesen ehrlichen Dialog: Versuchen wir es!

„Der Gott der Hoffnung aber erfülle euch mit aller Freude und Frieden im Glauben, dass ihr immer reicher werdet an Hoffnung durch die Kraft des Heiligen Geistes.“ *Römer 15,13*

Wahre Macht

Jesaja 44,21-28 **Montag, 9.**

Wie schon in Psalm 80 angedeutet ist, wird das Land Israel zur Zeit des Alten Testamentes immer wieder zu einem Spielball der um die Vorherrschaft kämpfenden nahöstlichen Großmächte und ist diesen zumeist hilflos ausgeliefert. Umso erstaunlicher ist, dass die Juden ihr Schicksal tragen und den Zusammenhalt als Volk wahren können. Ihr „Geheimnis" ist ihre in dem einen Gott gegründete Identität: Wir sind sein auserwähltes Volk und er hat einen Plan für und mit uns! Schon die Vertreibung ins Exil war eine Konsequenz der Untreue Israels. Nun ermöglicht der allmächtige Perserkönig Kyros auf „Geheiß" Jahwes einen Neuanfang in Jerusalem (V. 28). Das heißt: Alles Heil und Unheil ist Teil von Gottes Plan; selbst die mächtigsten Herrscher sind nur seine Werkzeuge. Diese Perspektive macht demütig und stärkt zugleich! Eine gesunde Mischung!

„Du hättest keine Macht über mich, wenn es dir nicht von oben gegeben wäre." *Johannes 19,11a*

Erkennst du mich?

Jesaja 45,1-8 **Dienstag, 10.**

Es ist Gott, der dies alles tut! Gott hält Kyros in seiner Hand, macht ihn mächtig und verspricht Erfolg. In der Herrschaft des Kyros steht nicht dieser im Mittelpunkt, sondern Gott, der sich durch das Wirken des Kyros ihm und der Welt zu erkennen gibt: als Schöpfer, der seine Wege und die des Volkes Israel leitet. Was tut Gott alles in unserem Leben, wo entdecken wir ihn? In seiner Schöpfung, unserem Leben, in anderen Menschen und schließlich in Jesus selbst gibt er sich uns zu erkennen. Gott kommt auf die Erde, tritt in unser Leben, damit wir erkennen, wer er ist. Wir wollen in dieser Adventszeit bei allem, was uns blendet oder unsere Sicht versperrt, auf Gott blicken! Gott, der uns bei der Hand hält, unseren Namen ruft, bringt uns Heil und Gerechtigkeit.

„Das ist aber das ewige Leben, dass sie dich, der du allein wahrer Gott bist, und den du gesandt hast, Jesus Christus, erkennen.“

Johannes 17,3

Anders als gedacht

Jesaja 45,9-17 **Mittwoch, 11.**

Die Sehnsucht des Volkes Israel im Exil ist groß: Vertrieben aus dem Gelobten Land, weit weg vom Tempel in Jerusalem wollen sie zurück in ihr Land. Nun ist es so weit. Aber eine Rettung durch Kyros – ist das wirklich Gottes Weg für Israel aus dem Exil? Gottes Weg, auch mit uns, ist oft anders als gedacht. Auch wir kennen Zweifel, wenn es um Entscheidungen in unserem Leben geht, beherrscht von eigenen Wünschen, von Verbindlichkeiten und Erwartungen anderer, wenn es anders kommt als gedacht. Worauf setzen wir unser Hoffen? Gott verspricht Rettung, weiß, was gut für uns ist, hat uns ins Leben gerufen. Wenden wir uns in den Gefangenschaften unseres Lebens an Gott und gehen im Vertrauen auf ihn mutig weiter: Gott sorgt für uns!

„Verlass dich auf den Herrn von ganzem Herzen, und verlass dich nicht auf deinen Verstand, sondern gedenke an ihn in allen deinen Wegen, so wird er dich recht führen.“ *Sprüche 3,5-6*

Ein klares Bekenntnis

Jesaja 45,18-25 **Donnerstag, 12.**

Wer ist dein/unser Gott? Gerade im Exil, inmitten fremder Völker und Kulturen ist das die eine entscheidende Frage. Hält Israel an Gott fest und erinnert sich an seine Geschichte mit ihm? Zu welchem Gott bekennen sich die Völker? Gott ringt darum, dass die Menschen ihn erkennen, sich zu ihm bekennen. Er ist Schöpfer des Himmels und der Erde, den Menschen tief verbunden. Er steht zu seinem Wort und zeigt sich als gerechter Gott. Auch wir sind umgeben von verschiedenen Ansichten über Gott und die Welt, auf der Suche nach wirklicher Hilfe, nach irgendetwas, das bleibt. Denken wir daran, wer Gott ist, was er für uns getan hat und in unserem Leben tut! Er allein kann helfen, ist uns Rettung und Heil. Bleiben wir ganz bei ihm! Wir wollen erzählen von dem, der uns Hoffnung gibt, unsere Stärke ist und Heil in diese Welt bringt.

„Denn wo ist ein Gott außer dem Herrn oder ein Fels außer unserm Gott?“
Psalm 18,32

Am Ende kommt Gerechtigkeit nahe

Jesaja 46,1-13 **Freitag, 13.**

Die Wegführung nach Babylon war Gottes Gericht. Nun hofft Israel auf die babylonischen Götter. Aber deren riesige Götzenbilder müssen bei den Prozessionen mühsam hin- und hergetragen werden. Die Frage ist: Wer trägt hier eigentlich wen? Gott die Menschen oder die Menschen die Götter? Die Götzen werden Babylon nicht helfen; vom bald siegreichen Perserkönig Kyros (V. 11) werden sie brutal weggeschleppt. Demgegenüber steht der Gott Israels, der trotz Schuld und Strafe sein Volk erträgt und durchträgt. Sein „Ich will“ (V. 4) ist der Grund dafür. Gottes Gerechtigkeit und Heil werden Israel tragen. Dieser Gott hält jeden Vergleich mit den von Menschen teuer fabrizierten Götzen aus. Ob die Menschen im Exil und wir heute dem mehrfachen Ruf zum Hören folgen oder trotzig und hart bleiben, statt durch Gottes Vergebung aufzuleben (V. 3.12-13)?

„Und er selbst ist die Versöhnung für unsre Sünden ...“
1. Johannes 2,2a

Der Erste und der Letzte – Gnade und Gericht

Jesaja 48,12-22 **Samstag, 14.**

Der Wendepunkt kommt: Israel wird aufgerufen zum Auszug aus dem Exil in Babylon. Das ist die Erlösung. Im Text vermischen sich die Beschreibung und das Feiern der zukünftigen Gnade mit dem Finger, der noch einmal in die Wunde gelegt wird. Mitten hinein erklingt ein Zwischenruf: Kyros wird zum Werkzeug Gottes (V. 16). Er vollzieht die Gnade. Durch die Ankündigung wird deutlich, dass Gott, der Herr, es wirkt. Über all dem steht anfangs das Zeugnis von dem Ersten und dem Letzten. Dies bringt die verschiedenen Aspekte des Textes zusammen: Gott steht am Anfang als der Schöpfer, der aus Gnade Leben schenkt – und Gott ist der Letzte, der im Gericht Gerechtigkeit und Heil bringen wird. So setzt Gott seine Erwählten auf den schon bereiteten Weg und sagt ihnen gleichzeitig die Erlösung voraus: Zieht aus von Babel!

„Fürchte dich nicht! Ich bin der Erste und der Letzte!“

Offenbarung 1,17b

Wochenspruch

Bereitet dem Herrn den Weg, siehe, da ist Gott der Herr! Er kommt gewaltig. *Jesaja 40,3b.9c.10a*

Bitte um neuen Segen

Psalm 85 **3. Sonntag im Advent, 15.**

Hier rufen Menschen um Hilfe. Sie tun das, indem sie Gott an sein früheres vergebendes, erbarmendes Tun erinnern. Sie wissen auch: Hilfe, Rettung, Begnadigung kann nur erfolgen, wenn Gott selbst umkehrt vom Zürnen zum Erbarmen, vom Vernichten zum Erquicken. Und so sind die Beter hellwach und hoffen auf ein gutes Wort für ihre Ohren und Herzen (V. 8). Und sie wissen, dass Gottes heilendes Wirken kein Automatismus ist. Sein Friede gilt denen, die ihn ehren und das auch ausdrücken, vollziehen, leben: Es gibt Frieden nicht ohne Gerechtigkeit, Treue nicht ohne Güte. Das sind zwei Seiten einer Medaille. Mit diesem Psalm kann ich vor Gott treten, wenn ich sprachlos bin, wenn mir die Worte fehlen, wenn mir Gottes Heil ungewiss ist. Mit den Psalmbetern kann ich warten auf Gottes Wort der Gnade und Gerechtigkeit.

„Ermahnet euch selbst alle Tage, solange es ‚heute' heißt, dass nicht jemand unter euch verstockt werde durch den Betrug der Sünde."
Hebräer 3 13

Wer bist du?

Jesaja 49,1-6 **Montag, 16.**

Nach Jes 42,1-4 ist dies das zweite der vier „Gottesknechtslieder". Der Prophet stellt uns den schon früh Erwählten Gottes vor, der sich im Ringen um Israel verzehrt, erfolglos ist, aber von Gott überraschend zu einem neuen, diesmal sogar weltweiten Auftrag berufen wird: dem Sammeln der Stämme Israels und Licht für die Völker zu sein (V. 6). Zunächst sah Israel sich in dieser Rolle (V. 3), doch es zeigte sich, dass die Gestalt des Gottesknechts am besten auf Jesus passt. So haben es der alte Simeon in Lk 2,32 und Paulus in Apg 13,47 gesehen. In Jesus öffnet sich die Tür über Israel hinaus zu den Völkern. Sein Sterben und Auferstehen sind die Voraussetzung für dieses weltweite Wirken seiner Gemeinde bis heute. Und das Hingehen und Verkünden ist verbunden mit der werbenden Einladung, auch sein Jünger zu werden.

„Darum gehet hin und lehret alle Völker ... Und siehe, ich bin bei euch alle Tage bis an der Welt Ende." *Matthäus 28,19a.20b*

Gott spricht – und das hat Wirkung

Jesaja 49,7-13 **Dienstag, 17.**

Gott hat sich im Exil nicht von seinem Volk abgewandt, sondern sich ihm zugewandt. Das wird jetzt deutlich. Er spricht und diese Worte haben Wirkung. Er gibt begründete Hoffnung! Er redet mit seinem Volk; er tröstet und er ermutigt! Er wendet sich denen zu, die aus ihrer Heimat weggeführt wurden. Er spricht sogar zu denen, die vom Exil aus noch weiter nach Osten gezogen sind. Gott spricht die an, die äußerlich im Gefängnis und innerlich im Dunkeln und in Angst gefangen sind. Wenn Gott spricht, verändert sich die Welt, egal ob es sich um dicke Gefängnistüren oder um tief sitzende Ängste handelt, die einen ins Versteck treiben. Kommt heraus! Es gibt zu essen und zu trinken; es gibt Hoffnung, denn der, der dazu aufruft, ist der lebendige, befreiende Gott.

„Ich bin das A und das O, der Anfang und das Ende. Ich will dem Durstigen geben von der Quelle des lebendigen Wassers umsonst."
Offenbarung 21,6b

Gott führt zurück! Eindrückliche Erfahrungen

Jesaja 49,14-26 **Mittwoch, 18.**

Alles, was Gott sagt, muss in den Ohren der Gefangenen und Weggeführten wie ein unvorstellbares Wunder, wie heilsame und kostbare Medizin klingen. Gott weiß, dass sich seine Leute manchmal verlassen fühlen (V. 14), damals wie heute. Aber er ist größer als all unsere Gefühle des Verlassenseins, unsere Sorgen und Wahrnehmungen. Da, wo unsere Vorstellungskraft an Grenzen stößt, ist Gott noch längst nicht am Ende. Er ist mächtiger als die Mächtigen und Starken, die er zu seinen Dienern macht, damit Machtlose und Schwache zu Gott umkehren, sogar Ungläubige zu Gläubigen werden, zu ihrem Schöpfer zurückfinden. Es ist Gottes Hoffnung und Ziel, dass alle Menschen dankbar und hoffnungsvoll zu ihm zurückkommen und erfahren, dass der Gott Israels der alleinige Herr, Heiland und Erlöser ist.

„So wahr ich lebe, spricht der Herr, mir sollen sich alle Knie beugen, und alle Zungen sollen Gott bekennen." *Römer 14,11b*

Herzen und Ohren aufmachen!

Jesaja 50,4-11 **Donnerstag, 19.**

Der Gottesknecht ist nah an Gott dran. Er glaubt und vertraut trotz aller Ungerechtigkeit und Härte, die er erleben und erleiden muss. Durch all das Schwere hindurch werden seine Worte dennoch hoffnungsvoll. Mit seinem Glauben steckt der Gottesknecht seine Hörer an. Er wird ihnen zum Seelsorger; er wird Müden, Verzagten, Resignierten zum aufrichtenden Tröster. Er als intensiv Hörender weiß, wie das geschehen kann. Es ist nicht selbstverständlich, dass wir Gottes Wort hören und weitersagen können. Gott muss uns Herz und Ohr öffnen, um andere erquicken zu können. Jochen Klepper hat diese Verse in seinem gern gesungenen Lied „Er weckt mich alle Morgen" eindrücklich vertont. Gott spricht uns nicht nur Worte ins Ohr, sondern er weckt uns und unsere Ohren erst auf. Ob wir am Morgen hörbereit sind und sein wollen?

„Gott, der Herr hat mir das Ohr geöffnet. Und ich bin nicht ungehorsam und weiche nicht zurück." *Jesaja 50,5*

Sehnsucht nach Gerechtigkeit

Jesaja 51,1-8 **Freitag, 20.**

Adventszeit ist Sehnsuchtszeit! Menschen suchen Gerechtigkeit. Sie wollen gerecht beurteilt werden, wären gern in ihrem Handeln selbst gerecht. Die Adventszeit ist Verheißungszeit. Gott verspricht, seine Gerechtigkeit aufzurichten, selbst wenn die Welt vergeht. Unser Leben endet nicht im sinnlosen Nichts. Gottes Gerechtigkeit bleibt ewig und sie hat heilende Kraft und Macht. Denn Gottes Gerechtigkeit und sein Heil sind untrennbar miteinander verbunden, sind in Jesus für uns Mensch geworden. Im Licht Gottes erkennen wir, dass die Gerechtigkeit Gottes nicht nur für uns, sondern für alle Völker, für alle Menschen von Gott aufgerichtet werden wird: Seine Gerechtigkeit ist nicht teilbar. Und das macht Mut, sich furchtlos für eine gerechtere Welt einzusetzen.

„Denn er hat den, der von keiner Sünde wusste, für uns zur Sünde gemacht, damit wir in ihm die Gerechtigkeit würden, die vor Gott gilt."
2. Korinther 5,21

Gottes Macht und Trost

Jesaja 51,9-16 **Samstag, 21.**

In manchen verheerenden Lebenssituationen würde man Gott gerne wachrütteln wie der Prophet: „Wach auf, wach auf, zieh Macht an, du Arm des Herrn!“ Man möchte Gott an sein schöpferisches oder errettendes Handeln erinnern, wie bei der Rettung seines Volkes aus der Sklaverei in Ägypten. Vielleicht sollten wir das öfters tun. Und Gott wird uns antworten: „Du bist mein Volk. Hab keine Angst vor Menschen. Ihre Macht ist begrenzt. Sie sind sterblich. Ich aber bin ewig. Meine Macht ist größer. Ich werde dich in der Not trösten. Ich werde Neues schaffen, dir eine Zukunft eröffnen. Vertraue mir! Ich, ich bin dein Tröster!“

„Siehe da, die Hütte Gottes bei den Menschen! ... und sie werden seine Völker sein, und er selbst, Gott mit ihnen, wird ihr Gott sein; und Gott wird abwischen alle Tränen von ihren Augen, ... denn das Erste ist vergangen. Und der auf dem Thron saß, sprach: Siehe, ich mache alles neu!“ *Offenbarung 21,3b-5a*

Wochenspruch

Freuet euch in dem Herrn allewege, und abermals sage ich: Freuet euch! Der Herr ist nahe! *Philipper 4,4.5b*

Warum, Gott – warum nur?

Psalm 74 **4. Sonntag im Advent, 22.**

Eine eindrucksvolle, leidenschaftliche Klage! Den Tempel haben die Babylonier 587 v. Chr. zerstört. Noch immer feiern die Sieger dort ihre Götter. Das treibt Israels Fromme zur Verzweiflung. Warum wehrt sich Gott nicht gegen diese Schande an seinem Volk, das er doch für ewig erwählt hat? Warum tut er nichts, um seinen Namen, der Treue und Schutz bedeutet, aus dem Dreck zu ziehen? Die Textabschnitte 1,3 und 5 (V. 1-3a,10-11 und 18-23) bedrängen Gott mit Fragen und Bitten, Teil 2 (V. 3b-9) schildert die Zerstörung des Tempels, der zentrale Teil (V. 12-17) erinnert Gott an sein kräftiges Wirken bei der Schöpfung und an Israel. Er hat die Chaosmächte der Urzeit und die Machthaber der Geschichte besiegt. Er hat die Macht! Kann er seine Untätigkeit nicht endlich aufgeben? Die Worte beinhalten Klage und Hoffnung in einem!

„Mach dich auf, Gott, und führe deine Sache!“ *Psalm 74,22a*

Richter oder Retter?

Jesaja 51,17-52,6 **Montag, 23.**

Um Weihnachten 2017 gab es intensive Konflikte um Jerusalem: US-Präsident Trump hatte sie als Hauptstadt Israels anerkannt. „Tage des Zorns“ folgten. Der Prophet verheißt Israel, dass der Taumelbecher des göttlichen Zorns von ihm genommen wird. Das jüdische Volk befand sich damals in einer Situation der Wehrlosigkeit und Unterdrückung. Heute ist Israel ein starker, autonomer Staat. Das hat zu beachten, wer diese Worte auf heute übertragen will. Das Wichtigste: Gott hat beschlossen, das Gericht nicht mehr in menschliche Hände (z. B. die der Babylonier) zu legen. Denn dadurch wird die Spirale der Gewalt und Unterdrückung erneut angefacht. Gott legt das Gericht Jesus Christus in die Hände. Er ist unser Retter und unser Richter. Vor ihm muss sich jeder Mensch – gleich welchen Volkes – für seine Taten verantworten.

„Denn wir müssen alle offenbar werden vor dem Richterstuhl Christi ...“ *2. Korinther 5,10a*

Ganzheitlicher Friede

Jesaja 52,7-12 **Heiligabend, 24.**

Die Sehnsucht nach Harmonie in der Familie lässt den weihnachtlichen Frieden in manch festlich geschmücktem Haus zerbrechen wie eine Kugel, die vom Baum fällt. Der Prophet verheißt dagegen Gottes ganzheitlichen Frieden, der so stark ist, dass er auch der Zerbrechlichkeit dieser Welt standhält, der zerbrochenes Leben, kaputte Beziehungen heilen kann. Gott kommt als ein merkwürdiger König. Ein Kind in einer Krippe soll der Welt Rettung und Erlösung bringen, ein König der bettelarmen Hirten, der verbrecherischen Steuereintreiber, der verachteten Prostituierten. Er kommt in Jesus als „leidender Gottesknecht" und heilt, was zerbrochen ist. In Krippe und Kreuz offenbart sich der lebendige Gott, um alle Welt zu trösten und zu echtem weihnachtlichen Frieden zu führen.

„Und der Engel sprach zu ihnen: Fürchtet euch nicht! Siehe, ich verkündige euch große Freude ..., denn euch ist heute der Heiland geboren ..."
Lukas 2,10a.11a

Das mutigste Weihnachtslied

Lukas 1,46-55 **1. Weihnachtstag. 25.**

Was für ein Lied – das „Magnifikat" der Maria! Der Glaube empfängt Trost, Kraft, Mut, Hoffnung – und führt zum Gotteslob. „Dieses Lied der Maria ist das älteste Adventslied. Es ist zugleich das leidenschaftlichste, wildeste, ja man möchte sagen revolutionärste Adventslied, das je gesungen worden ist" (Dietrich Bonhoeffer). Glaube zeigt sich in leidenschaftlichem Einstehen für Sanftmut, Demut, Niedrigkeit und Gewaltlosigkeit. Gott gibt, was nur er schenken kann: Kraft, Trost, Zuversicht. Und dies drückt sich in adventlichen Gedanken, Worten, Handstreichen, Fußspuren, Augenblicken aus. Ein mutiges Weihnachtslied! Erhebend! „Magna Magma" – große feurige Glut. „Summa cum laude" – mit großem Lob. Niedrigstes kommt hoch, Gewalt wird erledigt, Arroganz zerstört. Barmherzigkeit gewinnt die Übermacht. Immer wieder erklingt es. Magnifique – wunderschön!

„Trachtet nicht nach hohen Dingen, sondern haltet euch zu den niedrigen."
Römer 12,16b

Das beste Ende vom Lied

Lukas 2,29-32 **2. Weihnachtstag, 26.**

Das nächste ganz große Lied der Bibel. Der alte Simeon singt es, und er fasst damit alles zusammen, was ein Mensch in seinem langen Leben „am Ende vom Lied" bekennen und erleben kann. Lasst uns das Lied innerlich mitsingen! V. 29 heißt wörtlich: „Nun entlässt du deinen Diener." Ewig lange hat Simeon gewartet und gehofft. Jetzt ist er entlassen ins Glauben und Sehen. Das muss man einfach gesehen haben, sagen Urlauber, und schwärmen von fernen Ländern, den Wundern der Erde, dem Zauber des Himmels, der bunten Vielfalt der Kultur, den unbeschreiblichen Schönheiten der Natur. Vieles davon habe ich nicht gesehen. Aber „meine Augen haben deinen Heiland gesehen" (V. 30), den gerechten und wohlmeinenden Christus. Den muss man an Weihnachten gesehen haben. Und wer ihn gesehen hat, dem ist der Friede Gottes geschenkt.

„Christus spricht: Frieden lasse ich euch, meinen Frieden gebe ich euch." *Johannes 14,27a*

Das vierte Gottesknechtslied

Jesaja 52,13-53,5 **Freitag, 27.**

Wer glaubt unserem Predigen? So beginnt das Gottesknechtslied. Es ist nicht böser Wille und Unglaube allein, dass Menschen heute mit Karfreitag wenig oder gar nichts anfangen können. „Denn da war keine Gestalt, die uns gefallen hätte" (V. 2). Da gibt es augenscheinlich nichts zu feiern. Da ist nur ein Denkmal des Scheiterns, ein Ausdruck des Kampfes, der Niederlage. Und doch kann dieses Lied seine Augen nicht von diesem völlig unverständlichen Gottesknecht lassen. Warum? Dieser Gottesknecht ist etwas ganz Besonderes. In einer Welt, in der jeder seine Haut zu retten versucht und sich gegen den anderen durchsetzt, gibt es einen, der ganz anders ist. Ihm sind die anderen so unendlich viel wichtiger als er selbst, dass er das Letzte, das Einzige, das Gewaltigste, was er hat, hergibt für sie: sein Leben.

„Wer ist unter euch, der den Herrn fürchtet, der auf die Stimme seines Knechtes hört?“ *Jesaja 50,10a*

Immer dasselbe neue Lied

Jesaja 53,6-12 **Samstag, 28.**

Gerade an Weihnachten nimmt uns der Prophet mit auf den Holzweg von der Krippe zum Kreuz. Immer dasselbe Lied: Ein jeder sah auf seinen Weg (V. 6). Das hört sich nicht so schlimm an und ist es ja auch nicht. Doch dahinter steckt das gesamte Menschheitsproblem, aus dem sich alle Katastrophen und Dramen, aller Unfriede ergeben. Dafür ist der Gottesknecht gekommen, um diesen Teufelskreis zu durchbrechen, um alle Sünde zu sühnen. Wie tut er das? Indem er alle Leiden, Krankheiten, Unversöhnlichkeiten auf sich genommen hat, stellvertretend für die vielen, für mich, für uns. Ein Lastenträger ohne Grenzen. Dieses neue Lied gilt es immer wieder zu singen. Von der Krippe zum Kreuz, auch an Weihnachten. Das Lied von Jesus.

„... Ich bitte dich, von wem redet der Prophet das, von sich selber oder von jemand anderem? Philippus aber ... fing mit diesem Schriftwort an und predigte ihm das Evangelium von Jesus.“

Apostelgeschichte 8,34b-35

Wochenspruch

Denn welche der Geist Gottes treibt, die sind Gottes Kinder.

Römer 8,14

Der Neuanfang

Jesaja 54,1-10 **Sonntag, 29.**

Es sind Worte der Hoffnung, die das Volk jetzt im Exil hört. In Trott und Resignation hinein wird es aufgefordert, Vorbereitungen für den Neuanfang zu treffen. Im Vertrauen auf Gottes Eingreifen soll es jetzt schon jubeln und sich freuen. Keine leichte

Aufgabe! Aber die Zusage steht: Das Gefühl der Verlassenheit wird nicht das letzte Wort haben; Gottes Barmherzigkeit wird wieder erlebbar werden. Die Macht der Fehler der Vergangenheit, die Scham wird enden, weil Gott eingreift und erlöst (V. 5). Er steht zu seinem Bund, erneuert ihn mit leidenschaftlichen Verheißungen (V. 9-10). Wo brauche ich heute das Vertrauen, dass Gott sich auch mir barmherzig zuwenden wird und ein Neuanfang möglich ist? Mit diesen Verheißungen soll ich bitten lernen!

„Denn es sollen wohl Berge weichen und Hügel hinfallen, aber meine Gnade soll nicht von dir weichen, und der Bund meines Friedens soll nicht hinfallen, spricht der Herr, dein Erbarmer." Jesaja 54,10

Den Durst stillen

Jesaja 55,1-5 **Montag, 30.**

Als „Durstige" werden die Israeliten hier angesprochen. Was wird ihr Durst gewesen sein? Hoffen auf die Rückkehr in die Heimat? Sehnsucht nach spürbaren Zeichen der Gegenwart Gottes? Sicher ist: Gott sieht ihren Durst. Er lädt sie zum „Wasser" ein. Was damit gemeint ist, wird in V. 3 beschrieben: ganz Ohr sein für das Reden Gottes. An diese Haltung knüpft er ihr weiteres Ergehen und die Gaben, die er ihnen geben will. Jesus Christus hat die Einladung an Durstige viele Jahre später erneuert: „Wen da dürstet, der komme zu mir und trinke!" (Joh 7,37). Das möchte ich heute hören und mich fragen: Welcher Durst prägt mein Leben? Wo suche ich vergeblich, meinen Lebensdurst und -hunger zu stillen (vgl. V. 2)? Wie kann ich heute bereit sein für Gottes Reden, in der Erwartung, dass seine Verheißungen auch mir gelten?

„Neigt eure Ohren her und kommt her zu mir! Höret, so werdet ihr leben!" Jesaja 55,3a

Aktiv werden

Jesaja 55,6-13 **Silvester, 31.**

Suchen, anrufen, loslassen und umkehren – das sind die vier Verben, mit denen Jesaja zum konkreten Tun auffordert. Der von Gott versprochene Neuanfang vollzieht sich nicht automatisch an teilnahmslosen Menschen. Jesaja ruft die Israeliten auf, aktiv zu werden, um Gottes Eingreifen zu erleben (V. 6-7). Die Dringlichkeit dabei ergibt sich aus den mahnenden Worten „solange er zu finden ist“ und „solange er nahe ist“. Kein Mensch kennt das Zeitfenster, das ihm bleibt, um Gottes ausgestreckte Hand zu ergreifen. Das möchte ich selbst hören und mich fragen: Welche Aufforderung gilt heute auch mir? Wo soll ich aktiv werden, um Gottes Eingreifen in meinen Alltag zu erleben? Die V. 8-11 ermutigen mich dazu, dabei der Weisheit und Wirkkraft der Worte Gottes zu vertrauen und mit ihrer verändernden Kraft zu rechnen.

„Suchet den Herrn, solange er zu finden ist; ruft ihn an, solange er nahe ist!“ *Jesaja 55,6*

Gebete, Meditationstexte und Segenszusprüche

1. Luthers Morgensegen

Das walte Gott Vater, Sohn und Heiliger Geist! Amen.
Ich danke dir, mein himmlischer Vater, durch Jesus Christus, deinen lieben Sohn, dass du mich diese Nacht vor allem Schaden und Gefahr behütet hast, und bitte dich, du wollest mich diesen Tag auch behüten vor Sünden und allem Übel, dass dir all mein Tun und Leben gefalle. Denn ich befehle mich, meinen Leib und Seele und alles in deine Hände. Dein heiliger Engel sei mit mir, dass der böse Feind keine Macht an mir finde. Amen.

2. Dank-und Lob-Gebet

Abends, morgens und mittags loben wir dich und danken dir.
Du bist die Quelle des Lebens und in deinem Licht
sehen wir das Licht.
Wir bitten dich, du menschenfreundlicher Gott,
lenke unsere Sinne zu dir.
Lass unsere Gedanken nicht abirren
zu bösem Handeln und schlechtem Reden,
sondern erlöse uns vom Bösen und
befreie uns von allem, was uns schaden kann.
Wir danken dir, du liebender Gott, für alles,
was du uns an guten Gaben
und Möglichkeiten täglich schenkst.
Lehre uns, damit Gutes zu tun.
Zu dir, Herr, erheben wir unseren Blick,
auf dich setzen wir unsere Hoffnung.
Dir gebührt Ehre und Anbetung,
dem Vater, dem Sohn und dem Heiligen Geist. Amen.

3. Gebet für mich und andere nach Psalm 23

Du bist mein Hirte, Christus.
Lass es mir heute an nichts fehlen und lass mich großzügig sein.
Du weidest mich. Führe mich nach deinem Willen und öffne meine Augen dafür, wo andere meine Hilfe brauchen.
Du erquickst mich. Lass mich aufatmen und anderen ein Segen werden.
Ich wandere durch dunkle Täler, aber du, Gott, bist bei mir.
Ich fürchte mich, aber du Gott vertreibst meine Schreckgespenster.
Ich bin traurig, aber du tröstest mich.
Du hast einen Tisch für mich gedeckt.
Du begegnest mir in Liebe.
Du beschenkst mich über alle Maßen.
Bei dir will ich bleiben. Amen.

4. Fürbitte konkret

(In die Lücken bitte einen Namen aus dem Bekanntenkreis einsetzen)
Lieber Vater, schenke heute ________________ viele schöne Begegnungen.
Herr Jesus, bitte gib ________________ den Mut, heute unangenehme Sachen anzupacken.
Heiliger Geist, ich bitte dich, dass du ________________ auf ihren Wegen beschützt.

Lieber Vater, schenke heute ________________ Kraft für seinen Arbeitstag.
Herr Jesus, bitte gib ________________ heute einen fröhlichen Tag.
Heiliger Geist, ich bitte dich, versorge ________________ mit viel Geduld für ihre Aufgaben.

Lieber Vater, mache mich aufmerksam für meinen Nächsten.
Herr Jesus, bitte schenke mir Liebe für meine Feinde.
Heiliger Geist, mache mich zum Werkzeug deines Friedens.
Amen.

5. Gebet in besonderer Not (Dietrich Bonhoeffer)
Herr Gott,
großes Elend ist über mich gekommen.
Meine Sorgen wollen mich erdrücken,
ich weiß nicht ein noch aus.
Gott, sei gnädig und hilf.
Gib Kraft zu tragen, was du schickst.
Lass die Furcht nicht über mich herrschen.
Sorge du väterlich für die Meinen,
besonders für Frau und Kinder,
schütze sie mit deiner starken Hand
vor allem Übel und vor aller Gefahr.
Barmherziger Gott,
vergib mir alles, was [ich] an dir
und an Menschen gesündigt habe.
Ich traue deiner Gnade
und gebe mein Leben ganz in deine Hand.
Mach du mit mir,
wie es dir gefällt und wie es gut für mich ist.
Ob ich lebe oder sterbe,
ich bin bei dir und du bist bei mir, mein Gott.
Herr, ich warte auf dein Heil und auf dein Reich.
Amen.

6. Abendgebet (Dietrich Bonhoeffer)
Herr mein Gott,
ich danke dir, dass du diesen Tag zu Ende gebracht hast.
Ich danke dir, dass du Leib und Seele zur Ruhe kommen lässt.
Deine Hand war über mir und hat mich behütet und bewahrt.
Vergib allen Kleinglauben und alles Unrecht dieses Tages
und hilf, dass ich gern denen vergebe,
die mir Unrecht getan haben.
Lass mich in Frieden unter deinem Schutze schlafen
und bewahre mich vor den Anfechtungen der Finsternis.
Ich befehle dir die Meinen,
ich befehle dir dieses Haus,

ich befehle dir meinen Leib und meine Seele.
Gott, dein heiliger Name sei gelobt.
Amen.

7. Luthers Abendsegen

Das walte Gott Vater, Sohn und Heiliger Geist! Amen.
Ich danke dir, mein himmlischer Vater, durch Jesus Christus, deinen lieben Sohn, dass du mich diesen Tag gnädiglich behütet hast, und bitte dich, du wollest mir vergeben alle meine Sünde, wo ich Unrecht getan habe, und mich diese Nacht auch gnädiglich behüten. Denn ich befehle mich, meinen Leib und Seele und alles in deine Hände. Dein heiliger Engel sei mit mir, dass der böse Feind keine Macht an mir finde. Amen.

Nr. 1+7 Martin Luther
Nr. 2 Ronald Rosenthal nach einem Gebet der russisch-orthodoxen Kirche
Nr. 3–4 Ronald Rosenthal
Nr. 5–6 Dietrich Bonhoeffer

Mitarbeiter „Termine mit Gott 2019"

Benjamin Geiss, Schießrain 18, 75378 Bad Liebenzell	1.–4. Januar
Sebastian Rink, Enwuchstraße 2, 35080 Bad Endbach	5.–8. Januar
Johanna Schwarz, P.O. Box 80222, 0900 Windhoek, Namibia	9.–12. Januar
Laura Müller, 171, Avenue de la Division Leclerc, 95880 Enghien-les-Bains, Frankreich	13.–16. Januar
Alexandra Sczigiol, Adalbert-Stifter-Str. 2, 35428 Langgöns	17.–19. Januar
Sandra Herrendörfer-Pick, Ahornstraße 31, 32105 Bad Salzuflen	20.–23. Januar
Dr. Ingeborg Schüler, Römerstr. 26, 70180 Stuttgart	24.–27. Januar
Paul-Ulrich Lenz, Am Litzenau 17, 63679 Schotten	28.–31. Januar
Matthias Hennemann, Am Nesselbusch 7, 35625 Hüttenberg	1.–4. Februar
Tom Herter, Arndtplatz 1, 49080 Osnabrück	5.–8. Februar
Christine Adolphs, Aspenweg 19, 51545 Waldbröl	9.–12. Februar
Jens Märker, Chemnitzer Straße 75, 09224 Chemnitz	13.–16. Februar
Simon Ziegerer, David-Würth-Straße 35, 78054 Villingen-Schwenningen	17.–20. Februar
Markus Nietzke, Lotharstr. 18, 29320 Hermannsburg	21.–23. Februar
Alfred Preuß, Friedrichstraße 100, 57072 Siegen	24.–27. Februar
Manfred Heinzelmann, Fürst-Richard-Str. 16, 57319 Bad Berleburg	28. Februar–3. März
Dr. Jörg Kailus, Schillerstr. 55, 47166 Duisburg	4.–7. März
Wieland Müller, Gottlieb-Daimler-Str. 22, 35398 Gießen	8.–11. März
Thomas Sczigiol, Gottlieb-Daimler-Str. 22, 35398 Gießen	12.–14. März
Dr. Ingeborg Schüler, Römerstr. 26, 70180 Stuttgart	15.–17. März
Wolfgang Kraska, Hechtweg 3, 76344 Eggenstein-Leopoldshafen	18.–21. März
Marion Kuhn, Heinrich-Halfen-Str. 12, 67071 Ludwigshafen	22.–24. März
Hartmut Voelkner, Holzheimer Str. 20, 35428 Langgöns	25.–27. März
Andreas Bender, Gottlieb-Daimler-Str. 22, 35398 Gießen	28. März
Mareike Kießling, Humboldtstr. 144, 90459 Nürnberg	29.–30. März
Andreas Bender, Gottlieb-Daimler-Str. 22, 35398 Gießen	31. März
Ronald Rosenthal, Johannisstr. 31+32, 67697 Otterberg	1.–4. April
Daniel Mangel, Karl-Mörike-Str. 45, 72631 Aichtal	5.–7. April

Matthias Reinke, Kirchenweg 1, 21423 Pattensen	8.–11. April
Carola Kieker, Kranenbergstraße 84, 58452 Witten	12.–15. April
Veit-Sebastian Dietrich, Liebigstr. 87, 35392 Gießen	16.–18. April
Markus Nietzke, Lotharstr. 18, 29320 Hermannsburg	19.–22. April
Michelle Rath, Martinstr. 149, 64285 Darmstadt	23.–26. April
Rita Grundmüller, Minnesotastr. 20, 70806 Kornwestheim	27.–29. April
Tilo Benner, Mittelfeldstr. 25, 35708 Haiger	30. April–2. Mai
Kerstin Geppert, Neuwiesenstr. 2, 63755 Alzenau	3.–6. Mai
Rainer Geiss, Pommernstr. 5, 61381 Friedrichsdorf	7.–10. Mai
Dr. Bernd Kisse, Rahlsdiek 9, 22941 Bargteheide	11.–13. Mai
Claudius Buser, Rainstr. 23 a, CH-4416 Bubendorf	14.–17. Mai
Dr. Ingeborg Schüler, Römerstr. 26, 70180 Stuttgart	18.–20. Mai
David Jarsetz, Schießrain 18, 75378 Bad Liebenzell	21.–24. Mai
Dr. Jörg Kailus, Schillerstr. 55, 47166 Duisburg	25.–28. Mai
Siegfried Zülsdorf, Schillerstr. 9, 31141 Hildesheim	29.–31. Mai
Christoph Morgner, Speckmannsweg 19, 30826 Garbsen	1.–3. Juni
Daniel Trick, Staufenweg 16, 73666 Baltmannsweiler	4.–6. Juni
Matthias Flaßkamp, Suite 253 Postnet X09, Weltevredenpark 1715, Südafrika	7.–10. Juni
Sabine Schmalzhaf, Tailfinger Straße 2, 71126 Gäufelden-Öschelbronn	11.–14. Juni
Dr. Michael Stollwerk, Kirchbühlstr. 40, CH-8712 Stäffa	15.–18. Juni
Tobias Schröder, Waldkolonie 1A, 14558 Nuthetal	19.–22. Juni
Ruben Hauck, Wetzsteinstraße 4, 35390 Gießen	23.–26. Juni
Stephanie Ladwig, Zoppoten 35, 07929 Saalburg-Ebersdorf	27.–30. Juni
Dr. Klaus Schulz, Zimmermannstr. 31, 37075 Göttingen	1.–5. Juli
Birgit Winterhoff, Meindersstr. 40, 33615 Bielefeld	6.–10. Juli
Matthias Büchle, Bundeshöhe 6, 42285 Wuppertal	11.–14. Juli
Gunder Gräbner, Luitpoldstr. 12, 91207 Lauf	15.–18. Juli
Hildegard vom Baur, Mörikestr. 14, 42289 Wuppertal	19.– 23. Juli
Hansjörg Kopp, Im Druseltal 8, 34134 Kassel	24.–27. Juli
Christoph Wolf, Pilnitzer Landstr. 78, 01326 Dresden	28. Juli
Dr. Eberhard Hahn, Paulinenstr. 26, 72131 Ofterdingen	29. Juli–2. August
Christoph Wolf, Pilnitzer Landstr. 78, 01326 Dresden	3.–5. August
Doris Reichmann, Siegfriedstr. 42, 32756 Detmold	6.–9. August
Ulrich Scheffbuch, Stitzenburgstr. 13, 70182 Stuttgart	10.–13. August
Reiner Tesche, Westfalenstr. 27a, 32469 Petershagen	14.–17. August
Silke Traub, Südhangstr. 17, 76703 Kraichtal	18.–21. August
Hans-Martin Stäbler, Am Hirschanger 33, 91207 Lauf	22.–25. August

Hartmut Frische, Marsweg 14, 32427 Minden	26.–28. August
Manfred Bletgen, Heugasse 11, 70794 Filderstadt	29.–31. August
Hartmut Frische, Marsweg 14, 32427 Minden	1. September
Manfred Bletgen, Heugasse 11, 70794 Filderstadt	2. September
Dr. Ulrike Treusch, Rathenaustr. 5-7, 35394 Gießen	3.–5. September
Dr. Tobias Eißler, Mörikestr. 12, 73760 Ostfildern	6.–7. September
Albrecht Kaul, Wurmbergstr. 47, 34130 Kassel	8. September
Dr. Tobias Eißler, Mörikestr. 12, 73760 Ostfildern	9.–10. September
Holger Noack, Bundeshöhe 5, 42285 Wuppertal	11.–14. September
Albrecht Kaul, Wurmbergstr. 47, 34130 Kassel	15.–17. September
Cornelia Fastner-Boß, Dürenerstr. 56, 32758 Detmold	18.–21. September
Karsten Hüttmann, Im Druseltal 8, 34134 Kassel	22.–24. September
Jürgen Blunck, An der Windmühle 7, 45289 Essen	25.–28. September
Brunhilde Blunck, An der Windmühle 7, 45289 Essen	29. September
Jürgen Blunck, An der Windmühle 7, 45289 Essen	30. September
Michael Götz, Schweinauer Hauptstr. 38, 90441 Nürnberg	1.–3. Oktober
Friedhardt Gutsche, Östliche Feldstr. 20, 32429 Minden	4.–6. Oktober
Gaby Schrott, Schaffhauser Str. 13/1, 78532 Tuttlingen	7.–9. Oktober
Martin Schrott, Schaffhauser Str. 13/1, 78532 Tuttlingen	10.–13. Oktober
Norbert Held, Heimbachweg 18a, 34626 Neukirchen	14.–17. Oktober
Daniel Lommatzsch, Geiststr. 29, 06108 Halle	18.–20. Oktober
Ralf Albrecht, Hohe Straße 7/1, 72202 Nagold	21.–25. Oktober
Hartmut Bärend, Pacelliallee 4a, 14195 Berlin	26.–30. Oktober
Dr. Dr. Roland Werner, Wettergasse 42, 35037 Marburg	31. Oktober– 4. November
Dr. Friedmann Eißler, Fachinger Str. 41a, 13591 Berlin	5.–9. November
Hermann Kölbel, Sommerseite 6, 75433 Maulbronn	10. November
Friedhardt Gutsche, Östliche Feldstr. 20, 32429 Minden	11.–14. November
Hermann Kölbel, Sommerseite 6, 75433 Maulbronn	15.–16. November
Matthias Rapsch, Dietr.-Bonhoeffer-Str. 11, 91452 Wilhelmsdorf	17.–20. November
Matthias Kerschbaum, Mühlweg 10, 76703 Kraichtal-Unteröwisheim	21.–24. November
Friedhardt Gutsche, Östliche Feldstr. 20, 32429 Minden	25.–27. November
Cornelius Kuttler, Häberlinstr. 1-3, 70563 Stuttgart	28.–30. November
Burkhard Hesse, Tannenweg 8, 26802 Moormerland	1.–3. Dezember
Georg Klein, Felsenstr. 37, 75180 Pforzheim	4.–6. Dezember
Tobias Hoffmann, Clevischer Ring 117, 51065 Köln	7.–9. Dezember
Carola Zucht, Billingstr. 34, 29320 Hermannsburg	10.–12. Dezember
Dr. Malte Schilling, Melanchthonstr. 44, 33615 Bielefeld	13.–16. Dezember
Jörg Kresse, Hirscheck 1a, 89529 Heidenheim	17.–19. Dezember

Frank Weber, Am Herings 12, 36251 Bad Hersfeld	20.–21. Dezember
Friedhardt Gutsche, Östliche Feldstr. 20, 32429 Minden	22. Dezember
Frank Weber, Am Herings 12, 36251 Bad Hersfeld	23.–24. Dezember
Christa Albrecht, Hohe Str. 7/1, 72202 Nagold	25.–28. Dezember
Matthias Kaden, Leipziger Str. 220, 01139 Dresden	29.–31. Dezember

Autoren der redaktionellen Texte:

Friedhardt Gutsche, Östliche Feldstr. 20, 32429 Minden	*FGu*
Frank Grundmüller, Minnesotastr. 20, 70806 Kornwestheim	*FGr*
Ronald Rosenthal, Johannisstr. 31+31, 67697 Otternberg	*RR*

Bibelstellenregister

Abkürzungen

E:	Einheitsübersetzung der Heiligen Schrift, Ausgabe in neuer Rechtschreibung, © 1999 Verlag Katholisches Bibelwerk, Stuttgart.
EG:	Evangelisches Gesangbuch.
ELB:	Revidierte Elberfelder Übersetzung. © 1985/1991/2006 SCM R.Brockhaus im SCM-Verlag GmbH&Co.KG, Witten.
GNB:	Gute Nachricht Bibel, © 1997 Deutsche Bibelgesellschaft, Stuttgart.
HfA:	Hoffnung für alle®, © 1983, 1996, 2002 by Biblica Inc.™. Alle weiteren Rechte weltweit vorbehalten. Verwendet mit freundlicher Genehmigung von 'fontis – Brunnen Verlag Basel.
NGÜ:	Neue Genfer Übersetzung – Neues Testament und Psalmen, Copyright © 2011 Genfer Bibelgesellschaft.
NL:	Neues Leben. Die Bibel. © 2011 SCM R.Brockhaus im SCM-Verlag GmbH&Co.KG, Witten.